敦　宁／著

积极刑法时代的重要议题

立法与司法之双重考察

JIJI XINGFA SHIDAI DE ZHONGYAO YITI
LIFA YU SIFA ZHI SHUANGCHONG KAOCHA

法律出版社
LAW PRESS · CHINA
北京

图书在版编目（CIP）数据

积极刑法时代的重要议题：立法与司法之双重考察 / 敦宁著. -- 北京：法律出版社，2025. -- ISBN 978－7－5197－9602－0

Ⅰ. D922.04

中国国家版本馆 CIP 数据核字第 2024HR1145 号

积极刑法时代的重要议题：立法与司法之双重考察
JIJI XINGFA SHIDAI DE ZHONGYAO YITI: LIFA YU SIFA ZHI SHUANGCHONG KAOCHA

敦 宁 著

策划编辑 徐 菲
责任编辑 徐 菲
装帧设计 鲍龙卉

出版发行 法律出版社
编辑统筹 法律出版社
责任校对 王 丰 李景美 张翼羽
责任印制 胡晓雅
经 销 新华书店

开本 710 毫米×1000 毫米 1/16
印张 19.25 **字数** 229 千
版本 2025 年 5 月第 1 版
印次 2025 年 5 月第 1 次印刷
印刷 北京新生代彩印制版有限公司

地址：北京市丰台区莲花池西里 7 号(100073)
网址：www.lawpress.com.cn
投稿邮箱：info@lawpress.com.cn
举报盗版邮箱：jbwq@lawpress.com.cn

销售电话：010－83938349
客服电话：010－83938350
咨询电话：010－63939796

书号：ISBN 978－7－5197－9602－0
定价：82.00 元
凡购买本社图书，如有印装错误，我社负责退换。电话：010－83938349

前　言

自20世纪中后期以来,由社会转型和科技发展所带来的社会风险急剧扩大,恐怖主义、安全事故、环境污染、疫情扩散、网络袭击等重大危害频频发生,社会公众的不安感也与日俱增。在此背景下,为了有效应对不断扩大的社会风险,本来处于消极保障法地位的刑法,也被赋予了更高的功能期待。从世界范围来看,各国近年来的刑法立法都已经步入了积极化或活性化的时代,不仅介入社会生活的领域更加广泛,而且还呈现出法益保护前置化(早期化)的特征。例如,20世纪70年代以来,德国刑法中设置了大量的抽象危险犯,这种立法现象不仅存在于特别危险的恐怖主义犯罪领域,还扩张到了个人生活的方方面面。[①] 日本20世纪90年代以来的刑法立法主要表现为犯罪化,并同时强化对被害人的保护,从而形成了刑法保护的

① 参见金燚:《德国五十年刑事立法发展史的考察、评析与启示》,载《德国研究》2020年第2期。

早期化与刑罚处罚的重罚化现象。[①] 英国也在刑法领域不断增加对严重犯罪的非完整形态规定,并将其中一些尚欠缺实行行为要素的行为独立成罪,作为实质预备犯,以更为有效地预防犯罪。[②] 概言之,这些国家的刑法立法都呈现出了从古典自由主义刑法向预防刑法或安全刑法迈进的趋势。

一直以来,我国对社会危害行为采取的是"刑罚 + 行政处罚"的双层次制裁体系,犯罪圈较为紧缩,刑法立法也相对保守。但是,从 1997 年之后刑法立法情况来看,我国基本上也已步入了积极刑法的时代。原因就在于,我国的社会发展同样面临着工业化和科技化所导致的多重安全威胁,所以也需要积极发挥刑法所应有的社会风险抗制功能。不过,由于西方国家大多已步入了后工业时代,刑法主要应对的是后工业时代的社会风险,而且其在犯罪设置上一般也不规定"定量"因素,传统犯罪的刑事法网较为严密。所以,这些国家的积极刑法观主要面向的是预防性刑法或者法益保护早期化的问题。而与之不同的是,"复杂中国面临着共时性的多重(传统的、现代的与后现代的)安全威胁,刑法必须回应彼此间具有内在张力的多元价值诉求(自由、民生与安全),这一现实决定了当代复杂中国的刑法不可能是单向度和单面相的"[③]。正因如此,一直以来我国的刑法立法也有着多种表现形式,如设置危险驾驶罪等抽象危险型犯罪,降低盗窃罪等传统犯罪的犯罪门槛,扩大洗钱罪等旧有犯罪的规制范围,增设负有照护职责人员性侵罪等新的犯罪类型,等等。

不可否认,刑法的预防化和扩张化,植根于社会发展转型的内在需求,对此,我们不能基于古典自由主义刑法的保守立场,一味地对其进行

---

① 参见张明楷:《日本刑法的修改及其重要问题》,载《国外社会科学》2019 年第 4 期。

② 参见冀莹:《"英国预防性刑事司法"评介与启示——现代刑法安全保障诉求的高涨与规制》,载《政治与法律》2014 年第 9 期。

③ 梁根林:《刑法修正:维度、策略、评价与反思》,载《法学研究》2017 年第 1 期。

批判。但是，这种刑法发展趋势也会不可避免地带来立法与司法两个方面的问题。在立法方面，所涉及的主要问题就是如何为犯罪化立法设置必要的限度，特别是如何实现对各类危险犯的合理设置，以达到自由与安全的价值平衡。同时，为了适当缓解犯罪化立法所带来的处罚严厉化问题，我国还在《刑事诉讼法》中设置了认罪认罚从宽制度，在刑法立法层面对该制度做出有效回应。在司法方面，需要重点解决的就是对新增设的犯罪的合理适用问题，尤其是对那些有别于传统犯罪的预防型犯罪的司法认定问题。另外，在积极刑法时代，考虑到司法资源的有限性，如何平衡刑法的预防功能与司法效率，也需要引起重视。

围绕上述问题，笔者展开了持续性研究，并且所探讨的主题大多为相关的理论热点或者实践中关注度较高的问题。同时，有关的研究内容也大体可以划分为立法论和司法论两个领域。[①] 其中，立法论领域主要涉及犯罪化立法的限度、危险犯的立法模式、寻衅滋事罪的立法应对、轻罪制裁体系的预防化转型、认罪认罚从宽的刑法立法等热点问题。具体的研究内容及核心观点如下：

一是犯罪概念对犯罪化立法的限制功能。考虑到刑罚的负面效果，持续进行的犯罪化立法应当受到必要的限制。针对我国的实际情况，将《刑法》第 13 条对犯罪概念的规定作为限制原则，具有合理性、可行性和合宪性。犯罪的社会危害性应当理解为对代表公共利益的社会共同体的危害，这是由刑法的公法性质决定的。因此，那些处于私法领域的民事违法或违约行为，应当被排斥在犯罪化立法的范围之外。而犯罪的应受刑罚处罚性则直接说明，凡是达不到应受刑罚处罚程度的危害社会的

---

① 当然，立法论方面的研究不可避免地会涉及有关的司法判断或司法适用问题，司法论方面的研究也会在一定程度上关涉立法完善问题。对此，笔者根据主要的研究内容或研究目的，将相关的研究成果划分为立法论和司法论两个部分。

行为,都不应作为犯罪处理。具体贯彻这一要求时,可以将拘役作为底限性的刑罚标准,并适当考虑刑罚的附随后果,而后借助犯罪学等经验科学的研究方法进行准确判断。为了有效避免司法上的过度犯罪化,立法上还应尽可能为具体犯罪设置明确的定量因素。

二是过失危险犯立法模式的扬弃与替代。在风险社会背景下,为了实现法益保护早期化,过失危险犯立法模式受到了积极的理论倡导。然而,我国刑法立法对此却持消极态度,被认为属于过失危险犯的妨害传染病防治罪、危险作业罪、醉驾型危险驾驶罪等,其实都是有别于过失危险犯的其他危险犯类型,这与过失危险犯适用范围狭窄、法益保护不足和司法判断模糊的局限性有关。因此,我国应当寻求更为良好的替代性危险犯立法模式。在预防刑法领域,各国近年来的刑法立法普遍采取的是抽象危险犯的立法模式。但传统的抽象危险犯本身存在一定弊端,也与我国"刑罚+行政处罚"的双层次制裁体系不相协调,因而不宜过多设置。与之相比,准抽象危险犯立法模式的功能优势更为突出,且已被我国刑法立法积极接纳,未来可在危害公共安全等重大法益领域扩大适用。

三是危害公共卫生罪中危险犯的合理设置。在危害公共卫生罪中设置危险犯是实现早期预防的需要。我国《刑法》中的"危害公共卫生罪"采取了 3 种危险犯设置形式,即抽象危险犯、准抽象危险犯与具体危险犯。其中,抽象危险犯和准抽象危险犯的设置形式有利于实现早期预防效果,但部分犯罪存在法定刑幅度偏高和入罪标准模糊的问题;而具体危险犯的设置则不仅在预防功能上明显滞后,还同时存在罪过形式含混、法定刑配置失衡等问题。因此,需要对其进行全面的完善。首先,应适当降低非法组织卖血罪和强迫卖血罪的法定刑,并将其划分为基本犯和加重犯两个刑罚幅度;其次,应将非法行医罪和非法进行节育手术罪的入罪标准规定为"危及就诊人身体健康";最后,对妨害传染病防治罪等具体危险犯,应分别设置对应的故意犯罪和过失犯罪,前者可设置为准抽象危险犯,后者则不宜设置危险犯。

四是寻衅滋事罪的功能、问题与改造。在刑法立法活性化时代,对寻衅滋事罪的"口袋化"等问题应谋求立法层面的解决方式。寻衅滋事罪包含多种行为类型,客观上具有对相关犯罪的立法补充功能,因而不宜直接废止。但该罪也存在保护法益不明、罪状用语模糊、行为类型狭窄、法定刑趋重等诸多立法缺陷,并由此带来了一系列实践问题。这些立法缺陷的产生,在根本上是源于早期以行为人类型设置流氓罪的做法。鉴于此,相应的立法改革措施就是以行为所侵犯的具体法益为导向,对该罪进行类型化和轻罪化的改造。其中,对侵犯财产法益和秩序法益的行为,可与相关犯罪进行类型整合,并进行必要的立法完善;对侵犯人身法益的行为,可按照类型化的要求,分别设置为"暴行罪""恐吓罪""滋扰罪"3 种轻罪。

五是认罪认罚从宽制度的刑法回应。在刑法视野内,认罪认罚是一种可以反映犯罪人人身危险性的酌定量刑情节。目前,司法机关对该情节的适用有 3 种模式,即与自首情节结合适用、与坦白情节结合适用和作为独立的酌定量刑情节适用。为了实现刑法与认罪认罚从宽制度的有效衔接,一些学者主张将认罪认罚情节法定化,并赋予其更大的从宽处罚功能。但从刑法的稳定性与罪责刑相适应原则的应然要求来看,这一立法举措既无必要性,也不具合理性。对认罪认罚从宽制度,刑法应当从整体层面作出回应,即通过完善总则中的量刑根据规定,使其能够同时涵盖影响罪行轻重和人身危险性大小的因素,从而作为基本量刑规范来全面地发挥作用。

在司法论领域,笔者主要选取两类问题展开专门研究:一类是社会关注度较高的刑事热点问题,如醉驾治理和逃税罪的刑事责任追究;另一类是具有某种特殊性的犯罪类型的司法适用问题,如具有准抽象危险

犯性质的妨害药品管理罪和高空抛物罪,以及自洗钱行为入罪后的洗钱罪。具体的研究内容及核心观点如下:

一是醉驾治理的司法困境及其破解之策。醉驾案件数量的快速增长,会造成司法资源分配失衡、效率与公正冲突、前科负面效应扩大等一系列实践问题,由此使醉驾治理陷入了严重的司法困境。形成这一困境的根本原因并非"醉驾入刑"缺乏规制效果,而是"醉驾一律入罪、一律起诉"的政策导向架空了我国"刑罚+行政处罚"的双层次制裁体系,妨碍了不起诉制度应有的司法分流功能的发挥。因此,相应的破解路径即在醉驾案件办理过程中充分、有效地实现《刑法》第13条"但书"的出罪功能和不起诉制度的司法分流功能。对醉驾行为依据"但书"出罪,需要明确其实现方式、考察因素与适用标准,并为其提供程序保障。对醉驾案件进行不起诉分流,应合理运用酌定不起诉制度,适时构建成年人轻微犯罪附条件不起诉制度,并做好不起诉与后续行政制裁的衔接工作。

二是妨害药品管理罪的犯罪类型与司法判断。2020年公布的《刑法修正案(十一)》增设了妨害药品管理罪,该罪的正确适用有赖于从法教义学层面对其进行合理的解释。该罪的保护法益并非抽象的药品管理秩序或者其与公众健康、生命权益的简单组合,而是与特定药品管理秩序直接相关的用药公众的健康和生命权益。该罪的犯罪类型也不是具体危险犯,而是属于抽象危险犯范畴的准抽象危险犯。在该罪的司法适用方面,重点是对其构成要件进行准确认定。在认定逻辑上,首先要明确其构成要件中的4种违法行为类型,其次是从涉案药品本身的安全性角度,对是否"足以严重危害人体健康"做出合理的判断。同时,在该罪与其他犯罪发生竞合时,应根据不同犯罪的保护法益和犯罪类型,以所应判处的责任刑高低为标准来选择适用"处罚较重"的犯罪。

三是高空抛物罪中"情节严重"的教义学诠释。高空抛物罪也是

2020年公布的《刑法修正案（十一）》新增设的罪名。作为该罪入罪条件的“情节严重”，在具体内涵和判断标准上都较为模糊，为保障司法认定的准确性，需要从刑法教义学层面对其进行深入诠释。该罪中的“情节严重”，应当定位于犯罪构成体系中诠释法益侵害程度的整体违法要素，对其只能从行为的客观危害层面进行判断。该罪的保护法益并非抽象的社会管理秩序或公共秩序，也不是其与某些实体法益的简单组合，而是“不特定人在公共空间中的人身安全”。高空抛物行为“情节严重”的底限标准是行为具有“可能造成他人受轻微伤以上后果”的现实危险性，即不仅行为本身具备此种危险属性，而且也不存在可以阻断危险行为向具体危险状态或实际侵害转化的否定因素。在实践中，不能将与行为危险性无关的责任因素或人身危险性因素作为情节是否严重的判断依据。

四是自洗钱行为入罪后的洗钱罪适用。受国际立法潮流的影响，2020年公布的《刑法修正案（十一）》将自洗钱行为纳入了洗钱罪的规制范围。这一立法举措既是对自洗钱行为可罚性和独立性的肯定，也是有效治理洗钱犯罪的现实需要。自洗钱行为入罪之后，应当立足于洗钱罪的保护法益，对洗钱罪的不法要件和责任要件进行重新解读和阐释。其中，重点就是明确洗钱罪新的构成要件行为的具体内涵，以及合理确定其责任主体和主观罪过内容。同时，自洗钱行为入罪也衍生了一些实践问题，如洗钱罪与其他“赃物犯罪”的关系处理、共同犯罪中的主犯和从犯认定及刑罚裁量中是否需要区别对待等。对这些问题，应当在罪刑法定、罪责刑相适应等基本原则的指导下，结合实践情况，运用相关的刑法教义学理论做出妥善的解决。

五是逃税罪免责机制的程序性回归。2009年公布的《刑法修正案（七）》通过为逃税罪增设免责条款，事实上确立了该罪的实体性免责机制。但此种免责机制存在两个方面的制度悖论：第一，与刑法教义学的一般理论存在冲突,影响了刑法适用的统一性和协调性;第二,在刑事政策层面存在一定的误区,导致难以实现良好的政策效果。考虑到程序性免责的制度优势和我国不起诉率的大幅提升,逃税罪的免责机制应实现从实体性到程序性的制度回归。同时,为进一步拓宽程序性免责的适用空间,还应进行必要的立法完善,以形成多元化的裁量不起诉制度体系。在此基础上,检察机关便可结合认罪认罚从宽等司法制度,全面地实现对逃税罪的程序性免责,进而形成良好的法律效果和社会效果。

最后需要说明的是,无论是积极刑法观,还是在此观念之下的立法或司法问题,都属于包罗性较强的宏大主题,因而本书的研究内容也不可能做到对该领域相关问题的全面覆盖。并且,受知识结构、专业背景等因素的限制,对元宇宙、人工智能、数据算法等领域的前沿性刑法问题,笔者也无法保证能够提出科学、合理、准确的解决方案。故而,本书的研究内容主要限于整体性的或传统领域的刑法立法和刑事司法问题,主要目的就是为社会关注度较高的刑事难题提供相对圆满的破解思路。即便如此,本书的有关内容也难免会存在疏失、不足或不当之处。在此,欢迎各位专家予以批评、指正。

目　录 Contents

上篇　立法论

下篇　司法论

上　篇

立　法　论

第一章　犯罪概念对犯罪化立法的限制功能

一、问题的提出

1997年《刑法》公布之后，立法机关一直在对其进行局部修正，至2024年已出台了12个刑法修正案。尽管历次刑法修正的范围或大或小，但在内容上的共同特点就是进行犯罪化，具体表现为增设新罪与扩大原有犯罪的处罚范围。特别是自2011年公布《刑法修正案（八）》以来，还出现了明显的降低犯罪门槛、提升刑法预防功能的立法趋势，大量原属于行政违法甚至民事违法的行为都被做了犯罪化处理，如醉酒驾驶机动车、拒不支付劳动报酬、使用虚假身份证件、妨害安全驾驶、高空抛掷物品等。尽管在一定意义上应当承认，"犯罪圈扩大的立法趋向，是当代中国特殊语境下社会治理与社会控制客观需要的反映"①，但是，刑罚毕竟是一把"双刃剑"，不当使用难免会使国家

① 梁根林：《刑法修正：维度、策略、评价与反思》，载《法学研究》2017年第1期。

与社会两受其害,所以这种犯罪化立法也必须要有所限制,而不能无所顾忌地一路向前。

事实上,伴随着犯罪化的立法进程,学界已经对这一问题展开了激烈的探讨,并提出了诸多限制性原则(或正当性根据),较为常见的有刑法谦抑原则、法益侵害原则、危害原则、比例原则,或者相关原则的结合运用,如法益保护与比例原则等。不可否认,这些原则或理论的提出,在防止过度犯罪化方面是有其积极意义的。然而,问题在于,这些原则或理论在很大程度上都具有"外来性",主要是以国外"定性不定量"的犯罪界定模式为基础,为犯罪化确立最低的标准或划定最远的边界。而我国对犯罪的界定却具有特殊性,《刑法》第 13 条在犯罪概念上采取的是"定性 + 定量"的规定方式,因此犯罪成立标准要明显高于国外。这样,将某些危害行为予以犯罪化,尽管不违反法益侵害等原则,但在我国可能仍然是过度的。例如,在欧美国家,盗窃、诈骗、抢夺等行为构成犯罪,一般都不存在数额限制,这种做法也并不违反法益侵害原则,但是,在我国"定性 + 定量"的犯罪界定模式之下,不区分数额大小将其一律入罪,就可能属于过度的犯罪化。

由此,在对犯罪化立法的限制方面,我们虽需借鉴域外经验,但也必须要考虑"中国特色"。就后者而言,在立法机关继续维持《刑法》第 13 条不变的前提下,该条对犯罪概念的规定无疑就是限制过度犯罪化的一个天然标准,即无论在《刑法》分则中进行何种犯罪化,都不能突破《刑法》总则所确立的犯罪标准。这也是最符合我国实际情况的犯罪化限制原则。然而,长期以来,学界对《刑法》第 13 条的研究多集中在解释论或司法适用层面,对其立法限制功能的研究相对较少,因而许多基础性问题都尚未解决,如该条规定的犯罪概念是否可以作为犯罪化立法的限制原则,哪些内容对犯罪化立法具有限制作用,可以进行何种限制,以及实践中如何具体实现,等等。考虑到解决这些问题的重要意义,本章对其展开初步探讨。

二、犯罪概念作为犯罪化立法限制原则的正当性

将《刑法》第13条对犯罪概念的规定作为犯罪化立法的限制原则，首先需要解决其正当性问题。而对这一问题的确证，则主要取决于该种做法能否满足以下两个方面的要求：一是在实践操作层面是否具有合理性和可行性；二是在宪法层面是否存在正当根据。对此，从犯罪概念的内容、定位和相关的宪法规定来看，答案应当是肯定的。

（一）犯罪概念的内容具备限制犯罪化立法的应有功能

我国《刑法》第13条规定的是犯罪概念，即所有具体犯罪的共性特征。从世界范围来看，多数国家都是只在刑法分则中规定各种具体的犯罪，而并不在刑法总则中一般性地规定犯罪的概念。或者，即便在总则中规定了何谓犯罪，也往往只是一种形式上的界定，并不涉及犯罪的实质内容。例如，《瑞典刑法典》第1条规定："本法典、其他法律和行政立法性文件规定的受本法典之刑罚处罚的行为是犯罪。"①《希腊刑法典》第14条第1款规定："犯罪是依法可以追究刑事责任的、违法的、可以归责于行为人的行为。"②此类犯罪概念重点强调的只是犯罪的法律特征，对将某种行为规定为犯罪的原因或根据，则缺乏必要的说明。而在已经确立罪刑法定原则的前提下，这样的规定实际上是可有可无的。也正因如此，在这些国家，对犯罪化立法的限制（或正当性评价），并不可能在刑法之内找到规范依据，而只能诉诸理论或宪法。

---

① 《瑞典刑法典》，陈琴译，北京大学出版社2005年版，第1页。

② 《希腊刑法典》，陈志军译，中国人民公安大学出版社2010年版，第6页。

但是,我国《刑法》第 13 条对犯罪概念的规定却并非仅着眼于形式,而是对犯罪的实质内容与法律特征同时作出规定,因而属于一种“混合定义”。具体来讲,该规定大致有 3 层含义:第一,只有“危害社会的行为”才可能成立犯罪;第二,“危害社会的行为”必须要达到“应当受刑罚处罚”的严重程度,才能成为犯罪,“情节显著轻微危害不大的,不认为是犯罪”(但书);第三,对“危害社会的行为”,只有“依照法律应当受刑罚处罚的”才是犯罪,法律(刑法)未作规定的不得以犯罪论处。根据这 3 层含义,可相应概括出犯罪的 3 个基本特征,即社会危害性、应受刑罚处罚性和刑事违法性。其中,社会危害性是实质特征,刑事违法性是形式特征(法律特征),而应受刑罚处罚性则具有双重属性:在标定社会危害程度时具有实质性,在说明犯罪的法定性时具有形式性。

正是因为《刑法》第 13 条同时规定了犯罪的实质特征与形式特征,“既回答了‘什么是犯罪’的问题,又回答了‘为什么它是犯罪’的问题”①,所以其也就具有了既可以指导立法也可以指导司法的双重功能。在指导立法方面,其主要功能就是:“从立法上既限定了可以犯罪化的不法行为的种类,确定了刑法评判和干预不法行为的范围边界,又限定了可以犯罪化的不法行为的危害程度,确定了刑法评判和干预不法行为的程度边界。”②这样,《刑法》第 13 条对犯罪概念的规定自然就对犯罪化立法形成了一定的限制。因而,将其作为犯罪化立法的限制原则,是完全合理和可行的。

(二)将犯罪概念规范作为犯罪化立法的限制原则具有合宪性

《刑法》第 13 条对犯罪概念的规定,可简称为“犯罪概念规范”。从

---

① 黎宏:《刑法学》,法律出版社 2012 年版,第 42 页。

② 梁根林:《刑事法网:扩张与限缩》,法律出版社 2005 年版,第 29 页。

该规范的体系定位来看，将其作为犯罪化立法的限制原则，在宪法上也是存在正当根据的。

我国《宪法》第67条规定："全国人民代表大会常务委员会行使下列职权：……(三)在全国人民代表大会闭会期间，对全国人民代表大会制定的法律进行部分补充和修改，但是不得同该法律的基本原则相抵触……"在我国，作为基本法律的《刑法》是由全国人大制定的，但全国人大常委会可以对其进行部分补充和修改，其中当然包括进行犯罪化立法。事实上，1997年《刑法》实施以来的12个刑法修正案，也都是由全国人大常委会研究通过的。不过，根据《宪法》规定，全国人大常委会对刑法的补充和修改，是不能同该法的基本原则相抵触的。这里的"基本原则"，"是指刑法本身所具有的，贯穿于刑法始终，必须得到普遍遵循的具有全局性、根本性的准则"[①]，而并不仅限于约定俗成的罪刑法定、刑法适用平等和罪责刑相适应三个原则。《刑法》第13条所确立的犯罪概念规范是"划分罪与非罪界限的总标准"[②]，在刑事立法、司法和执法过程中都要予以遵循，将其视为刑法的"基本原则"并不为过。而且，该规范在犯罪界定上的"定性＋定量"特征，不仅是司法实践中对犯罪构成进行实质解释的法律依据，还与我国"刑罚＋行政处罚"的双层次制裁体系直接相关。对该规范作出修改，必然会"牵一发而动全身"，所以这并不属于全国人大常委会"部分补充和修改"的职权范围，而只能由全国人大来实施。由此，该规范也只能被视为刑法的"基本原则"。如果全国人大未对该规范作出修改，那么全国人大常委会在进行犯罪化立法时，就必须要接受来自该规范的原则性限制，否则即属违宪。

---

① 张明楷：《刑法学(上)》(第6版)，法律出版社2021年版，第52页。

② 高铭暄：《中华人民共和国刑法的孕育诞生和发展完善》，北京大学出版社2012年版，第20页。

当然,《刑法》第 13 条的规范内容也并非不言自明,对其同样需要进行理论上的阐释和说明。但是,相较于刑法谦抑主义、法益保护主义等单纯的理论依据,在这种规范性标准之下所做的理论诠释,无疑会对犯罪化立法产生更大的约束力。对此,恰如 2008 年德国联邦宪法法院在关于乱伦案的判决中所言:"按照基本法的秩序,无论是确定何为刑罚的目的,还是确定应当动用刑法手段去保护哪些法益,抑或是决定如何使刑法规范适应社会发展,这都是具有民主正当性的立法者的事情。我们不可能援用一个所谓先在的或者经立法者之外的机构'认可'的法益,去限制立法者的这项权力。能够为该权力设限的,只有宪法自身。"[①]"毫无疑问,对立法者产生约束性限制作用的,不可能是教授们的观点,而只能是宪法。"[②]在我国,党的十九大报告特别强调,要"加强宪法实施和监督,推进合宪性审查工作,维护宪法权威"。因此,能够为犯罪化立法设限的"终极依托",也只能是《宪法》所确立的规范性标准,而绝非某种观念或理论。

三、社会危害性对犯罪化立法的范围限制

我国《刑法》第 13 条规定:"一切危害国家主权、领土完整和安全,……以及其他危害社会的行为,依照法律应当受刑罚处罚的,都是犯罪……"该规定说明,只有"危害社会的行为",才可能被法律规定为犯罪。这就是通常所讲的犯罪的社会危害性特征。根据该特征,那些不具有社会危害性的行为,自然不能被作为犯罪处理,由此也就对犯罪化立

① 陈璇:《法益概念与刑事立法正当性检验》,载《比较法研究》2020 年第 3 期。

② [德]克劳斯·罗克辛:《对批判立法之法益概念的检视》,陈璇译,载《法学评论》2015 年第 1 期。

法的范围形成了一定限制。然而,由于社会危害性在内涵上具有模糊性,只有对其形成正确的理解,才能合理发挥其对犯罪化立法的范围限制功能。

(一)社会危害性的理论转型

关于犯罪的社会危害性特征,实际上在1979年《刑法》第10条中就已经被明确规定。[①] 围绕这一规定,传统刑法学还建构起了一套社会危害性理论。该理论总体上认为,社会危害性是指行为对刑法所保护的社会关系造成的这样或那样损害的特性,是对国家和人民利益的危害;社会危害性的轻重大小由多种因素决定,如行为侵犯的客体,行为的手段、后果、时间、地点,行为人的个人情况及其主观因素等。[②] 同时,该理论还特别强调,社会危害性不仅是刑法立法之圭臬,也是刑事司法不可或缺的标尺。[③] 这一理论在很长时间内主导着我国的刑法学研究和刑事实务工作。

然而,在传统刑法学理论中,社会危害性的内涵其实并不明晰,其影响因素也较为宽泛,以致在司法实践中甚至出现了单纯依据社会危害性随意入罪或出罪的现象。因此,在1997年《刑法》确立罪刑法定原则之后,社会危害性的理论建构和司法意义开始受到质疑和批判。例如,樊文博士指出,社会危害性本身具有笼统、模糊和不确定性,可以成为立法和法学研究中确立犯罪行为的重要因素,但不能成为司法适用中的法律

---

① 1979年《刑法》第10条规定:"一切危害国家主权和领土完整,危害无产阶级专政制度,……以及其他危害社会的行为,依照法律应当受刑罚处罚的,都是犯罪;但是情节显著轻微危害不大的,不认为是犯罪。"该规定与1997年《刑法》第13条只有个别措辞上的差异,基本内容是相同的。

② 参见高铭暄、马克昌主编:《刑法学》(第8版),北京大学出版社、高等教育出版社2017年版,第45~46页。

③ 参见赵秉志、陈志军:《社会危害性理论之当代中国命运》,载《法学家》2011年第6期。

规范,否则就容易导致刑事类推,从而影响罪刑法定原则的贯彻。[①] 陈兴良教授也主张,应当区分立法上的犯罪概念与司法上的犯罪概念,将社会危害性这一超规范的概念逐出注释刑法学领域,并以法益和法益侵害理论取而代之。[②] 受此观念的影响,在刑事司法领域,传统的社会危害性理论开始逐步让位于法益和法益侵害理论。

时至今日,在犯罪(或违法性)的实质内容层面,法益和法益侵害理论已经成为通说,而且其影响力也已经超越了注释刑法学领域,开始向立法论方向拓展。在此背景下,用法益和法益侵害(侵犯)性来解释《刑法》第13条规定的社会危害性,便成为一种常见的做法。例如,张明楷教授认为,“法益,是指根据宪法的基本原则,由法所保护的、客观上可能受到侵害或者威胁的人的生活利益”“刑法的任务与目的是保护法益,所以刑法所干预的只能是侵犯法益的行为(危害社会的行为)”“刑法第13条所称的社会危害性,就是指行为对法益的侵犯性”。[③] 随着此类认识逐渐扩散和深入,传统的社会危害性理论已经在很大程度上被法益和法益侵害理论所取代。

(二)社会危害性与法益侵害性的关系辨正

不可否认,由法益本身的相对明确性所决定,法益理论不仅在个罪解释方面具有重要作用,而且在刑事立法层面也有着积极意义。因为,“法益理论强调犯罪的本质在于对法益的侵害,确认了‘无法益侵害则无犯罪’的根本界限”[④]。这样,那些单纯违反伦理的行为(如兽奸)、与他

---

① 参见樊文:《罪刑法定与社会危害性的冲突——兼析新刑法第13条关于犯罪的概念》,载《法律科学(西北政法大学学报)》1998年第1期。

② 参见陈兴良:《社会危害性理论——一个反思性检讨》,载《法学研究》2000年第1期。

③ 张明楷:《刑法学(上)》(第6版),法律出版社2021年版,第78、114、116页。

④ 梁根林:《刑事法网:扩张与限缩》,法律出版社2005年版,第12页。

人无涉的行为（如同性恋），以及损害自身利益的行为（如吸毒）等，因不存在法益侵害，也就不能被规定为犯罪。由此便在一定程度上限制了过度的犯罪化。

但是，将法益侵害性完全等同于社会危害性，则是存在疑问的。从《刑法》第 13 条规定的逻辑来看，某种危害社会的行为能否成为犯罪，主要取决于其社会危害程度，即“量”的高低问题。如诈骗公私财物，必须“数额较大”才能构成诈骗罪。而这一标准却不能当然适用于法益侵害行为。例如，借钱不还同样侵犯债权人受法律保护的财产利益，但不能认为借 100 元不还是违约，借 100 万元不还就能构成犯罪。实际上，就这一问题，德国学者克劳斯·罗克辛已经指出，要求必须存在法益侵害或者法益侵害的危险，这还不是对刑事可罚性进行限定的唯一标准，因为民法、公法等其他法律也都在保护法益，所以当某种法益受到损害时，总是会出现究竟要通过何种法律进行规制的问题。① 也就是说，由于法益概念具有多法域共享性，某种法益侵害行为并不一定属于刑法的规制范围，所以也就不能将其直接等同于社会危害性。换言之，法益侵害性的外延要宽于社会危害性，因而对后者必须要作进一步的限缩解释。

尽管我国《刑法》对犯罪概念的规定受到了苏俄刑法的影响，②但“犯罪是对社会的危害”这一观念，却并非苏俄刑法的首创。早在启蒙时代，贝卡里亚就已经明确提出“衡量犯罪的真正标尺，即犯罪对社会的危害”③。这里的“社会”并非泛指每一个单独个体，而是指代表公共利益的社会共同体。所以，贝卡里亚所强调的其实是：犯罪是对公共利益的

① 参见［德］克劳斯·罗克辛：《对批判立法之法益概念的检视》，陈璇译，载《法学评论》2015 年第 1 期。

② 参见储槐植：《刑事一体化论要》，北京大学出版社 2007 年版，第 96～97 页。

③ ［意］贝卡里亚：《论犯罪与刑罚》，黄风译，中国法制出版社 2002 年版，第 82 页。

危害。① 尽管之后又产生了权利侵害说、法益侵害说等具体的理论见解,但这一根本观念至今也未发生改变。例如,英国学者史密斯和霍根指出,犯罪“通常是对公共利益有特别危害而不仅仅是践踏纯粹个人性的权利的行为”②。美国学者约书亚·德雷斯勒指出,犯罪行为不同于侵权和违约行为,其造成的是“社会危害”,这里所指的“社会”是一个有着社会凝聚力的整体和共同体。③ 法国学者卡斯东·斯特法尼指出,“侵害客观的个人权利,一般仅会引起民法上的处罚,通常是科处损害赔偿,并不一定产生犯罪现象”④。德国学者耶赛克和魏根特也从区分法益性质的角度指出,受刑法保护的“法益的价值”不能等同于行为人造成的实际损害(如不履行合同给对方当事人造成的损失),而是与对社会共同生活有影响的利益的价值有关。⑤ 我国学者王钢则进一步厘清了法益与社会危害性的关系。他认为,社会危害性与“前实定的法益概念”存在紧密的内在关联,“所谓的社会危害性,就是指行为对社会系统的正常运转、对社会共同生活的妨害,而所谓的法益则是指,维持社会系统和社会共同生活的必要外在条件”⑥。当然,这里的“法益”不仅是“前实定”的,也

---

① 对这一内容的相关说明,可参见[意]贝卡里亚:《论犯罪与刑罚》,黄风译,中国法制出版社2002年版,第80、83、85页。事实上,这一观念在犯罪行为从侵权行为中分离出来之时,就已经确立。在美国法学家埃尔曼看来,从授权受害人私力救济,到确认刑法涉及公共利益,再到国家对刑法的垄断,这个缓慢的演变过程乃是法律史上引人入胜的篇章。参见[美]埃尔曼:《比较法律文化》,高鸿钧等译,三联书店1990年版,第82页。

② [英]J. C. 史密斯、B. 霍根:《英国刑法》,马清升等译,法律出版社2000年版,第21页。

③ 参见[美]约书亚·德雷斯勒:《美国刑法精解》,王秀梅等译,北京大学出版社2009年版,第1页。

④ [法]卡斯东·斯特法尼等:《法国刑法总论精义》,罗结珍译,中国政法大学出版社1998年版,第7页。

⑤ 参见[德]汉斯·海因里希·耶赛克、托马斯·魏根特:《德国刑法教科书(上)》,徐久生译,中国法制出版社2017年版,第74页。

⑥ 王钢:《法益与社会危害性之关系辩证》,载《浙江社会科学》2020年第4期。

是狭义的，指的是应当由刑法来保护的社会共同利益。

由上可见，尽管各论者的具体表述不完全相同，但其强调的核心内容是一致的，即犯罪是一种侵犯公共利益的、具有社会危害性的行为。之所以赋予犯罪这一特性，主要是缘于刑法的公法性质。在理论上，划分公法与私法的一个重要标准就是：公法关系中有一方是国家或国家授予公权力的组织，而私法关系的参与主体都是平等主体。[①] 就刑法而言，由公安、检察等公权力机关来查处和起诉犯罪，不仅直接反映了其公法性质，而且也进一步说明，犯罪是危害公共利益的行为，否则并无必要动用公权力加以遏制。至于这里的“公共利益”，则并非仅限于所谓的国家法益和社会法益，也包括那些与公共利益直接相关的个人法益。比如，虽然从表面上看，强奸、伤害、盗窃等行为侵犯的是个人法益，但这种利益却与社会公众的人身和财产安全直接相关，一旦实施就会触犯“强烈而又明确的集体意识”[②]，所以才会成为犯罪。这也就意味着，“犯罪化不能简单地被认为是处置针对个人实施危害行为的方法——民法也能实现这一目的”，“只有在对私人利益保护其本身就是公共利益问题时，刑法才会为私人利益提供支持”[③]。换言之，只有当相关的法益侵害行为同时也具有社会危害性时，才可能将其纳入犯罪化的视野，相应的犯罪化立法也才能具备基本的正当性。

（三）社会危害性对民事违约行为的排斥

当然，并非只有犯罪行为才具有社会危害性，行政违法行为亦会因危害公共利益从而具有社会危害性，这也是二者都属于公法调整范围的

---

① 参见王利明等：《民法学》（第6版），法律出版社2020年版，第17页。

② ［法］埃米尔·涂尔干：《社会分工论》，渠东译，三联书店2000年版，第43页。

③ ［英］威廉姆·威尔逊：《刑法理论的核心问题》，谢望原等译，中国人民大学出版社2015年版，第25～26页。

根本原因。但是,对民事违法行为,却不能认为其均具有社会危害性,也不能简单地认为其与犯罪行为之间只具有社会危害程度的差异。

广义上的民事违法行为包括侵权行为和违约行为(违反合同法)两类。其中,侵权行为是对他人的人身或财产权益的侵害,在严重到一定程度时就会产生社会危害性,从而成为行政违法或犯罪行为。所以,不能笼统地否认侵权行为也可能具有社会危害性。然而,对民事违约行为,如不履行借贷合同或买卖合同等,即使给对方当事人造成了重大的经济损失,刑法也不会轻易干涉。原因在于,“我们都生活在一个尊重个人意思自治和保护个人自由的社会里,这就使我们必须把那些使我们成为自由人的特征和做法置于刑法规制的范围之外”①。具体而言,民事合同的缔结和履行都属于个人意思自治的范畴,只要当事人之间达成合意,即便合同内容不符合公平公正原则(如赠与、提供无偿劳动等),也应当得到尊重。这样,在一方违约时,亦只涉及当事人之间的利益,而与公共利益无关,所以也不能认为因其具有社会危害性,就作为犯罪处理,这可以说是现代法治国家的普遍共识。简言之,“社会危害性是一个公法概念而不是一个私法概念”②,其对那些属于“私人自治”范畴的民事违约行为本来就具有排斥性。

以此观之,立法机关在2011年公布的《刑法修正案(八)》中增设拒不支付劳动报酬罪,其正当性就是值得商榷的。用工者不予支付劳动者的劳动报酬,本质上是违反劳动合同的行为。尽管立法者在条文中增加了“经政府有关部门责令支付仍不支付”的限制条件,但仍然无法改变该行为的民事违约性质。因为,本罪是规定在“侵犯财产罪”之中的,其保

---

① [英]威廉姆·威尔逊:《刑法理论的核心问题》,谢望原等译,中国人民大学出版社2015年版,第23页。

② 夏勇:《刑法与民法——截然不同的法律类型》,载《法治研究》2013年第10期。

护的法益是劳动者基于劳动合同所享有的“债权”（获得劳动报酬的权利），而不是所谓的“社会管理秩序”。既然如此，这种发生在特定的用工者和劳动者之间的违约行为，就很难说具有社会危害性，将其规定为犯罪难免有违宪之嫌。另外，对这类问题，完全可以通过加大民事诉讼执行力度或者强化政府干预等方式来解决，遇到难题即动用刑法，不能不说是一种“懒政”的表现。

而与之相比，2020 年公布的《刑法修正案（十一）》对涉高利贷行为的犯罪化处理，就比较合理和妥当。在我国，虽然早就有学者呼吁在刑法中单独设立高利贷罪，[①]但《刑法修正案（十一）》第 34 条并没有采纳这一建议，而只是将采取暴力、胁迫等方式“催收高利放贷等产生的非法债务”的行为进行了犯罪化处理。这种做法的合理性在于：第一，单纯或偶尔的民间借贷，即使约定了高额利息，也属于个人意思自治的范畴，只不过在发生纠纷时法律不保护超出正当比例的利息而已，其本身并不具有社会危害性；第二，违反国家规定，未经监管部门批准，从事具有经营性质的高利放贷业务，扰乱金融市场秩序的，可按非法经营罪定罪处罚，并无必要增设新罪；[②]第三，采取暴力、胁迫、限制人身自由、非法侵入住宅等方式催收高利贷债务的行为，已经侵犯了他人的人身权益，具有了社会危害性，将其中“情节严重的”进行犯罪化处理并无不妥。此外，可以预期，在民事法律不保护高额利息的基础上，再通过刑事法律对“非法讨债”行为进行严格规制，那些恶意发放高利贷的行为自然就会相应减少。换句话说，解决这一问题，并无必要在立法上强行将民事违法行为作为犯罪处理，让“上帝的归上帝，凯撒的归凯撒”，才是真正的法治

① 参见龚振军：《民间高利贷入罪的合理性及路径探讨》，载《政治与法律》2012 年第 5 期。

② 最高人民法院、最高人民检察院、公安部、司法部于 2019 年发布的《关于办理非法放贷刑事案件若干问题的意见》已经对此作出了规定。

之道。

特别是在我国已经出台《民法典》的背景之下,要更加注重通过民事手段来解决社会问题,“只有在民法的方法无法很好解决相关纠纷,而且相关行为可能危及公共安全和公共秩序时,才有必要动用刑法”①。换言之,将不该由刑事治理的领域让位于或者回归于民事治理,使民事治理在《民法典》时代充分发挥作用,实现民刑共治,才是将《民法典》落实于社会生活和国家治理的重要途经。② 可以说,这一点既是时代的呼声,也是《刑法》第 13 条中社会危害性概念的当然要求。

四、应受刑罚处罚性对犯罪化立法的程度限制

由刑法的最后手段性决定,犯罪化立法除应受到行为范围的限制外,在行为的危害程度方面也应受到必要的限制。而从规范层面为后者提供程度标准的,正是《刑法》第 13 条所规定的犯罪的应受刑罚处罚性特征。

(一)应受刑罚处罚性的程度标准属性

通过明确犯罪的社会危害性特征,可以将那些属于个人意思自治范畴的民事违法或违约行为排除在犯罪化的范围之外。但是,社会危害性却并非犯罪的专属特征。行政违法行为也具有社会危害性,而且,其与犯罪行为的差异也主要表现为社会危害程度的不同。特别是在我国,这一点可以说是不言自明的。例如,未达到相应危害程度的盗窃、诈骗、抢

---

① 王利明:《民法要扩张　刑法要谦抑》,载《中国大学教学》2019 年第 11 期。

② 参见刘艳红:《民刑共治:国家治理体系与治理能力现代化路径》,载《法学论坛》2021 年第 5 期。

夺、伤害等行为，均属于行政违法，其和所对应的犯罪之间只具有“量”的差别。对此，《刑法》第13条中的“但书”已经从总则层面作出了概括性规定，即“情节显著轻微危害不大的，不认为是犯罪”。正是在此意义上，我国传统刑法理论认为，“只有行为的严重社会危害性才能说明犯罪的根本特征，才能用以将犯罪与一般违法行为区别开来”①。也就是说，从刑法立法层面而言，只有某种行为的社会危害性达到了“严重”程度，才可进行犯罪化处理，否则一般只能划入行政违法领域。

尽管这种见解有一定道理，但问题在于，某种行为的社会危害性究竟“严重”到何种程度，才可以作为犯罪处理呢？或者说，达不到何种程度的社会危害性，才可以认为是“情节显著轻微危害不大”呢？对此，显然缺乏明确的标准，仍然需要从规范层面加以解决。而在这一方面，《刑法》第13条实际上已经提供了答案，即“……依照法律应当受刑罚处罚的，都是犯罪”，也就是犯罪的应受刑罚处罚性特征。根据这一特征，并非任何具有一定严重性的危害社会行为都可能被规定为犯罪，而是“只有具有应受刑罚处罚品性的严重的危害社会行为才会被立法者在法律上规定为犯罪”②。换言之，应受刑罚处罚性不仅是区分犯罪与行政违法（或一般违法）的规范标准，同时也是犯罪化立法的程度标准，即凡是达不到“应受刑罚处罚”程度的危害社会行为，都不应作为犯罪处理。

（二）应受刑罚处罚性在犯罪化立法中的具体贯彻

在犯罪化立法中严格贯彻应受刑罚处罚性标准，无疑可以防止过度的犯罪化。但是，这一标准同样具有一定的模糊性或抽象性，在实践中如何具体把握仍然是一个难题。笔者认为，从我国的实际情况出发，在

---

① 马克昌主编：《犯罪通论》，武汉大学出版社1999年版，第19页。

② 许发民：《犯罪本质层次论》，载《甘肃社会科学》2010年第1期。

具体贯彻这一标准时应重点把握如下几点要求。

其一,在判断某种危害社会的行为是否应受刑罚处罚时,可将拘役作为底限性的刑罚标准。从“危害程度与惩罚强度相适应”的角度来讲,判断某种危害社会的行为是否应当受到刑罚的处罚,需要一个具体的评价标准,即应当受到何种刑罚强度的处罚。因为“刑罚”这一用语在内容上涵盖死刑、自由刑、财产刑、资格刑等各种刑罚方法,其本身并不是一个具体的标准,所以需要从中选择一种刑罚方法作为评价标准。而在这一方面,由于死刑、财产刑和资格刑的(独立)适用范围较为有限,具有普遍适用性的自由刑(监禁刑)便成为一个“天然的标准”。对此如美国学者哈伯特·L.帕克所言,在罪与非罪的界限划分方面,“如果我们从定罪转向刑罚实施,我们可利用剥夺自由这一实际的或潜在的监禁判决所固有的天然标准。……某种行为可以被视为值得受到此种程度的刑罚,这远远不是将该行为作为犯罪处理的充分条件,但显然它应当是必要条件”①。就我国而言,可以考虑将其最低标准限定为拘役。原因在于,我国对行政违法行为也可以适用剥夺自由的处罚方法,即不超过20日的行政拘留;②而拘役的最低刑期为1个月,在处罚强度上可与行政拘留形成合理的区分。同时,我国现行《刑法》规定的所有犯罪种类均配置有拘役以上的自由刑。这说明,在我国,如果某种行为的社会危害性达不到值得动用拘役刑进行处罚的程度,目前是不宜规定为犯罪的。

其二,在判断某种危害社会的行为是否应受刑罚处罚时,应适当考虑刑罚的附随后果问题。刑罚作为一种严厉的法律制裁方式,其“严厉性”不仅表现在剥夺的内容上,也同时表现在附随后果方面。这里的“附

---

① [美]哈伯特·L.帕克:《刑事制裁的界限》,梁根林等译,法律出版社2008年版,第270页。

② 根据我国《治安管理处罚法》第16条规定,对两种以上的治安违法行为合并执行行政拘留时,最长不超过20日。

随后果”,通常也称为前科后果,是指行为人因犯罪被判处刑罚后,所附带而来的其他种种不利后果。在我国,受过刑事处罚的人,不仅要承受被开除公职、被吊销资格等附随后果,而且还会终身背上沉重的前科“包袱”,在入学、入伍、就业、任职等方面受到种种限制。从一定意义上讲,这些附随后果也是一种制裁,这种制裁甚至比某些刑罚(如短期自由刑、罚金刑等)本身还要沉重。而且,其与刑罚是相伴而生的,有刑罚就会有这些不利后果。因此,在判断对某种危害社会的行为是否有必要动用刑罚处罚时,除考虑刑罚本身的强度外,也要同时考虑由此带来的附随后果,以真正实现制裁上的比例原则。

应当说,在我国传统的罪刑体系下,因入罪标准较高,这些附随后果所带来的问题并不明显。然而,随着近年来刑法修正中入罪门槛的趋低化,危险驾驶罪、代替考试罪、高空抛物罪等轻罪或轻微犯罪不断出现,进而也就产生了大量的轻罪犯。例如,2015 年 1 月至 2019 年 6 月,仅浙江省就有近万名公务员、公司企事业单位人员、教师、医生、律师等因“醉驾”(危险驾驶罪)而被审查起诉。① 如果仅从“危害程度与惩罚强度相适应”的角度而言,不可否认,“醉驾”行为一般达到了应受拘役刑处罚的程度,但让这些轻罪犯也承担与重罪犯基本相同的刑罚附随后果,是否还符合比例原则,便是一个值得思考的问题。当然,这一问题的产生主要是源于前科消灭制度的缺失。但是,我国当前毕竟尚未建立这一制度,因此,在犯罪化立法中就必须要考虑这些附随后果问题。至少在具体的入罪标准方面要有所控制,以避免因制裁范围过大而扩增社会对立面,加剧社会治理风险。

其三,在判断某种危害社会的行为是否应受刑罚处罚时,需要借助

---

① 参见王敏远:《“醉驾”型危险驾驶罪综合治理的实证研究——以浙江省司法实践为研究样本》,载《法学》2020 年第 3 期。

犯罪学等经验科学的研究方法来提供根据。由于刑罚及其附随后果的严厉性,在确定对某种危害社会的行为是否有必要动用刑罚处罚时,必须要进行审慎的考虑,一般只有在运用其他治理手段确实无法实现惩治与预防效果时,才能动用刑罚。换言之,即使某种危害社会的行为已经比较严重,但如果经评判后认为,采取其他“温和”的预防或制裁手段也可实现相应的规制效果,那么就不宜将其归入“应受刑罚处罚”之列。这就是所谓的刑法谦抑主义或刑法的最后手段性原则。但是,这种“必要性”的判断,却并非只靠立法推断或理论推演即可实现,而是需要犯罪学、社会学等经验科学的协同助力。特别是在进行“预防性”犯罪化立法时,这一点尤为重要。近年来,在预防性刑法观的支配下,通过刑法介入早期化来积极防控法益侵害风险已成为一种立法趋势。然而,并非任何法益侵害风险都需要或适合由刑法来管控,刑法的介入也要有合理的限度。由此,“理性、科学、合理的预防性立法必须对风险进行评估与精算,而不能仅根据立法的推定,就把某种具有风险或风险程度不高的行为予以犯罪化处理”①。这样,显然就需要借助犯罪学等经验科学的研究方法来为其提供实证根据。

(三)应受刑罚处罚性对犯罪化立法的形式要求

坚持犯罪的应受刑罚处罚性特征,不仅是立法上的要求,也是司法上的准则,即“只有当一种行为具有值得科处刑罚程度的违法性时,才能将其解释为符合构成要件的行为”②。不过,在司法实践中,对一些法条中未明确规定定量因素的犯罪,却在一定程度上存在忽视这一准则的现象。例如,由于2011年公布的《刑法修正案(八)》没有为“醉驾”行为构

---

① 姜敏:《刑法预防性立法对犯罪学之影响:困境与出路》,载《政治与法律》2020年第1期。

② 张明楷:《刑法的基本立场》(修订版),商务印书馆2019年版,第185页。

成危险驾驶罪规定明确的定量因素，于是，“醉驾一律入罪”便成为实务部门的倾向性做法。[①] 但是，并非所有的“醉驾”行为都会达到值得科处刑罚的危害程度，如深夜在空无一人的停车场“醉驾”挪车的行为便是如此。又如，因《刑法修正案（八）》第23条删除了2009年公布的《刑法》第141条中的“足以严重危害人体健康”，于是对生产、销售假药的行为，实践中便倾向于一律入罪。然而，此类行为却并非均能达到应受刑罚处罚的程度。例如，在陆某销售假药案中，行为人销售假药的行为便被检察机关作了不起诉处理。[②] 尽管检察机关的表面理由是陆某的行为不属销售行为，但深层次的原因显然是其行为尚未达到应受刑罚处罚的程度。因为陆某销售的“格列卫”仿制药与瑞士生产的原药在服用效果上并无多大差异，没有危及用药者的健康和生命权益，所以陆某的行为只是一种单纯的行政违法行为。[③]

当然，从应然层面来讲，对那些未达到值得科处刑罚程度的“构成要件行为”，完全可以依据《刑法》第13条中的“但书”进行出罪处理。“可以说，我国《刑法》的‘但书’规定正是世界各国刑事立法例中少有的直接贯彻刑法谦抑性理念的条款，具有典型的出罪功能。”[④]然而，受理论认识、司法水平、责任意识等诸多因素的影响，“但书”在司法实践中并未得到规范和有效的适用，由此也就造成了司法上的过度犯罪化现象。

---

① 参见敦宁：《醉驾治理的司法困境及其破解之策》，载《法商研究》2021年第4期。

② 参见湖南省沅江市人民检察院沅检公刑不诉（2015）1号不起诉决定书。

③ 在该案的影响下，2019年修订后的《药品管理法》第98条第2款将“假药”规定为如下情形：（1）药品所含成份与国家药品标准规定的成份不符；（2）以非药品冒充药品或者以他种药品冒充此种药品；（3）变质的药品；（4）药品所标明的适应症或者功能主治超出规定范围。即便如此，实践中也同样可能存在并未危及公众健康和生命权益的情形，因而对销售假药的行为亦不能一概以犯罪论处。

④ 陈伟、钟滔：《刑法“但书”出罪的功能失调及其规范适用》，载《四川师范大学学报（社会科学版）》2020年第3期。

考虑到这一问题，在犯罪化立法中，应当尽可能在分则各罪的罪状中明确规定可以体现“但书”精神的定量因素，如数额、结果、情节等方面的要求。这样，就可以将那些达不到应受刑罚处罚程度的违法行为直接排除在犯罪成立范围之外。可以说，这一做法既是罪刑法定原则的应然要求，也是防止司法上过度犯罪化的必要举措。实际上，在 2020 年公布的《刑法修正案（十一）》中已经体现出了这一立法动向。例如，在该修正案第 2 条增设的妨害安全驾驶罪中，就规定了“危及公共安全”的定量因素；在第 7 条增设的妨害药品管理罪中，也规定了“足以严重危害人体健康”的定量因素。同时，在该修正案所增设的高空抛物罪，催收非法债务罪，侵害英雄烈士名誉、荣誉罪，妨害兴奋剂管理罪等诸多新罪中，也都存在“情节严重”的定量因素。这些定量因素的设置，核心都是为了满足应受刑罚处罚性对犯罪化立法的要求。例如，之所以在高空抛物罪中增加“情节严重”的规定，就是“为了将从高空抛掷极为轻微的物品（如一个塑料袋、一张废纸）且未造成危害后果等不值得科处刑罚的行为排除在犯罪之外”①。

毋庸讳言，“情节严重”“情节恶劣”等定量因素，在内容上确实具有一定的模糊性。尽管这种“模糊性”并不等同于含混性和不可知性，一般可通过科学、合理的司法解释加以明确，但这也并不意味着在立法中可以不加区分地广泛规定这种“综合性”定量因素。从罪刑法定原则的“明确性”要求出发，对定量因素的设置应当尽可能体现出具体的判断内容。由于刑法只能将应受刑罚处罚的法益侵害行为规定为犯罪，而对违法行为的一般性描述又往往难以满足此种要求，故需设置相应的定量因素。也就是说，定量因素的内容主要是对违法行为法益侵害程度的明示

---

① 张明楷：《增设新罪的原则——对〈刑法修正案十一（草案）〉的修改意见》，载《政法论丛》2020 年第 6 期。

或提升。在此情况下,如果能够对影响法益侵害程度的主要因素(如数额、结果等)作出相对明确的规定,就尽可能不设置“情节严重”“情节恶劣”等“综合性”标准。特别是就一些危险犯而言,原则上要围绕其保护法益来设置定量因素。例如,对高空抛物罪,就可考虑设置“危及人身安全”的定量因素,而不是“情节严重”。推而广之,对现行《刑法》第141条规定的生产、销售、提供假药罪,亦可考虑为其基本犯设置“足以危害人体健康”的定量因素;对危险驾驶罪(第133条之一)中的“醉驾”情形,也可考虑为其设置“危及公共安全”的定量因素。由此便可以将那些与此类犯罪的保护法益基本无涉的“抽象危险行为”排除在犯罪之外。

而“情节严重”或“情节恶劣”等“综合性”定量因素的设置,一般只限于如下情形:一是难以通过增加某个特定的要素使行为的违法性达到值得科处刑罚程度的;二是难以预见具备哪些要素时,行为的违法性才能达到值得科处刑罚程度的;三是虽能预见但不能做简短表述的。[①] 例如,对《刑法修正案(十一)》第35条所增设的侵害英雄烈士名誉、荣誉罪(现行《刑法》第299条之一),因其保护法益是社会公共利益,违法行为的危害程度与行为的方式、对象、内容、结果、社会影响等多种因素相关,因而对其定量因素不可能做出较为明确的表述,故可采用“情节严重”的规定方式。

---

① 参见张明楷:《犯罪构成体系与构成要件要素》,北京大学出版社2010年版,第239页。

第二章　过失危险犯立法模式的扬弃与替代

随着风险社会的到来，工业、科技、生物、环境等危险源持续增加，社会危险状态不断加剧，人们的不安感也与日俱增。在此背景下，通过对重大法益进行早期化保护，以有效预防各种危险状态转化为实际侵害，已成为世界各国刑事立法的普遍选择。而在法益保护早期化的实现方式上，除故意型的抽象危险犯外，过失危险犯的立法模式也早已在国外刑法中出现。自20世纪90年代以来，我国学界也一直在呼吁将过失危险犯引入到公共安全等重大法益领域，以实现对过失性危害后果的提前预防。① 并

① 代表性文献参见刘仁文：《过失危险犯研究》，载《法学研究》1998年第3期；马松建：《过失危险犯比较研究》，载《郑州大学学报（社会科学版）》2000年第4期；储槐植、蒋建峰：《过失危险犯之存在性与可存在性思考》，载《政法论坛》2004年第1期；冀莹：《过失危险犯的基础及边界——以刑法的风险控制功能为视角》，载陈兴良主编：《刑事法评论》第28卷，北京大学出版社2011年版；于冲：《二元处罚体系下过失危险犯的教义学考察——以妨害传染病防治罪为视角》，载《法学评论》2020年第6期；骆群：《过失危险犯有限肯定论》，载《中国刑事法杂志》2022年第6期。

且，不少论者认为，我国刑法中其实已经存在过失危险犯，或者说我国刑法立法已经体现出了对过失危险犯的积极接纳。然而，事实是否果真如此？对于重大法益的早期化保护，过失危险犯真的是一种理想的立法选择吗？对此是否还存在更好的立法方案？这些问题无疑关涉我国刑法立法的未来走向，特别是预防性犯罪化的模式选择，必须要认真对待。

一、我国刑法立法对过失危险犯的扬弃

讨论过失危险犯的立法设置问题，首先需要明确何谓过失危险犯，以及我国刑法立法对该种立法模式的态度如何。所谓过失危险犯，即因过失行为而造成法益侵害危险的犯罪形态。严格来讲，过失危险犯可以分为过失的具体危险犯和过失的抽象危险犯两种。前者是指因过失行为而导致法益陷入具体危险状态；后者是指因过失行为而使法益受到可能性的危险（抽象危险）。同时，根据主观归责的基本要求，成立过失危险犯，行为人必须要对法益侵害危险具有预见可能性和避免义务，且在心理态度上排斥或反对该种危险的发生。

可以说，在 20 世纪中期以前，各国刑事立法规定的过失犯罪多为实害犯，即只有发生了实际危害结果才构成犯罪。[①] 然而，自 20 世纪中后期以来，为控制和预防新兴科技所引发的重大实害后果，德国、日本等国逐渐突破了过失犯的处罚原则，开始在危害公共安全和环境污染等领域增设过失危险犯。[②] 但是，与国外的刑事制裁“一元化”体系不同，我国对违法犯罪行为采取的是“刑罚 + 行政处罚”的双层次制裁体系。因此，

① 参见储槐植、蒋建峰：《过失危险犯之存在性与可存在性思考》，载《政法论坛》2004 年第 1 期。

② 参见马松建：《过失危险犯比较研究》，载《郑州大学学报（社会科学版）》2000 年第 4 期；刘仁文：《过失危险犯研究》，载《法学研究》1998 年第 3 期。

对我国刑法中是否存在或接纳了过失危险犯,便存在一定争议。否定论者认为,我国刑法中只有故意的危险犯,没有过失的危险犯,对过失的危险行为,一般都是按照行政违法行为予以处罚。① 肯定论者则在总体上认为,我国刑法中不仅原本就存在过失危险犯的立法例,而且近年来所增设的某些新罪也属于过失危险犯。其中,具有代表性的就是妨害传染病防治罪、妨害国境卫生检疫罪、危险作业罪和醉驾型的危险驾驶罪。但在笔者看来,我国刑法立法事实上已经扬弃了过失危险犯的立法模式,以上犯罪或者属于故意型的具体危险犯,或者属于故意型的抽象危险犯,而并不是所谓的过失危险犯。

(一)妨害传染病防治罪不属于过失危险犯

根据我国《刑法》第 330 条规定,妨害传染病防治罪的成立,除实施特定的违反传染病防治法的行为外,还必须"引起甲类传染病以及依法确定采取甲类传染病预防、控制措施的传染病传播或者有传播严重危险"。由于理论上多将该罪的罪过形式界定为过失,所以其也就"顺理成章"地成了过失危险犯。但是,从法教义学层面来看,这种认识并不具有逻辑上的自洽性。

在学界,对该罪属于过失危险犯的证立,所依循的主要是"行为故意+结果过失"的模式,但在说明逻辑上有所不同。其中,第一种说明方式不明确区分实害结果("引起特定传染病传播")和危险结果("有传播严重危险"),而是概括地指出:尽管行为人违反传染病防治法是故意(行为故意),但对引起特定传染病传播或者有传播严重危险却是过失

① 参见陈兴良:《过失犯的危险犯:以中德立法比较为视角》,载《政治与法律》2014 年第 5 期。

（结果过失），因而行为人属于过失犯罪，且为过失危险犯。[①] 第二种说明方式则将“结果过失”明确锁定为对危险结果的过失，并在此基础上指出：行为人违反传染病防治法是故意，且具有预见行为造成严重危险的可能性，但对所造成的“有传播严重危险”是出于过失。[②]

比较而言，上述第一种说明方式显然存在问题。在理论上，故意和过失是两种责任形式，而责任（罪责）所考察的是“被实现的不法是否也能够用来对行为人进行个人非难”[③]。也就是说，在妨害传染病防治罪构成危险犯的场合，“被实现的不法”是“有传播严重危险”，应当以行为人对该种危险所持的心理态度为依据来判断责任形式，而不是以可能造成的实害结果为判断依据，更不能不区分实害与危险进行混合判断。不过，这并不意味着上述第二种说明方式就能够成立。根据我国《刑法》第14条和第15条规定，如果行为人对“有传播严重危险”所持的是希望或放任的心理态度，则其责任形式应为故意；如果所持的是反对或排斥的心理态度，则其责任形式应为过失。而在实践中，后一种情况基本不可能出现。因为，既然行为人故意实施妨害传染病防治行为，且能够预见自己的行为会引起特定传染病传播的危险，但其心理上却又排斥这种危险的出现，这并不符合一般人正常的心理逻辑。当然，也许有人会提出，此时行为人虽然容忍危险的发生，但排斥严重危险的出现。然而，要求行为人对危险的程度做出如此细致的“精算”，则并不现实也无可能。更何况，这里的“有传播严重危险”，本身就具有一定的模糊性。

不可否认，行为人故意实施妨害传染病防治行为，但心理上（基于侥

① 参见尹辉金：《论妨害传染病防治罪》，载《湘潭大学学报（哲学社会科学版）》2004年第2期。

② 参见于冲：《二元处罚体系下过失危险犯的教义学考察——以妨害传染病防治罪为视角》，载《法学评论》2020年第6期。

③ ［德］乌韦·穆尔曼：《德国刑法基础课》，周子实译，北京大学出版社2023年版，第86页。

幸)排斥特定传染病传播结果的出现,实践中是可能存在的,但是,行为人也同时排斥(严重)传播危险的出现,则并不可能。换言之,该罪可能成立过失的实害犯,也可能成立故意的具体危险犯,但不可能成立过失危险犯。另外,考虑到妨害传染病防治行为并不总会达到与放火、爆炸、决水等行为相当的危险程度,故意造成"有传播严重危险"的状态,也未必会构成以危险方法危害公共安全罪。① 在此情况下,将过失的实害犯与故意的危险犯同置于一个法定刑幅度,也不一定会违反罪责刑相适应原则的要求。②

(二)危险作业罪亦不属于过失危险犯

为了有效防范重大安全生产事故的发生,2020 年公布的《刑法修正案(十一)》增设了危险作业罪,并将其入罪条件规定为:"具有发生重大伤亡事故或者其他严重后果的现实危险"(以下简称"现实危险")。关于本罪的犯罪类型,学界大致有两种见解:一种见解明确指出,该罪属于故意危险犯,其具有处罚前置化的性质,是刑法保护前置化的一种特殊表现形态;③另一种见解认为,该罪应属于业务过失危险犯,如果行为人对其中的"现实危险"持希望或放任心理,就会构成以危险方法危害公共安全罪。④

然而,将该罪界定为过失危险犯,同样会出现上述妨害传染病防治罪中的逻辑悖论。从《刑法》第 134 条之一的规定来看,危险作业罪的成

① 例如,在新冠疫情防控后期,新冠病毒的危害程度已明显降低,妨害传染病防治行为的危险性很难再与放火、爆炸、决水等行为"等量齐观"。

② 妨害国境卫生检疫罪与妨害传染病防治罪的罪状构造基本相同,笔者对其不再重复说明。

③ 参见陈兴良:《公共安全犯罪的立法思路嬗变:以〈刑法修正案(十一)〉为视角》,载《法学》2021 年第 1 期。

④ 参见冀洋:《公共安全刑事治理的教义学评析——以〈刑法修正案(十一)〉为例》,载《法学论坛》2021 年第 5 期。

立,也以违反有关安全管理规定为前提,即行为人均是基于故意而实施相关构成要件行为。在实践中,无论是关闭、破坏直接关系生产安全的设备设施,还是拒不执行排除危险的整改措施,抑或擅自从事高度危险的生产作业活动,都是可能引发重大安全事故的危险行为。行为人作为专业从业人员,对此不可能不具有基本的认识。而行为人既然认识到了"现实危险",仍决意为之,则其在心理上对该种危险至少持放任的态度。当然,在此情况下,行为人一般都是基于侥幸心理,认为可以规避重大伤亡事故的实际发生。但是,对某种犯罪之罪过形式的判断,不能超越构成要件的范围,将行为人对实害结果的心理态度作为危险犯之罪过形式的判断依据,是违反罪刑法定和责任主义原则的。

另外,将危险作业罪界定为故意犯罪,也不一定会与以危险方法危害公共安全罪形成重合。在这里,关键问题是如何解释该罪中的"现实危险"。从理论上讲,刑法中的"危险"可以分为结果的危险与行为的危险两种:结果的危险是指行为所造成的对法益的威胁状态,具有结果的属性;而行为的危险是指行为本身具有的导致危害结果发生的可能性,偏重于行为的内容。[①] 其中,前者所对应的是具体危险犯中的"危险",后者所对应的是抽象危险犯中的"危险"。由于结果的危险属于犯罪的构成要件要素,所以法条中一般会作出相应规定,如妨害传染病防治罪中的"有传播严重危险"。但是,在此却不能认为,法条中对某种"危险"的规定,都是具体危险犯的标志。例如,妨害安全驾驶罪中的"危及公共安全",所指向的也是对公共安全的危险性,但不宜将其认定为结果的危险或具体危险,否则,不仅难以与该罪的法定最高刑(1 年有期徒刑)相协调,也会与以危险方法危害公共安全罪形成重合。

---

① 参见刘彩灵:《不同刑法语境下"危险"的涵义》,载《海南大学学报(人文社会科学版)》2014 年第 3 期。

据此,对危险作业罪中的"现实危险",便存在两种可能的解读方式:一是相关行为造成了发生严重危害后果的现实危险状态;二是相关行为具有发生严重危害后果的现实危险性。在这方面,无论从文意表达还是立法意图来看,显然都宜采取后一种解读方式。首先,法条中并未使用"产生""引起""造成"等指向结果状态的用语,而是使用了"具有"这种说明行为本身的危险性的用语。其次,从立法意图来看,设置危险作业罪的目的就是使刑事处罚阶段适当前移,以更有效地维护生产安全。[①]与之相适应,立法上还为该罪配置了最高刑为1年有期徒刑的法定刑幅度。如果将其中的"现实危险"解释为"法益客体陷入会发生损害结果的现实、紧迫危险状态",[②]则不仅难以起到刑事处罚前置化所期待的预防效果,也与该罪的较低法定刑不相协调。而且,在此情形下,完全可以适用以危险方法危害公共安全罪加以规制,又何必再设置危险作业罪。最后,从实践情况来看,关闭监控、报警设施、破坏救生设备、篡改相关数据等行为,无疑都存在引起重大安全事故的现实可能性,但未必会立即形成紧迫的危险状态,如在未面临生产险情的场合。就安全生产事故的发生而言,其往往存在这样一种因果链条:行为的危险性—紧迫的危险状态—实害后果的发生。在此形势下,前置性地处罚"行为的危险性",显然更有利于实现预防效果。

在笔者看来,立法上之所以为危险作业罪设置"现实危险"的入罪条件,主要目的并不是用以标定具体危险或结果危险,而是将那些只具有一般危险性的违法行为排除在犯罪之外,从而实现对行政违法与刑事犯

---

① 参见李宁:《关于〈中华人民共和国刑法修正案(十一)(草案)〉的说明——2020年6月28日在第十三届全国人民代表大会常务委员会第二十次会议上》,载《中华人民共和国全国人民代表大会常务委员会公报》2021年第1期。

② 参见王志远、李高伦:《"规范的客观危险说"立场下危险作业罪的实质认定》,载《河北法学》2023年第11期。

罪的合理界分。这样,将危险作业罪界定为一种故意的危险犯(特殊的抽象危险犯),也便具有了理论上的自洽性。

(三)醉驾型的危险驾驶罪更不属于过失危险犯

2011 年公布的《刑法修正案(八)》增设了危险驾驶罪,其中一种典型情形就是“醉酒驾驶机动车”,学界通常将其称为醉驾型的危险驾驶罪。对该罪的犯罪类型,通说认为其属于故意的抽象危险犯。[①] 但也有论者指出,立法上设置危险驾驶罪的规范目的是弥补交通违法行为与交通肇事罪之间所存在的处罚漏洞,因而对醉驾行为所产生的危害公共安全的抽象危险,行为人必须是出于过失;如果行为人希望或者放任这种抽象危险的发生,并且在客观上已经产生了这种危险,则应认定行为人为以危险方法危害公共安全罪的未遂犯。[②] 概言之,该论者认为,醉驾型的危险驾驶罪应属于过失的抽象危险犯。对此种观点,笔者难以苟同。

一方面,交通肇事罪属于过失犯罪,并不意味着醉驾型的危险驾驶罪也应当是过失犯罪。从理论上讲,交通肇事罪之所以是过失犯罪,主要是因为行为人对重大交通事故的发生持排斥态度,而并不一定是过失地实施了交通违法行为。相反,行为人所实施的超速、超载、违法变道等行为,多是基于故意。而在抽象危险犯的场合,行为及其抽象危险一般是同时发生的,故只有对行为本身是出于过失,才可能成立过失的抽象危险犯。但是,在实践中,行为人过失实施醉驾的情形不仅非常少见,而且其犯罪性也已经被否定。例如,对新疆维吾尔自治区哈密市发生的岳某某“隔夜”醉驾案,二审法院最终认定:岳某某并未意识到自己还处于

---

① 参见高铭暄、马克昌主编:《刑法学》(第 10 版),北京大学出版社、高等教育出版社 2022 年版,第 362 页。

② 参见冯军:《论〈刑法〉第 133 条之 1 的规范目的及其适用》,载《中国法学》2011 年第 5 期。

醉酒状态,不具有危险驾驶的主观故意,因而不构成危险驾驶罪。[①] 在此情况下,将醉驾型的危险驾驶罪界定为过失的抽象危险犯,势必会导致该罪被虚置,这恐怕难以符合立法意图或规范目的。

另一方面,对故意实施醉驾的情形,能否按照以危险方法危害公共安全罪的未遂犯论处,也存在疑问。关于《刑法》第114条规定的放火、爆炸等几种犯罪是否存在未遂,学界其实是有争议的。肯定论者认为,"不管第114条是未遂犯的既遂化还是基本犯,都应当存在未遂形态"[②]。而否定论者认为,《刑法》第114条的规定,实际上是对该类犯罪的未遂做了特殊处理,因此其已经不可能再存在未遂,但可能存在预备。[③] 不过,即使是肯定论者,也并不赞同将那些只具有抽象危险故意(行为故意)的醉驾者按以危险方法危害公共安全罪的未遂犯论处。理由在于,即使是未遂犯的成立,也必须具有既遂犯的故意,以危险方法危害公共安全罪的既遂故意与未遂故意应当是相同的,但大量的醉驾者未必具有该种犯罪的既遂故意(对公共安全形成严重威胁)。[④] 而在笔者看来,成立以危险方法危害公共安全罪的未遂,行为人至少要对严重实害后果的发生持放任态度,因为《刑法》中毕竟还存在与该罪相对应的过失实害犯(过失以危险方法危害公共安全罪)。这样,符合条件的醉驾情形就更为少见,将故意性醉驾按照以危险方法危害公共安全罪的未遂犯论处,也不可能普遍实现。

另外,也有论者提出,将危险驾驶罪认定为过失犯罪符合刑法的谦

---

① 参见新疆维吾尔自治区哈密市中级人民法院(2016)新22刑终113号刑事判决书。

② 张明楷:《刑法学(下)》(第6版),法律出版社2021年版,第886页。

③ 参见马克昌主编:《百罪通论》(上卷),北京大学出版社2014年版,第40页。

④ 参见张明楷:《危险驾驶罪的基本问题——与冯军教授商榷》,载《政法论坛》2012年第6期。

抑精神,因为此举可以排除共同犯罪的成立。[①] 但这一逻辑是匪夷所思的。其一,根据我国《刑法》第 25 条第 2 款规定,共同过失犯罪并非不予追究刑事责任,而是“按照他们所犯的罪分别处罚”。其二,按照责任主义的要求,既然处罚过失醉驾,就应当处罚故意醉驾。至于是将危险驾驶罪解释为双重罪过形式,还是以其他犯罪论处,则另当别论。与此相比,显然只处罚故意醉驾更符合刑法谦抑主义。而且,即使对故意的醉驾行为,最高人民法院、最高人民检察院、公安部、司法部于 2023 年 12 月发布的《关于办理醉酒危险驾驶刑事案件的意见》(以下简称 2023 年《醉驾案件意见》),也已经大幅提高了入罪标准。这一做法才能说是对刑法谦抑主义的贯彻。

二、过失危险犯立法模式的三重局限性

由上可见,那些被相关论者认为是过失危险犯“代表”的犯罪,其实都不属于过失危险犯。从我国刑法立法情况来看,也并无证据表明,立法者对过失危险犯已经表现出了积极接纳的态度。之所以出现这一现象,原因就在于,过失危险犯立法模式本身存在三重局限性,不仅适用范围狭窄、法益保护早期化不足,而且在司法判断上也会遭遇难题。

(一)适用范围的狭窄性

从国外过失危险犯的立法情况来看,其大多集中于危害公共安全和环境犯罪领域。其中,除失火、爆炸等少数犯罪具有自然犯性质外,其他的都属于行政犯(法定犯)性质的业务过失型危险犯,如交通或责任事故领域的过失危险犯。同时,在犯罪类型上既有过失的具体危险犯,也包

---

① 参见刘宪权、周舟:《危险驾驶罪主观方面的刑法分析》,载《东方法学》2013 年第 1 期。

含一些过失的抽象危险犯。例如,在《德国刑法典》第 306 条(f)规定的“引起火灾危险罪”中,过失致他人的身体或生命受到威胁的情形,便可认为是过失的抽象危险犯。然而,在我国,过失危险犯究竟能在多大范围内得到适用,是值得深入思考的。

首先,过失的抽象危险犯基本不可能纳入刑事制裁范围。“犯罪化只能在具有令人信服的正当理由作支撑时,才能够实施。”①从理论上讲,某种违法行为是否具有刑事可罚性,主要体现在不法和责任两个层面。如果不法程度较高,责任程度可相应降低;如果不法程度较低,则责任程度就应提高。正是基于对刑事可罚性的满足,过失犯罪通常要求造成实害后果,故意犯罪的不法内容则可包含具体危险与抽象危险。而过失的具体危险犯的出现,已经在一定程度上突破了过失犯的处罚原则,如果再将过失的抽象危险犯也纳入刑事制裁范围,则恐怕很难符合犯罪化所需坚持的刑法谦抑原则。特别是在我国“刑罚 + 行政处罚”的双层次制裁体系下,过失的抽象危险犯更加难以满足刑事处罚要求。因此,即便是主张增设过失危险犯的论者,也多将其限定为过失的具体危险犯。

其次,在大部分行政犯中,过失的具体危险犯也很少能够成立。由于过失危险犯具有刑事处罚前置化的特征,所以相关论者大多主张将其限定在危害公共安全或公害性犯罪之内,并要求行为人具有高度的预见可能性和注意义务。而在该领域,除失火、爆炸等犯罪外,其他犯罪基本上都属于行政犯的范畴,如交通类犯罪、责任事故类犯罪、公共卫生类犯罪、环境资源类犯罪等。所谓行政犯,一般是指以具备行政违法性为前提的犯罪,或者说是具有行政违法和刑事违法之双重违法性的犯罪。②

① 姜敏:《论犯罪化的根据》,载《中国刑事法杂志》2019 年第 3 期。

② 参见邹玉祥:《行政犯概念的中国表达》,载《法制与社会发展》2022 年第 3 期。

在我国《刑法》中，行政犯的成立，不仅存在行为违反相关行政规范的前置要件，而且很多行政犯还从中提取了若干较重的违法行为作为相应犯罪的构成要件行为。基于行政犯的双重违法性，“行为人必须对所禁止的规范存在认知，才能认识其行为的社会危害性”①。亦即，行政犯的成立，一般都以行为人明确或概括地认识到其行为违反前置法为前提。

在此立场下，通常认为，在行政犯领域，过失危险犯的主观罪过构造表现为：“前置法违反的故意 + 结果的过失，即违反行政法规是故意，对造成的严重危险是过失。”②然而，前置性行政规范的制定目的就在于，通过禁止相关的危险行为来有效防止危害后果的发生。因此，行为人在明确认识到其行为违反行政规范的情况下仍故意实施，就不可能排斥行为所产生的危险。至于这种“危险”会发展到何种程度，行为人在心理上一般也不会“精算”，更难以“精准”控制，其不希望或排斥发生的只是具体的实害后果。也就是说，在此情形下，行为人的主观罪过构造其实是“危险故意 + 实害结果过失”，即对行为所产生的危险持概括容认态度，而对造成实害结果则持排斥态度。对此，德国学者表达了相似的观点：“危险故意是借着整体观之较弱的特征形塑而被与实害故意相区隔——所以通说是正确的——而与关涉实害的有认识的过失相同。”③我国学者也指出：“危险故意与实害故意的区别，与间接故意和有认识过失的区别在同一方向。”④亦即，间接故意和有认识的过失都具有危险故意，二者的区别就在于对实害结果的发生持何种态度。就此来看，在行为人具有

---

① 王俊：《法定犯时代下违法性认识的立场转换》，载《现代法学》2020 年第 6 期。

② 于冲：《二元处罚体系下过失危险犯的教义学考察——以妨害传染病防治罪为视角》，载《法学评论》2020 年第 6 期。

③ [德]许迺曼：《由语言学到类型学的故意概念》，林立译，载许玉秀、陈志辉合编：《不移不惑献身法与正义——许迺曼教授刑事法论文选辑》，台北，春风煦日论坛 2006 年版，第 472 页。

④ 张志钢：《论危险故意的构造：以妨害传染病防治罪为例》，载《政治与法律》2022 年第 9 期。

危险故意时，其只能构成故意的危险犯，而不可能构成过失危险犯。

最后，在自然犯或一些接近自然犯的行政犯领域，虽然可以成立过失的具体危险犯，但在我国通常不具有刑事处罚必要性。其中，接近自然犯的行政犯，一般是指那些已经被“常识化”的行政犯，即虽然犯罪的成立以行为违反前置法为前提，但前置法的规定已经与社会生活常识深度交融，如交通肇事和工程事故类犯罪。在此类犯罪中，之所以会成立过失危险犯，主要是因为其可能形成“行为过失＋危险结果过失”的主观心理构造，从而构成疏忽大意的过失犯罪。例如，在居民楼室内抽烟不小心点燃了引火物，疲劳驾驶时过失超速或闯红灯，建筑施工过程中疏忽大意造成了高空坠物，等等。但是，在我国，如果这些行为未造成实害后果，并不会引发刑事责任；即使造成了实害后果，也要进一步考察实害后果的严重程度，才能决定是否追究刑事责任。

出现上述现象的原因就在于，我国对社会危害行为采取的是“刑罚＋行政处罚”的双层次制裁体系，并且行政处罚的强度也较高，所以大量严重程度不足的危害行为都可纳入行政处罚范围。而在国外，由于大多数国家采取的是不考虑犯罪定量因素的刑事制裁“一元化”体系，犯罪圈较为广阔，所以出现过失危险犯也就不足为奇了。正是基于制裁体系的差异，陈兴良教授明确指出：“在我国目前行政处罚与刑事处罚的双重制裁体制下，没有发生实害结果的过失行为，仍然属于行政处罚的范畴，还没有达到刑事处罚的程度。”①当然，随着社会风险的持续扩大，我国也可以适当调整行政处罚与刑事处罚的范围边界，进而将一些原本只受行政处罚的行为纳入刑事制裁范围。但是，只要我国继续维持这种双层次制裁体系，过失危险犯可能的适用空间依然是非常紧缩的。毕竟，即使是增设危险驾驶罪等故意的危险犯，在我国也存在不小的立法阻力。

---

① 陈兴良：《过失犯的危险犯：以中德立法比较为视角》，载《政治与法律》2014 年第 5 期。

(二)法益保护的不足性

纵然,在风险社会的背景下,我国可以通过调整刑事制裁范围,针对一些重大法益设置过失危险犯。但是,受双层次制裁体系的制约,只有将其设置为过失的具体危险犯,才能适当满足刑事可罚性的要求。而过失的具体危险犯能否有效实现对重大法益的早期化保护,则仍然存在疑问。

一般来讲,具体危险犯中的"具体危险"是一种结果状态的危险,需要法官在个案中判断。在此意义上可以说,具体危险犯和实害犯一样,都属于古典刑法中的"回应式"犯罪,即立足于对法益侵害"结果"的回应式惩罚。而在古典刑法限制国家权力、扩大公民自由的理念支配下,通常只有在行为导致法益侵害结果的紧迫危险的时点,刑法才开始介入。[①] 据此,具体危险也便被一般性地理解为一种可能发生侵害结果的高度或紧迫的危险状态,没有造成实害只是一种偶然。[②] 对此种"危险",德国学者乌尔斯·金德霍伊泽尔将其形象地表述为:一种"迫在眉睫的损害"[③]。亦即,具体危险必须表现为使法益陷入十分危急的状态。为此,德国学者约尔格·艾泽勒还进行了举例说明:"像一次几乎要发生的车祸就属于这种危急状态。在这种状态下,无能力驾驶的作案人由于受到酒精的影响驾驶车辆进入了反向车道,这使对面来车之司机只能借助一次机智的躲避才得以在最后时刻避免两车相撞。"[④]

---

① 参见劳东燕:《风险社会与功能主义的刑法立法观》,载《法学评论》2017 年第 6 期。

② 参见张明楷:《刑法学(上)》(第 6 版),法律出版社 2021 年版,第 214 页;[德]克劳斯·罗克辛:《德国刑法学总论》(第 1 卷),王世洲译,法律出版社 2005 年版,第 222 页;[日]山口厚:《刑法总论》(第 3 版),付立庆译,中国人民大学出版社 2018 年版,第 46 页。

③ [德]乌尔斯·金德霍伊泽尔:《危险犯之法益保护》,蔡桂生译,载陈泽宪主编:《刑事法前沿》第 7 卷,中国人民公安大学出版社 2013 年版。

④ [德]约尔格·艾泽勒:《抽象危险型犯罪的立法缘由和界限》,蔡桂生译,载《法治社会》2019 年第 4 期。

由此可见,所谓的具体危险,通常就是指一种"迫在眉睫"或"千钧一发"的危险,即如果不是非常偶然的意外因素的介入,该种危险会顺理成章地导致实害后果。比如,定时炸弹已经被安置,毒药已经投放至供村民饮水的水井之中,即将行驶的汽车的刹车装置已经被破坏,矿井已经发生了透水或局部塌方现象,等等。这些危险状态一般都可称为具体危险。处罚造成这些危险状态的行为,无疑也具有刑法介入前置化的特征。但是,对公共安全等重大法益的保护,在形成该种危险状态时再予以处罚,可能为时已晚。因为,在很多情况下,该种危险状态已经转化为相应的实害后果。或者说,在该种危险状态转化为实害后果之前,刑法的介入空间其实是非常有限的。更何况,在现代社会,各种社会危险往往是高度发达的,不仅难于控制、管理,而且一旦危险现实化,就将造成不可估量的损害,如在利用高速的交通手段、搬运手段或者利用医药品、医疗技术时所伴随的危险等。① 因此,在风险急剧扩大的社会背景下,实害犯或具体危险犯等传统的社会控制手段,显然已不符合更有效率的刑事政策思维。②

另外,从刑法适用逻辑来看,过失危险犯的成立,一般只能限于疏忽大意型的具体危险犯,但处罚该种犯罪却未必能够实现预防犯罪的应有效果。原因在于,预防危害结果发生的条件是行为人对自己行为的危害性有认识并且能够控制这种危害结果的发生,而对疏忽大意型的过失犯罪来讲,因为行为人对危害结果的发生没有预见,所以也很难通过前置化的制裁来预防危害结果的发生。③ 换句话说,对有认识的故意犯罪,因

---

① 参见[日]关哲夫:《现代社会中法益论的课题》,王充译,载赵秉志主编:《刑法论丛》第12卷,法律出版社2007年版。

② 参见古承宗:《经济刑法的保护法益与抽象危险》,载《刑事政策与犯罪防治研究》2020年第24期。

③ 参见温建辉:《刑罚根据的逻辑分析》,载《广西社会科学》2023年第1期。

行为人可以有效支配自己的犯罪行为,所以前置化的处罚可以对其形成心理约束;而对无认识的过失犯罪,因疏忽大意的发生存在多个方面的因素,即使采取前置化的处罚,也未必能够约束行为人不产生过失行为。

特别是在当下,随着社会风险源的不断增多,人们对各种新情况、新问题感到应接不暇,防范社会风险的规则体系也愈加复杂。在此情况下,如果对过失违反注意义务的行为不论是否造成危害结果都追究刑事责任,不仅会加重行为人的心理负荷、削弱其创造能力和应急应变能力,甚至还会使人们不敢或不愿从事有危险性的业务活动。[①] 或者,如张明楷教授所言:"'风险社会'中的风险会使公民产生恐惧心理,并且这种恐惧心理也会妨碍公民的行动自由,但增设过失危险犯会给公民造成另一种恐惧,即公民在实施任何行为时都担心自己的行为会造成某种危险,于是不敢实施行为,自由受到无形的限制。"[②]可见,增设过失危险犯不但难以实现法益保护,反而可能会对行为人和社会形成"两败俱伤"的局面。

当然,这也并不意味着不需要防范疏忽大意的过失行为。对此,在刑法已经设置了过失的实害犯的前提下,应当谋求从规范意识培育、职业技能训练、纪律性约束、行政性处分或处罚等方面来强化行为人的注意义务和注意能力。反之,如果社会的规训体系失灵,不能促成人们的规范意识和良好职业操守,则即使设置了过失危险犯,也难以实现积极的法益保护和预防犯罪功能。

(三)司法判断的模糊性

如上所述,即使需要增设过失危险犯,也只能设置为过失的具体危

---

① 参见姜伟:《罪过形式论》,北京大学出版社 2008 年版,第 294 页。

② 张明楷:《"风险社会"若干刑法理论问题反思》,载《法商研究》2011 年第 5 期。

险犯。但是,在设置此类犯罪之后,如何对其进行准确的司法判断,依然是一个难题。其中,关键就是如何认定具体危险,或者如何区分一般危险与紧迫危险?“这里的危险判断,乍看起来稀松平常,事实上却异常复杂。”①例如,对放火、爆炸、投放危险物质等犯罪,因存在客观上的可观测性,对其中的具体危险状态或许不难判断。然而,在难以进行客观观测的犯罪中,具体危险状态则并不容易被认定。例如,在妨害传染病防治罪中,由于病毒传播难以被察觉和观测,传染病的传播本身也具有复杂性,某种构成要件行为是否已经形成了“有传播严重危险”的紧迫状态,便存在认定上的重重疑问。

在刑法教义学较为发达的德国,至今也仍未能圆满解决具体危险的判断问题。德国刑法理论通说认为,具体危险就是“实害发生的可能大于不可能,已经没有足以信赖的因素可以指望实害不发生这样一种状态”②。但是,这只是一个规范标准,实践中的问题在于如何判断实害发生可能性的大小。对此,通常只能取决于实害结果发生概率的高低。然而,德国联邦法院已经在判决中否定了这种“无法实施的百分比”计算方式,并提出了“容易发生的危险”的判断标准。③ 对这里的“容易发生的危险”,德国联邦法院在相关决定中还做了进一步明确,即特定法益是否会受到损害,只能取决于偶然事件。④ 根据该决定,德国刑法理论一般认为,实体性侵害是否发生或多或少取决于偶然因素时,应认定为具体的

---

① [德]海因茨·科里亚特:《有关危险犯的争论》,张志钢译,载陈兴良主编:《刑事法评论:刑法规范的二重性论》,北京大学出版社 2017 年版。

② 黄礼登:《危险犯的第三类型探析》,载《光华法学》编委会编:《光华法学》第 10 辑,法律出版社 2016 年版。

③ 参见[德]克劳斯·罗克辛:《德国刑法学总论》(第 1 卷),王世洲译,法律出版社 2005 年版,第 276 页。

④ 参见[德]克劳斯·罗克辛:《德国刑法学总论》(第 1 卷),王世洲译,法律出版社 2005 年版,第 276 页。

危险结果，之前的所有其他阶段则是抽象的危险状态。① 然而，如何理解所谓的“偶然事件”或“偶然因素”，又成了问题。对此，德国刑法理论中形成了“自然意义上的偶然性说”和“规范意义上的偶然性说”，前者将偶然因素理解为“一种在自然科学上无法说明的理由”，后者将偶然因素理解为“人们不能相信会出现的情形”。② 究竟采取何种学说，依然难以定夺。以至于有学者也发出慨叹：“在这种情形，毋宁是将该问题作为悬而未决的问题来处理。”③或认为：“这种具体的危险性结果应当具有什么状态以及它的状态应当如何加以确定，迄今为止还没有很好地得到明确。”④

在我国，对具体危险的判断，也形成了不同的理论主张。例如，有论者提出，对其可以采取“三阶段判断法”：第一阶段，把行为时的客观事实抽象为促使侵害结果发生的诱因和阻碍侵害结果发生的救助因素；第二阶段，判断相关诱因是否已经使特定法益陷入了危急之中；第三阶段，判断有关救助因素的出现是否值得信赖。⑤ 也有论者提出，在具体危险的判断上可以运用如下规范逻辑：一是行为人的危害行为创设了可能造成一定损害的危险状态；二是行为风险通常会导致一定的危险结果；三是危险创设行为与危险结果之间具有因果关系。⑥ 还有论者提出，可以对

---

① 参见［德］乌尔斯·金德霍伊泽尔：《危险犯之法益保护》，蔡桂生译，载陈泽宪主编：《刑事法前沿》第7卷，中国人民公安大学出版社2013年版，第211～212页。

② 参见欧阳本祺：《论刑法上的具体危险的判断》，载《环球法律评论》2012年第6期。

③ ［德］海因茨·科里亚特：《有关危险犯的争论》，张志钢译，载陈兴良主编：《刑事法评论：刑法规范的二重性论》，北京大学出版社2017年版。

④ 参见［德］克劳斯·罗克辛：《德国刑法学总论》（第1卷），王世洲译，法律出版社2005年版，第275页。

⑤ 参见欧阳本祺：《论刑法上的具体危险的判断》，载《环球法律评论》2012年第6期。

⑥ 参见赵运锋：《妨害药品管理罪中“足以严重危害人体健康”研究》，载《法学论坛》2023年第4期。

具体危险进行“结果化”认定,即以一定的外在、客观的现实危害后果表征具体危险,同时也表明行为具有法益侵害性。[①] 上述观点的重要价值在于提供了具体危险判断的操作步骤,但仍未有效解决一个核心问题,即如何区分一般的危险状态(不紧迫的危险)与高度、紧迫的危险状态。因为,刑法所惩罚的具体危险,既不是行为通常的危险性,也不是一般的或缓和的危险状态,而是距离实害只有“一步之遥”的危险状态。当然,以上最后一种观点力图通过观察构成要件外的实害来确定具体危险,但很多案件中却并不存在这类实害,对其如何判断依然是一个难题。

通过上述理论介绍即可发现,对刑法中具体危险的判断,其实是一个非常模糊的问题,特别是在对危险程度的区分方面,完全可能形成不同的认识趋向或判断标准。例如,在生产事故类犯罪中,究竟出现哪些危险因素或发展到何种阶段,才可以说是形成了紧迫的危险,可能不同的人会得出不同的结论。在妨害传染病防治罪或妨害国境卫生检疫罪中,对传染病传播紧迫性危险的判断,则更加具有不确定性。在这方面,由于故意的具体危险犯可以考虑处罚未遂,所以具体危险判断的模糊性一般只会影响刑罚的轻重。但是,就过失的具体危险犯而言,具体危险状态是否存在,则直接决定着犯罪能否成立,必须要慎重对待。在此基础上,考虑到具体危险判断的模糊性,增设过失的具体危险犯并不是一个妥当的选择。尤其是在当前入罪思想还比较浓郁的司法环境下,很难避免出现对具体危险进行“降格”判断的情况。而一旦“降格”判断,过失的具体危险犯就可能蜕化为过失的抽象危险犯,对其进行刑事处罚也就丧失了正当性。

---

① 参见于冲:《论具体危险犯的“结果化”认定》,载《法制与社会发展》2022年第2期。

三、过失危险犯立法模式的替代性选择

基于过失危险犯本身的局限性，在对公共安全等重大法益的保护方面，其并不是一种理想的立法模式。特别是在现代风险社会，过失的具体危险犯很难起到法益保护早期化的应有效果（且可能出现适用悖论），而过失的抽象危险犯又容易过度压缩公民的行动自由。在此形势下，国外近年来的预防性刑法立法已很少再采用过失危险犯的立法模式，而是将重点转向了（故意的）抽象危险犯。例如，近几十年来，德国刑法中设置了大量的抽象危险犯，其不仅存在于特别危险的恐怖主义犯罪领域，还扩张到个人生活的方方面面。[①] 日本近年来的刑法立法也体现出了刑法保护早期化的特征，如增设抽象危险犯或预备犯等。[②] 我国晚近的刑法修正同样如此，如增设危险驾驶罪等众多的抽象危险犯。正是基于这一立法趋势，德国学者哈塞默指出："具体危险犯甚至于实害犯，看起来都是过时陈旧了。"[③]

从事物发展进程来看，抽象危险犯在现代社会的扩张，其实体现了对过失危险犯或具体危险犯的某种扬弃，即与其控制行为所造成的具体危险状态，不如直接控制故意制造危险的行为。[④] 但是，这种从结果本位向行为本位的位移，本身也隐含着自由与安全之间的价值冲突。特别是

---

① 参见金燚：《德国五十年刑事立法发展史的考察、评析与启示》，载《德国研究》2020 年第 2 期。

② 参见张明楷：《日本刑法的修改及其重要问题》，载《国外社会科学》2019 年第 4 期。

③ ［德］温菲尔德·哈塞默：《现代刑法的特征与危机》，陈俊伟译，载《月旦法学杂志》第 8 期（2012 年）。

④ 事实上，即使是主张增设过失危险犯的论者，最终也将其限定为"明知故犯"的情形，只不过仍然要求出现具体危险状态。参见骆群：《过失危险犯有限肯定论》，载《中国刑事法杂志》2022 年第 6 期。

在我国“刑罚 + 行政处罚”的双层次制裁体系下,普遍采取传统的抽象危险犯立法模式,能否实现体系协调性?是否还存在更好的危险犯立法方案?在扬弃了过失危险犯立法模式后,对这些问题仍需进一步展开探讨。

(一)传统的抽象危险犯立法模式的限缩适用

在传统刑法理论中,“抽象危险犯是指,立法上假定,特定的行为方式出现,危险状态即伴随而生;具体个案纵然不生危险,亦不许反证推翻”①。通常认为,抽象危险犯和具体危险犯的区别在于:就前者而言,抽象危险并不是构成要件要素,只是立法上的理由,所以一般不需要判断该种危险是否真实存在;而对后者,由于具体危险是构成要件要素,所以需要在个案中进行司法判断。② 基于上述认识,传统的抽象危险犯立法模式一般表现为:法条中仅规定了具有危险性的构成要件行为,而对其危险性质或程度则不作任何限定。相较于过失危险犯,该种立法模式的优点是明确了行为故意、排除了行为过失,且不要求出现具体的危险状态,因而有利于实现对重大法益侵害的早期化预防。

但是,将抽象危险犯中的“危险”视为一种立法拟制的、不需要司法证明的危险,则又可能使其成为一种充满风险的立法模式。此种意义上的抽象危险犯,其实已经偏离了犯罪(违法性)本质层面的法益侵害说,而倒向了规范违反说。在后者看来,犯罪就是对规范适用的损害,而刑罚则是对这种损害的清除。③ 因此,在抽象危险犯的适用中不需要考虑

① 林东茂:《刑法综览》(修订5版),中国人民大学出版社2009年版,第50页。

② 参见[德]约翰内斯·韦赛尔斯:《德国刑法总论》,李昌珂译,法律出版社2008年版,第13~14页。

③ 参见[德]G.雅各布斯:《刑法保护什么:法益还是规范适用?》,王世洲译,载《比较法研究》2004年第1期。

法益侵害危险的问题。这种学说所隐藏的重大风险就在于,其可能导致立法的恣意和专断。[①] 因为,既然刑法适用中可以不考虑法益保护目的,刑法立法中自然也可以回避这一问题。在现代风险社会,这种立法趋向显然是值得警惕的。"由于社会不断出现新的风险内容,而出于社会治理的目的,刑法在安全秩序的意义上对风险的规制会不断出现新的需求,安全刑法的边界会呈现扩张态势。"[②]在此形势下,如果刑法立法可以不考虑法益保护目的,则势必会导致刑法最终丧失其法益保护法的应然属性,而沦落为警察法或普通的社会安保法。[③]

鉴于此,传统的抽象危险犯立法模式应当尽可能少用,即使需要使用,也应当将其约束在法益保护的范围之内。特别是在我国,由于强有力的行政性法律已经在很大程度上起到了秩序维护效果,所以并不需要刑法在秩序管理领域过多介入。一般来讲,只有在维护国家安全、公共安全等重大法益领域,且构成要件行为能够类型化地指向保护法益时,才允许采用传统的抽象危险犯立法模式。而在行政犯领域,因其保护法益有时较难判断,并且构成要件行为也不一定会危及相关的实体法益,所以应当慎用该种立法模式。

另外,即使设置了传统的抽象危险犯,也应当允许通过反证法益危险不存在而出罪。尽管在这方面还存有争议,[④]但在我国则不应该再有疑问。根据我国《刑法》第13条"但书"的规定,"情节显著轻微危害不

---

① 参见[德]克劳斯·罗克辛:《刑法的任务不是法益保护吗?》,樊文译,载陈兴良主编:《刑事法评论》第19卷,北京大学出版社2007年版。

② 刘艳红:《中国刑法的发展方向:安全刑法抑或自由刑法》,载《政法论坛》2023年第2期。

③ 参见[德]乌尔里希·齐白:《全球风险社会与信息社会中的刑法:二十一世纪刑法模式的转换》,周遵友等译,中国法制出版社2012年版,第201页。

④ 参见付立庆:《应否允许抽象危险犯反证问题研究》,载《法商研究》2013年第6期。

大”的行为,不认为是犯罪。如果将这里的“危害”理解为法益侵害或其危险,则不仅无法益侵害危险的行为不该入罪,法益侵害危险不大的行为也不该入罪。即使将这里的“危害”理解为对规范的损害,也应当承认:那些只是单纯违反了规范,而并未对规范所欲保护的实体利益构成危险的行为,属于“情节显著轻微危害不大”的行为。对此,2023年《醉驾案件意见》放宽醉驾行为的入罪标准,就是最好的说明。而且,该司法解释所采取的显然是前一种解释方式。①

(二)准抽象危险犯立法模式的提出

在危害公共安全等重大法益的领域,既然传统的抽象危险犯立法模式应当少用,而过失危险犯或具体危险犯又不具适应性,那么是否意味着已经没有了更好的危险犯立法模式选择?其实不然,随着刑法理论的精细化发展,越来越多的学者发现,将危险犯简单划分为具体危险犯和(传统的)抽象危险犯两类并不周延,刑法中实际上还存在不同于二者的第三种危险犯类型。

在德国刑法理论中,具有代表性的第三种危险犯概念就是抽象—具体危险犯和适格犯。抽象—具体危险犯是德国学者施罗德提出的概念,用以称谓在抽象危险犯和具体危险犯之间的混合类型。施罗德认为,德国刑法中“足以”造成某种危险的条款通常应理解为对行为危险性的规定,但需要结合抽象危险因素和具体危险因素进行判断,亦即“抽象—具

① 该司法解释第12条明确规定,情节显著轻微、危害不大的醉驾行为,不以危险驾驶罪论处,如血液酒精含量不满150毫克/100毫升的,在居民小区、停车场等场所短距离驾驶机动车的,等等。总体来看,此类行为之所以不构成危险驾驶罪,主要就是因为其对公共安全所形成的危险“不大”。

体”的危险性判断。[①] 换言之，刑法中的“足以”性规定并非对具体危险状态的要求，其只是指明了行为的危险性质，只不过需要法官在个案中结合具体情况来判断行为的现实危险性。德国学者霍尔则在抽象—具体危险犯的基础上提出了适格犯的概念，其最大特点是在第三类危险犯的识别上实现了形式判断与实质判断的统一。[②] 也就是说，“既有形式意义上的适格犯，即在条文中包含‘足以’条款的那些犯罪；也有实质意义上的适格犯，即虽未在条文中规定‘足以’字眼，但同‘足以’条款的犯罪体现相同的危险犯构造的那些犯罪”[③]。同样，适格犯的成立以行为具有现实危险性为条件，而不要求形成具体危险状态。

日本刑法理论中也存在对第三种危险犯类型的积极关注，并将其称作“准抽象危险犯”。例如，大谷实教授指出，抽象危险犯可以分为两种，一种是不以发生抽象危险为要件的犯罪，另一种是以某种法益侵害危险的发生为要件的犯罪，后者可称为“准抽象危险犯”。[④] 山口厚教授也指出，在一直以来被统称为抽象危险犯的犯罪中，有的虽然在法条中没有要求发生“危险”（具体危险或危险结果），但在犯罪成立上又必须要求发生了与一定结果事态相关的某种实质的危险，这种危险比作为通常抽象危险犯处罚根据的“抽象危险”还要更具体一点才可以，此类犯罪可称作“准抽象危险犯”。[⑤] 与德国学者不同，日本学者其实是在抽象危险犯内部进行的类型划分。

---

① 参见李川：《适格犯的特征与机能初探——兼论危险犯第三类型的发展谱系》，载《政法论坛》2014 年第 5 期。

② 参见李婕：《限缩抑或分化：准抽象危险犯的构造与范围》，载《法学评论》2017 年第 3 期。

③ 李川：《适格犯的特征与机能初探——兼论危险犯第三类型的发展谱系》，载《政法论坛》2014 年第 5 期。

④ 参见［日］大谷实：《刑法讲义总论》（新版第 5 版），黎宏、姚培培译，中国人民大学出版社 2023 年版，第 110 页。

⑤ 参见［日］山口厚：《危险犯的研究》，黄小飞译，中国政法大学出版社 2023 年版，第 172 页。

在德日刑法理论的影响和推动下,我国学界也展开了对危险犯划分方式的重新思考。具体表现就是引入适格犯或准抽象危险犯的概念,进而将我国刑法中的危险犯划分为抽象危险犯、准抽象危险犯(适格犯)和具体危险犯三类。[①] 至于在适格犯或准抽象危险犯的范围方面,各论者的认识并不统一,但都赞成将法条中存在"危及"性、"足以"性等危险性限定的犯罪归为此类。当然,也有论者反对此种划分方式。例如,张明楷教授就认为,没有必要提出所谓的第三种危险犯概念。[②] 因为在其看来,《刑法》分则条文中的"危及公共安全""危及飞行安全"等规定,都是具体危险犯的标志。[③] 然而,问题在于,张明楷教授也同意将具体危险犯中的"危险"界定为"具有发生侵害结果的紧迫(高度)危险"[④]。而在上述犯罪中,法条所指明或限定的"危险",却未必要求达到此种程度。

例如,我国《刑法》第 133 条之一在危险驾驶罪中就规定了"危及公共安全"(针对违规运输危险化学品行为),对此显然不宜解释为具体危险状态。又如,《刑法》第 123 条在暴力危及飞行安全罪中规定了"危及飞行安全",但对航空器上的人员使用暴力,未必会对飞行安全形成紧迫的危险状态。而且,该罪基本犯的法定最低刑是拘役,也不宜将其界定为具体危险犯。再如,妨害药品管理罪(《刑法》第 142 条之一)和生产、销售不符合标准的医用器材罪(《刑法》第 145 条)中,都存在"足以严重危害人体健康"的规定。对前者,如果将其理解为一种高度或紧迫的现

---

① 参见李川:《适格犯的特征与机能初探——兼论危险犯第三类型的发展谱系》,载《政法论坛》2014 年第 5 期;陈洪兵:《准抽象危险犯概念之提倡》,载《法学研究》2015 年第 5 期;熊亚文:《抽象危险犯:理论解构与教义限缩》,载《中国刑事法杂志》2021 年第 5 期;李婕:《限缩抑或分化:准抽象危险犯的构造与范围》,载《法学评论》2017 年第 3 期。

② 参见张明楷:《抽象危险犯:识别、分类与判断》,载《政法论坛》2023 年第 1 期。

③ 参见张明楷:《刑法学(上)》(第 6 版),法律出版社 2021 年版,第 215 页。

④ 张明楷:《刑法学(上)》(第 6 版),法律出版社 2021 年版,第 214 页。

实危险状态，则违规生产、进口药品或者在药品申请注册中提供虚假材料的行为势必难以构成该罪，因为相关药品还尚未推向市场，甚至还未生产出来。对后者，2008 年最高人民检察院、公安部公布的《关于公安机关管辖的刑事案件立案追诉标准的规定（一）》（以下简称 2008 年《立案追诉标准（一）》）第 21 条已经作出明确规定：只要生产、销售的医用器材含有超过标准的有毒有害物质，或者有效性指标不符合相关要求，可能造成贻误诊治或人体严重损伤的，就属于"足以严重危害人体健康"。也就是说，其并不要求将不符合标准的医用器材实际销售到医院或其他消费者手中，进而产生紧迫的危险状态。

由此可见，应当承认我国刑法中存在此类特殊的危险犯立法模式。不过，其并不一定是"第三类危险犯"。按照具体危险犯和抽象危险犯的划分方式，从周延性角度来讲，只要不要求行为产生具体危险状态的危险犯类型，就都属于抽象危险犯的范畴。对此，德国刑法学界事实上也认可，适格犯只能归入抽象危险型犯罪的范畴。① 在中国语境下，为了便于理解，可以将此类危险犯统称为准抽象危险犯，以区别于传统的或典型的抽象危险犯。至于对二者的范围划分，从应然层面而言，可以将存在"危及"性、"足以"性等危险性限定（且不能解释为具体危险）的犯罪类型划入准抽象危险犯的范畴。因为，在此类犯罪中，单纯的行为方式还不足以对保护法益形成类型性（普遍性）危险，所以立法者才在构成要件中额外附加了"适格性"条款。② 这样，无论是规范构造，还是证明方式，此类犯罪都有别于传统的抽象危险犯。

---

① 参见[德]约尔格·艾泽勒：《抽象危险型犯罪的立法缘由和界限》，蔡桂生译，载《法治社会》2019 年第 4 期。

② 参见徐凯：《抽象危险犯正当性问题研究——以德国法为视角》，中国政法大学出版社 2014 年版，第 164 页。

(三)准抽象危险犯立法模式的扩大适用

在现代社会,为了有效抗拒人为制造的各种重大风险,刑法保持适当的前置化是必要的。但是,总体而言,刑法仍是以防范法益侵害或其危险为目标的"回溯式"法律,而不能异化为面向将来的、以维护秩序为主的行政法。[①] 由此也就要求,刑法对犯罪构成要件的设置,必须能够为刑罚的适用提供正当根据。换句话说,在现代刑法中,构成要件除了具有形式意义之外,更重要的是它还应具备"甄别需要被处罚的侵害法益的行为"之新机能。[②] 就我国相对"紧缩"的刑法来讲,这一点尤为必要。以此观之,准抽象危险犯立法模式在这方面显然具有一定的功能优势。

其一,准抽象危险犯中对行为危险性的限定,其实也同时指明了某种犯罪应然的保护法益。"立法者设定一项新的刑事法规时,只有提出对应法益,才能检验该法规对法益的保护是否合理和必要。这就既为立法者提供了自我控制,又保证了外部控制(主要通过刑法学进行)。"[③]而准抽象危险犯恰恰满足了这一要求,如"危及公共安全""足以危害人体健康"等,都是对某种犯罪之保护法益的明确。这样也就有效克服了传统抽象危险犯保护法益的抽象化或精神化现象,进而也能避免相应的司法失误。例如,对陆某销售假药案,如能明确生产、销售、提供假药罪的保护法益是用药公众的生命、健康安全,也就可以避免定性

---

① 参见[德]乌尔斯·金德霍伊泽尔:《刑法总论教科书》(第6版),蔡桂生译,北京大学出版社2015年版,第15页。

② 参见刘艳红:《刑法的根基与信仰》,载《法制与社会发展》2021年第2期。

③ [德]埃里克·希尔根多夫:《德国刑法学:从传统到现代》,江溯等译,北京大学出版社2015年版,第234页。

失误。①

其二,在很多情况下,准抽象危险犯还对行为的危险程度提出了更高的要求。由于我国采取的是"刑罚+行政处罚"的双层次制裁体系,行为成立犯罪,不仅要求具备法益侵害性,而且还需要达到一定的严重程度。这样,即使只要求对法益构成危险,也需要达到某种危险程度。而许多准抽象危险犯的构成要件中,则直接指明了这种危险程度,如"足以严重危害人体健康""现实危险"等。当然,对未明确指出危险程度的规定,在实践中也应根据"定量"性限制,将其解释至可罚程度。

其三,准抽象危险犯不存在"反证"问题,行为的危险性及其程度必须要得到直接的证明。就传统的抽象危险犯而言,因为被类型化的行为存在普遍的危险,所以立法者并未附加其他条件,以一定的行为要件直接确认行为的危险性。② 故而,对其危险性可以采取"原则推定+反证排除"的证明模式。但准抽象危险犯的构成要件行为并不会对保护法益形成普遍危险,因而立法者附加了危险性限定。在此情况下,对其构成要件符合性必须要按照以下逻辑进行逐层证明:一是构成要件行为是否存在;二是法定的危险属性是否存在;三是行为的现实危险性是否可以排除。这样不仅可以回避抽象危险犯能否反证出罪的理论争议,也可以有效避免因保护法益认识不清而导致的定性失误。

此外,虽然准抽象危险犯存在对行为危险性的限定,但并不要求出现具体危险状态,因而可以起到法益保护早期化的效果。同时,准抽象

---

① 参见湖南省沅江市人民检察院沅检公刑不诉(2015)1号不起诉决定书。在该案中,陆某销售的仿制药与相应"真药"的疗效相同,并不会危害患者的健康。尽管检察机关最终对该案做了不起诉处理,但其理由是陆某代购和低价出售仿制药的行为不属于销售行为。这说明,实践中对销售假药罪保护法益的认识依然较为模糊。

② 参见黄荣坚:《基础刑法学(下)》(第3版),中国人民大学出版社2009年版,第383页。

危险犯都限于故意犯罪,所以也可以避免过失的抽象危险犯过于压缩公民自由活力的现象。正是基于这些功能优势,我国近期刑法修正中的危险犯设置,更加倾向于采用准抽象危险犯的立法模式。例如,2020 年公布的《刑法修正案(十一)》所增设的妨害安全驾驶罪、危险作业罪、妨害药品管理罪、高空抛物罪等,基本上都属于准抽象危险犯。从应然层面,在危害不特定或者多数人之生命、健康法益的领域(特别是行政犯领域),不仅未来的刑法立法要扩大适用准抽象危险犯,而且对现有的一些危险犯也有必要调整为准抽象危险犯。

一方面,一些具体危险犯可以调整为准抽象危险犯。例如,在今后的刑法修正中,可以把妨害传染病防治罪中的"有传播严重危险"修改为"具有引起……传播的危险",并将其规定为基本犯,造成传播后果的设置为加重犯。这样不仅可以有效预防严重传染病的传播,也能适当简化司法判断。基于相似的理由,对妨害国境卫生检疫罪和妨害动植物防疫、检疫罪,也应采取上述调整方式。

另一方面,一些传统的抽象危险犯也可以调整为准抽象危险犯。例如,对危险驾驶罪,可以将其从整体上调整为准抽象危险犯,即为其统一规定"危及公共安全"的条件。原因在于,只为违规运输危险化学品行为规定"危及公共安全",而不为醉驾等行为规定这一条件,便可能产生后者成立犯罪不需要危及公共安全的司法误区。而在实践中,不会危及公共安全(或达不到其内含的可罚程度)的醉驾行为,也并非少见。又如,对生产、销售、提供假药罪,也应当为其规定"足以危害人体健康"的条件。① 这样既可以指明该罪应然的保护法益,也有利于区分行政违法与刑事犯罪。因为,尽管 2019 年公布的《药品管理法》调整了假

① 与"足以严重危害人体健康"相比,"足以危害人体健康"可以突出对生产、销售、提供假药罪的强化规制。

药的范围，[①]但并不能确保该法规定的假药都会危害人体健康。例如，行为人生产的药品更改或者增加了某种成份，虽然与国家药品标准规定的成份不符，但确实没有影响药品的疗效甚至使疗效更好的，就不能认定行为人犯生产、销售、提供假药罪。[②]

此外，对一些具有准抽象危险犯性质的情节犯，应当进行更为明确的危险性限定，而不宜使用"情节严重"或"情节恶劣"等模糊性用语。例如，高空抛物罪中就存在"情节严重"的入罪条件。从设置该罪的规范目的来看，其保护的法益应当是"不特定人在公共空间中的人身安全"。[③] 由于该罪的法定刑中包含单处罚金，所以，"情节严重"的最低标准显然宜解释为行为对保护法益的现实危险性。而且，实践中也存在相关判例，如李某某高空抛物案[④]。如果对该案中的高空抛物罪中的"情节严重"进行泛化解释，则行为人曾受处罚后又从楼上抛掷纸质垃圾的行为，也可能构成高空抛物罪。[⑤] 这样便突破了行政违法与刑事犯罪的界限。由此，为了避免出现司法误区，应当将该罪中的"情节严重"修改为更具明确性的"危及他人人身安全"。

最后需要说明的是，随着社会风险的不断扩大，无论对我国《刑法》进行局部修正，还是实施系统性的"再法典化"，通过设置危险犯以实现

① 根据该法第98条第2款规定，假药包括如下情形：(1)药品所含成份与国家药品标准规定的成份不符；(2)以非药品冒充药品或者以他种药品冒充此种药品；(3)变质的药品；(4)药品所标明的适应症或者功能主治超出规定范围。

② 参见张明楷：《抽象危险犯：识别、分类与判断》，载《政法论坛》2023年第1期。

③ 参见敦宁：《高空抛物罪中"情节严重"的教义学诠释》，载《河北法学》2023年第3期。

④ 参见上海市闵行区人民法院(2021)沪0112刑初901号刑事判决书。

⑤ 现有司法解释对"情节严重(恶劣)"的评价因素非常宽泛，包括行为人事前是否受过行政处罚或刑事处罚，行为的手段、对象、结果、次数，行为人的主观动机或目的，事后配合执法的表现，等等。参见张庆立：《"情节严重(恶劣)"的法律解释》，载陈金钊、谢晖主编：《法律方法》第33卷，研究出版社2021年版。

法益保护早期化,都是一项重要的立法内容。在这方面,国外的相关立法经验固然值得参考,但却不宜武断地效仿。就我国刑法立法而言,选择何种危险犯类型,必须考虑3个方面的因素:一是实现法益保护早期化的有效性;二是与我国违法犯罪制裁体系的协调性;三是在法教义学解释上的自洽性。据此来看,在危害公共安全等重大法益领域,设置过失危险犯并不是一个妥当的选择,(故意的)具体危险犯和传统的抽象危险犯也不宜广泛设置,准抽象危险犯才是一种需要重点考虑的危险犯立法模式。

第三章　危害公共卫生罪中危险犯的合理设置

2020 年开始，刑法中的危害公共卫生犯罪开始得到高度重视，在该类犯罪中，考虑到一些传染性疾病的严重危害性和极易扩散性，采取危险犯的立法形式以实现早期预防便成为一种普遍的选择。我国于 1997 年系统修订《刑法》时，在分则第六章中专门设立了“危害公共卫生罪”一节，其中也不乏危险犯的立法形式。并且，2009 年公布的《刑法修正案（七）》还为妨害动植物防疫、检疫罪增设了危险犯，2020 年公布的《刑法修正案（十一）》也扩大了妨害传染病防治罪调控的危险范围。[①] 可以说，危害公共卫生罪中的危险犯设置是否合理，直接决定着《刑

① 《刑法修正案（十一）》第 37 条对妨害传染病防治罪进行了两个方面的修正：一是将本罪中的传染病范围由“甲类传染病”扩大至“甲类传染病以及依法确定采取甲类传染病预防、控制措施的传染病”；二是增加了相关的妨害传染病防治行为，如“出售、运输疫区中被传染病病原体污染或者可能被传染病病原体污染的物品，未进行消毒处理的”等。由于本罪属于危险犯，因而上述修正自然也就扩大了其调控的危险范围。

法》在传染性疾病防控和维护公众健康方面的功能与水平。基于此,有必要对该类犯罪的危险犯设置情况进行一次全面的梳理和分析,以便查漏补缺、完善更新,进一步提升刑法在公共卫生领域中的预防和保障功能。

一、危害公共卫生罪中危险犯的类型分析

(一)危险犯的类型划分

刑法理论一般将危险犯划分为具体危险犯与抽象危险犯两种基本类型。通常认为,具体危险犯是指以发生侵害法益的具体危险作为构成要件要素的犯罪;而抽象危险犯则是将在社会一般观念上认为具有法益侵害危险的行为类型化之后所规定的犯罪。[①] 二者的主要区别就在于:具体危险犯中的"危险"是一种客观存在的、可观测的紧迫危险,具有转化为实害结果的高度盖然性,因而通常以"危险结果"的形式作为犯罪的构成要件要素,需要在司法上做出具体判断;而抽象危险犯中的"危险",则是一种可能性的法益侵害危险,是立法者基于特定行为的一般特征而拟制的危险,"特定的行为方式出现,危险状态即伴随而生;具体个案纵然不生危险,亦不许反证推翻"[②],所以这里的"危险"不属于犯罪的构成要件要素,也不需要进行具体判断。换句话说,具体危险犯具有"结果属性",可大体划入结果犯的范围;而抽象危险犯则具有"行为属性",可归入行为犯的范畴。

尽管这是一种传统的危险犯类型划分,但对抽象危险犯是否允许反证推翻,其实是存在不同意见的。例如,张明楷教授就认为:"如果具体

---

① 参见[日]大谷实:《刑法讲义总论》(新版第2版),黎宏译,中国人民大学出版社2008年版,第115页。

② 林东茂:《刑法综览》(修订5版),中国人民大学出版社2009年版,第50页。

案件中的特别情况导致行为根本不存在任何危险,则不能认定为抽象的危险犯。"[①]而另有一些学者认为,对这一问题不能一概而论。例如,大谷实教授指出,抽象危险犯可以分为不以发生抽象危险为要件的犯罪和以发生某种侵害法益的危险为必要的犯罪(即使可能性极低),后者可称为准抽象危险犯,其并不涉及反证问题。[②] 山口厚教授进一步指出,准抽象危险犯其实是具体危险犯和(典型的)抽象危险犯的中间形态,这种犯罪在对构成要件行为的适用评价中,已经要求了某种程度的实质的危险判断,如《日本刑法典》第217条规定的遗弃罪。[③] 我国学者陈洪兵同样肯定了准抽象危险犯的概念,并明确指出,《刑法》中那些"足以"型的危险犯(如破坏交通工具罪),以及罪状中对行为的危险性作出某种限定的犯罪(如破坏电力设备罪、暴力危及飞行安全罪等),其实都是准抽象危险犯,而不是具体危险犯。[④] 也就是说,在危险犯内部,实际上还存在一种既不同于典型的抽象危险犯也不同于具体危险犯的特殊类型,即准抽象危险犯。

笔者赞同这一见解。在我国《刑法》中,无论是"足以"型危险犯中的"足以……"等表述方式,还是其他犯罪中"危及公共安全""危及飞行安全"等表述方式,都只是对行为的性质或效能的要求,目的是限制处罚范围,"以避免在行为没有任何危险性的情况下,仅仅因为不服从而受到刑事制裁"[⑤],而并不意味着成立该类犯罪必须要发生现实的、紧迫的具

---

① 张明楷:《刑法学(上)》(第5版),法律出版社2016年版,第168页。

② 参见[日]大谷实:《刑法讲义总论》(新版第2版),黎宏译,中国人民大学出版社2008年版,第115页。

③ 参见[日]山口厚:《刑法总论》(第3版),付立庆译,中国人民大学出版社2018年版,第46页。

④ 参见陈洪兵:《准抽象危险犯概念之提倡》,载《法学研究》2015年第5期。

⑤ 徐凯:《抽象危险犯正当性问题研究——以德国法为视角》,中国政法大学出版社2014年版,第152页。

体危险。例如,如果要求《刑法》第 145 条中的“足以严重危害人体健康”是一种现实的、紧迫的具体危险,那么生产不符合标准的医用器材的行为就很难再成立犯罪了,因为其尚未推向市场,具体危险还无从产生。这一点从我国相关的司法解释和司法判例中也可以得到印证,[①]所以此类犯罪并不属于具体危险犯。另外,由于该类犯罪在构成要件中已经加入了对行为危险性的限定,并不涉及反证出罪问题,因而也不同于那些仅一般性地规定了行为类型的典型抽象危险犯,如醉驾型的危险驾驶罪,生产、销售、提供假药罪等。所以,有必要将其视为一种相对独立的危险犯类型。

基于此,在对危险犯的分类上,采用(典型的)抽象危险犯、准抽象危险犯和具体危险犯这种分类方式,是更为适当的。[②] 其中,就前两者而言,由于其在犯罪成立上均不要求产生具体危险状态,所以都属于广义的抽象危险犯的范畴。换言之,典型的抽象危险犯和准抽象危险犯其实是对抽象危险犯的进一步分类。并且,如果认为抽象危险犯的成立亦需以“危险”的实际存在为必要,则这种分类的意义主要体现在形式层面。

(二)危害公共卫生罪中危险犯的设置形式

认真梳理危害公共卫生罪中的各种具体犯罪可以发现,上文所列举的 3 种危险犯类型在此类犯罪中都存在,且所占的比重也大体相当。只不过,有些犯罪的危险形态需要仔细辨别和确证。

1. 抽象危险犯的设置

从形式上讲,抽象危险犯的基本特征就是只一般性地规定了行为类

---

① 这些司法解释和司法判例的具体内容,参见陈洪兵:《准抽象危险犯概念之提倡》,载《法学研究》2015 年第 5 期。

② 考虑到学界所称的“抽象危险犯”一般是指典型的抽象危险犯,本章对后者也直接使用“抽象危险犯”这一称谓,有特别说明的除外。

型，而并未附加危险性要求或者具体的危险和结果状态。按照这一特征，在“危害公共卫生罪”一节规定的14种具体犯罪中，只有非法组织卖血罪和强迫卖血罪可能属于抽象危险犯。不过，学界一般是将这两种犯罪作为行为犯来对待的。而行为犯与抽象危险犯虽然在形式特征上相似，但在外延范围上却并不等同。行为犯是以实行行为的完成为既遂标准的一类犯罪，其在外延上既包括实行行为完成法益侵害同时出现的实害犯（如非法侵入住宅罪），也包括实行行为完成但只对法益形成了抽象危险的抽象危险犯（如醉驾型的危险驾驶罪）。[①] 由此，这两种犯罪是否属于抽象危险犯，主要取决于其实行行为对法益造成的危害状态。

关于这两种犯罪侵犯的法益（或客体），通说认为是“国家血液采集、供应的管理秩序和公民的身体健康与生命安全”[②]。但是，将某种“管理秩序”当作保护法益不仅过于抽象，而且容易导致所有的犯罪都是实害犯或侵害犯，因为作为“严重社会危害行为”的犯罪，没有不侵犯一定社会管理秩序的。所以，有学者主张将刑法中的管理秩序法益还原为实体性法益。[③] 笔者同意这一观点，并同时认为，确定非法组织卖血罪和强迫卖血罪侵犯的法益，不应脱离其所属的类罪来进行。这两种犯罪都属于危害公共卫生罪，故先要明确何谓“公共卫生”。对此，1988年，美国医学研究会在著名的《公共卫生的未来》这一研究报告中明确提出：“公共卫生就是我们作为一个社会为保障人人健康的各种条件所采取的集体行动。”[④]我国在2003年全国卫生工作会议上对公共卫生的定义是：

---

① 参见付立庆：《刑法总论》，法律出版社2020年版，第136页。

② 高铭暄、马克昌主编：《刑法学》（第8版），北京大学出版社、高等教育出版社2017年版，第577页。

③ 参见李文吉：《我国刑法中管理秩序法益还原为实体性法益之提倡》，载《河北法学》2020年第5期。

④ Institute of Medicine, *The Future of Public Health*, National Academy Press, 1988, p. 4.

"公共卫生就是组织社会共同努力,改善环境卫生条件,预防控制传染病和其他疾病流行,培养良好卫生习惯和文明生活方式,提供医疗服务,达到预防疾病、促进人民身体健康的目的。"①可见,公共卫生就是保障公众健康(包括生命)的各种行动和条件。而包括非法组织卖血罪和强迫卖血罪在内的危害公共卫生犯罪,实际上是通过破坏公共卫生制度或秩序来危害公众健康,所以此类犯罪侵害的法益无疑是公众的健康权益。

在此基础上,反观上述两种犯罪,无论是非法组织卖血还是强迫他人卖血,都并非必然会对公众(包括卖血者和用血者)的健康造成实害。② 但是,由于采血主体不适格、采血程序不规范(不予体检、器具不消毒等)、采血环境不卫生、供血途径不正当等多种可能性致害因素的存在,导致这两种行为会直接为公众健康带来一种"潜在的危险"。这种危险并不是具体的危险状态,而是一种抽象的类型性危险。因此,将非法组织卖血罪和强迫卖血罪界定为抽象危险犯,是完全可以的。

2. 准抽象危险犯的设置

按照上文对准抽象危险犯的界定,在"危害公共卫生罪"一节中,明确属于准抽象危险犯的就是非法采集、供应血液、制作、供应血液制品罪。该罪罪状中规定的"足以危害人体健康"并非具体危险犯的标志,"而是对所采集、供应的血液、制作、供应的血液制品构成犯罪的要求,也可以说是对行为性质、程度的要求,只要所采集、供应的血液、制作、供应的血液制品,足以危害人体健康,即便还没有对用血者的健康形成具体性危险就已构成犯罪"③。这也是准抽象危险犯一种代表性的规范特

① 王劲松主编:《公共卫生与流行病学》,科学出版社2018年版,第2页。

② 根据《刑法》第333条第2款规定,对他人造成伤害的,依照故意伤害罪的规定定罪处罚。

③ 陈洪兵:《公共危险犯解释论与判例研究》,中国政法大学出版社2011年版,第308~309页。

征。2008年《立案追诉标准(一)》第54条也未将本罪的追诉条件规定为具体的危险状态,而是体现出相应的危险性即可。①

除此之外,危害公共卫生罪中的非法行医罪和非法进行节育手术罪,也可归入准抽象危险犯之列。没有医生执业资格的人非法行医或者非法进行节育手术,无疑都会破坏正常的公共卫生秩序,因而通常会对公众健康产生抽象危险。② 但立法上对这两种犯罪并不是只规定了行为类型,而是还附加了"情节严重"的条件,所以有别于典型的抽象危险犯。同时,规定了"情节严重"或"情节恶劣"的危险犯在立法中并不存在实害或具体危险状态的客观构成要件内容,因此也不能被视为实害犯或具体危险犯。③ 在此情况下,将这里的"情节严重"理解为对非法行医或非法进行节育手术之行为危险性的要求,是相对合理的。因为在实践中,一些"有医术、无医证"的人所实施的医疗行为,虽属非法,但对公众健康并无危险,可以将其作为行政违法处理,认定为犯罪并不适当。也就是说,这两种犯罪中的"情节严重",实际上也是准抽象危险犯的一种规范特征。④

3. 具体危险犯的设置

在危害公共卫生罪中,将妨害传染病防治罪和妨害国境卫生检疫罪认定为具体危险犯,学界基本没有争议。因为在这两种犯罪的罪状中,

---

① 2008年最高人民法院、最高人民检察院公布的《关于办理非法采供血液等刑事案件具体应用法律若干问题的解释》第2条对"足以危害人体健康"的解读,与该规定基本一致。

② 非法进行节育手术是一种特殊的非法行医行为,侵犯的法益也是公众的健康权益,可以将其与非法行医罪理解成特别法与普通法的关系。至于其中可能涉及的对计划生育政策的破坏,可以作为本罪的量刑情节。

③ 参见李川:《适格犯的特征与机能初探——兼论危险犯第三类型的发展谱系》,载《政法论坛》2014年第5期。

④ 事实上,2008年《立案追诉标准(一)》在非法行医案的追诉标准中,已经使用了"有传播、流行危险""足以严重危害人体健康"等表征行为危险性的用语。

对危险类型的规定均是“有传播严重危险”,即不仅有传播危险,而且达到了“严重”的程度。对这里的“严重”程度,实务部门一般将其解释为:“根据情况证明极有可能引起传染病的传播”,或者“极有可能引起检疫传染病的传播”。[①] 而所谓“极有可能”,无疑就是指一种现实的、紧迫的高度危险状态,即“具体危险”。此外,在这两种犯罪中,危险形态还与相应的实害形态同处于一个刑罚幅度中,如果不将其理解为具体危险犯,在罪刑设置的合理性方面也是说不过去的。所以,这两种犯罪应当属于具体危险犯。

此外,妨害动植物防疫、检疫罪也应当属于具体危险犯。该罪中的危险犯是2009年公布的《刑法修正案(七)》增设的,其具体规定是“有引起重大动植物疫情危险,情节严重的”。传统刑法理论认为,这一规定就是指有引起重大动植物疫情的高度危险的情况,[②]即将其理解为具体危险犯。周光权教授则直接指出其属于具体危险犯。[③] 笔者认为,这种认识是正确的。从文义上讲,“情节严重”显然修饰的是“危险”,意在指明其并不是一般的行为危险,而是严重的或高度的危险状态。2008年《立案追诉标准(一)》第59条第2款对该罪“情节严重”的解读,实际上也是从涉疫动植物的数量、性质、种类以及对其的控制或处置方式等方面来诠释一种具体的危险状态。同时,该罪的危险形态与实害形态也是同处于一个刑罚幅度,只有将其理解为具体危险犯才能具有相对合理性。

---

① 参见熊选国、任卫华主编:《刑法罪名适用指南——危害公共卫生罪》,中国人民公安大学出版社2007年版,第5、9页。

② 参见高铭暄、马克昌主编:《刑法学》(第8版),北京大学出版社、高等教育出版社2017年版,第583页。

③ 参见周光权:《刑法各论》(第3版),中国人民大学出版社2016年版,第421页。

二、危害公共卫生罪中危险犯设置的合理性评析

(一)抽象危险犯设置的合理性问题

抽象危险犯不同于传统的实害犯和具体危险犯,其惩罚的是"行为方式",目的是通过刑事处罚的前置化来实现早期预防,以避免出现严重的法益侵害后果。那么,立法者到底基于何种理由才可以用严厉的刑罚来对一种行为方式进行规制?这便是抽象危险犯设置的正当性或合理性问题。对此,尽管存在不完全相同的多种观点,但大体可以归结为两个方面:一是在法益保护上的功能性和适格性,即能够实现对重要法益的保护;二是被抽象危险犯所禁止的行为方式不属于行为人的"内部领域",即不在行为人可以自由行使的范围。[①] 只有同时满足这两个条件,抽象危险犯的设置才能基本实现法益保护与人权保障的平衡。

如上所述,危害公共卫生罪中的抽象危险犯就是非法组织卖血罪和强迫卖血罪。按照上述两个条件进行评价,大体可以确认,将这两种犯罪设置为抽象危险犯是具备合理性的。一方面,设置这两种犯罪力图保护的法益均是处于医疗卫生系统中的公众的生命和健康权益。如果说刑法的任务是对社会共同生活中最重要的利益进行特别有力的保护,[②] 那么公众的生命和健康权益无疑是"重中之重",且考虑到非法组织卖血和强迫卖血与公众健康受损之间的普遍性关联,将其设置为抽象危险犯来实现提前规制,不仅是必要的,也是有效的。另一方面,组织卖血和强

---

① 参见徐凯:《抽象危险犯正当性问题研究——以德国法为视角》,中国政法大学出版社 2014 年版,第 109 ~ 110 页。

② 参见[德]埃里克·希尔根多夫:《德国刑法学:从传统到现代》,江溯等译,北京大学出版社 2015 年版,第 232 页。

迫卖血行为也不属于行为人的"内部领域"。我国法律并不允许买卖血液,更不允许强迫他人出卖血液,即便是无偿献血,也必须要有合法的组织者和实施者,否则即为违法。也就是说,通过刑法来规制这两种行为,不会出现对公民自由权利的不当剥夺或限制。此外,就非法组织卖血和强迫卖血而言,"单纯的行为方式一般已经可以描述不能被容忍的风险"①,抽象危险不存在只是非常例外的情况,所以立法上也无须再对行为的危险性进行限定。这些都是现行立法值得肯定之处。

但是,作为抽象危险犯,这两种犯罪存在的最大问题就是法定刑幅度偏高,既不符合罪责刑相适应原则,也为实害(伤害)结果出现后的刑罚适用带来了难题。根据《刑法》第333条第2款规定,有非法组织卖血和强迫卖血行为,对他人造成伤害的,依照故意伤害罪的规定定罪处罚。但非法组织卖血罪的法定刑幅度是"五年以下有期徒刑,并处罚金",强迫卖血罪的法定刑幅度是"五年以上十年以下有期徒刑,并处罚金",而故意伤害罪中致人轻伤的法定刑幅度是"三年以下有期徒刑、拘役或者管制"。如果将该规定中的"伤害"理解为包括轻伤在内,显然就会出现"罪轻刑重、罪重刑轻"的不合理现象。所以,只能将这里的"伤害"限制解释为"重伤",并在实际裁量刑罚时采取一定的调节措施,以基本实现刑罚适用的公平公正性。②

(二)准抽象危险犯设置的合理性问题

准抽象危险犯与抽象危险犯的主要区别在于,前者在对构成要件行为的类型性规定中已经包含了对行为危险性的要求,或者说已经对行为

---

① 徐凯:《抽象危险犯正当性问题研究——以德国法为视角》,中国政法大学出版社2014年版,第163页。

② 参见张明楷:《刑法学(下)》(第5版),法律出版社2016年版,第1121~1122页。

的危险性进行了某种限定，而后者则缺乏此种要求或限定。采取准抽象危险犯立法形式的主要理由或根据是：有些行为尽管在通常情况下存在一种类型性的抽象危险，但特殊情况下排除抽象危险的情形也不少见。因此，为了限制处罚范围或维持刑罚的正当性，需要对行为的危险性进行规范上的明确。

根据上文所述，我国危害公共卫生罪中共有3个准抽象危险犯，即非法采集、供应血液、制作、供应血液制品罪，非法行医罪和非法进行节育手术罪。就非法采集、供应血液、制作、供应血液制品罪而言，其罪状中规定的“不符合国家规定的标准”，在实践中的表现很多，只要不符合《献血法》和国务院发布的《血液制品管理条例》等法律法规的相关要求，基本上都可归入此列。但是，其中的一些情形实际上并不足以危害人体健康，如对体检合格的献血者每次采集的血液量适度超过法定标准的，或者两次采血的间隔期差几天不足法定期限的，等等。这些无疑都属于行政违法或违规，但将其作为犯罪处理显然并不合适。所以，在罪状中为其设置“足以危害人体健康”的限制条件，是比较合理的。

非法行医罪和非法进行节育手术罪也是如此。尽管在一般情况下，未取得医生执业资格的人，“由于自身的水平不够，只要其继续行医，就存在致就诊人死伤结果的危险性”①；但是，也不排除可能存在一些特殊情形，如那些所谓的“赤脚医生”或“民间医生”，虽没有医生执业资格，却具有医学知识和医疗经验，治疗一些普通的疾病或者实施一些简单的医疗行为（如摘取节育器等），并不存在相应的危险性。特别是在偏远的山区或乡村，这类行医行为“不仅没有造成对公众生命健康的损害和威

① 彭志刚、李长兵、许晓娟：《非法行医罪立法缺陷及解决路径分析——兼评〈最高人民法院关于审理非法行医刑事案件具体应用法律若干问题的解释〉》，载《广州大学学报（社会科学版）》2009年第11期。

胁,相反还使当地避免了缺医少药的窘境","如果将这类行为也纳入犯罪圈,显然是不合理的,其违反国家医疗卫生管理秩序的行为完全可由行政法规来规范"①。由此,在这两种犯罪的罪状中明确相应的危险性要求,也是有所必要的。但是,我国《刑法》第 336 条在这方面却使用了"情节严重"这种模糊性的规定方式。由于对"情节严重"可以从主观恶性、客观行为、危害后果等方面做出非常宽泛的解释,因而也就导致该罪的入罪标准处于极不确定的状态。这一点是需要反思的。

(三)具体危险犯设置的合理性问题

具体危险犯与实害犯相比,在一定程度上体现了刑事处罚的前置化,但其仍然要求出现一种现实的、紧迫的具体危险状态,实际上还是以结果为本位的古典主义刑法观的体现。或者说,具体危险犯的立法其实仍属于一种"回应式"刑法,与现代倡导的以行为为本位的预防刑法还相去甚远。也正是基于这一点,具体危险犯的立法形式可用于那些以侵害个体的生命、身体、自由和财产为中心的传统犯罪,而对那些侵犯公共法益、危害重大且结果具有不特定性的"高风险"犯罪,则并不足以有效实现提前预防和法益保护。

我国《刑法》在"危害公共卫生罪"一节中共设置了 3 个具体危险犯,即妨害传染病防治罪、妨害国境卫生检疫罪和妨害动植物防疫、检疫罪。但是,这种设置形式并不合理。因为,无论是传染病的传播,还是重大动植物疫情的扩散,都具有潜在性、复杂性和蔓延性。特别是一些新型传染病(如"非典"等),由于人类对其传染源、病理生成机制以及治疗方式等缺乏足够的认识,不仅传播方式难以把握,一旦感染还往往在短期内无法有效救治。所以,"对疫情防控来说,积极预防是最佳的法律策

---

① 周志荣:《非法行医罪的刑事政策分析》,载《国家检察官学院学报》2007 年第 1 期。

略,也是争取战略主动的重要前提。一旦传染病预防这一防线失守,我们很容易在疫情防控战役中陷入被动”①。也正因如此,公共卫生立法必须强调主动预防,即从积极预防出发来防范和控制传染性疾病的蔓延。② 而如果采取具体危险犯这种设置形式,则由于紧迫的传播危险与传播结果之间在很大程度上存在不可逆性,无疑会导致刑法的堵截功能明显滞后,这并不利于刑法积极预防效果的发挥。更何况,这种紧迫的危险在判断上并不具有放火、爆炸等犯罪的直观性,实践中如何认定本身就是一个难题,将其作为入罪标准也并不合适。

除此之外,这 3 种具体危险犯还存在一些规范设计上的疏失和缺陷,从而进一步加剧了其不合理性。主要表现为如下两个方面:

其一,在罪过形式上欠缺明确规定造成了认识混乱和法律适用难题。对上述 3 种具体危险犯,法律条文中均未明确规定其罪过形式,相关司法解释也欠缺必要的说明,也就造成了认识上的混乱。例如,关于妨害传染病防治罪的罪过形式,就同时存在多种观点,有的认为只能是过失,③有的认为只能是故意,④有的认为可以同时包括过失与故意。⑤而无论坚持哪一种观点,在法律适用中都会出现难题。例如,如果坚持“过失论”,则直接带来的问题就是:既然惩罚过失行为,为何不惩罚责任程度更重的故意行为? 对此,不能认为所有符合妨害传染病防治罪客观要件的故意行为都会构成以危险方法危害公共安全罪。因为该罪中的危险方法在危险程度上必须要与放火、决水、爆炸、投放危险物质做大致相同的理解,而妨害传染病防治的行为却并非都会达到这样的危险程

① 任颖:《从回应型到预防型的公共卫生立法》,载《法制与社会发展》2020 年第 4 期。

② 参见赵敏、何振主编:《卫生法学概论》,华中科技大学出版社 2016 年版,第 104 页。

③ 参见孟庆华:《妨害传染病防治罪的几个构成要件问题》,载《法学论坛》2004 年第 1 期。

④ 参见张明楷:《刑法学(下)》(第 5 版),法律出版社 2016 年版,第 1120 页。

⑤ 参见李希慧主编:《妨害社会管理秩序罪新论》,武汉大学出版社 2001 年版,第 448 页。

度,所以对其也就不能一概按照以危险方法危害公共安全罪论处。而如果坚持"故意论",则难免又会将占据发案量绝对比例的过失行为排除在犯罪之外,[①]这也不符合妨害传染病防治罪的立法目的。由此,我们不得不认为,该罪的罪过形式既可以是故意,也可以是过失。但这样一来又会形成新的法律适用问题,如故意行为和过失行为的入罪标准是否有必要区分,量刑上如何把握,共同犯罪又如何认定,等等。妨害国境卫生检疫罪和妨害动植物防疫、检疫罪在规范构造上与妨害传染病防治罪大致相同,因而其在罪过形式确定上同样具有上述问题,所以也就难以避免法律适用中的难题。

其二,为同一犯罪的实害形态与危险形态配置相同的法定刑有违反罪责刑相适应原则之嫌。对上述3种具体危险犯,立法上均是将其实害形态(引起某种传染病传播或引起重大动植物疫情)与危险形态(有引起某种传染病传播或重大动植物疫情的严重危险)进行并列规定,并配置了相同的法定刑,即共同作为基本犯看待。笔者在上文中指出,只有将其中的危险形态解释为具体危险犯才能使其具有相对合理性。但这并不意味着这种设置形式在立法上就是完全合理的。因为即便是具体危险犯,毕竟也没有造成相关传染病的实际传播或引起重大的动植物疫情,其对法益造成的只是一种威胁或危险,与实际侵害法益、严重损害公众健康的实害犯显然不能同日而语。所以,实害结果发生时的法定刑就应当高于危险状态发生时的法定刑,但我国《刑法》在这3种犯罪中却并未作此种区分,与世界上其他国家和地区的刑法规定相比,是一种明显的不足。[②]

---

① 从妨害传染病防治罪的发案情况来看,大多数行为人都是出于一种过失的心态(至少很难证明是故意),即主观上排斥传染病传播结果的发生。

② 参见竹怀军:《妨害传染病防治罪立法的比较与借鉴》,载《西南政法大学学报》2006年第1期。

三、危害公共卫生罪中危险犯设置的完善对策

（一）调整抽象危险犯的法定刑配置

在危害公共卫生罪中，属于抽象危险犯的是非法组织卖血罪和强迫卖血罪。上文已述，立法上将这两种犯罪设置为抽象危险犯是合理的，但其法定刑配置却并不合理，主要问题就是法定刑幅度偏高。而形成这一问题的原因，则是在立法过程中忽视了抽象危险犯本身的特点。抽象危险犯的设置是积极主义刑法观的体现，目的是通过刑法提前介入来实现对重大法益的有效保护。但是，“积极主义刑法观由严密法网和去重刑化两部分组成，前者强调刑事法网规制上从‘不严’到‘严’，后者主张具体刑罚适用从‘厉’到‘不厉’。两者之中，前者是主体内容，后者是必要补充。”①抽象危险犯将行为本身作为处罚对象，在严密刑事法网的同时，无疑也大幅降低了入罪门槛，所以其法定最低刑就不能过高，否则就会违反罪责刑相适应原则。

然而，非法组织卖血罪和强迫卖血罪的法定刑配置却在不同程度上忽视了这一要求。不可否认，这两种犯罪会同时威胁到卖血者和用血者的人身健康，因而性质较为严重，法定刑不宜过低。但二者毕竟属于抽象危险犯，只要实施了非法组织卖血和强迫卖血的行为，一般就会入罪；②而一旦入罪就要适用“五年以下有期徒刑，并处罚金”或者“五年以上十年以下有期徒刑，并处罚金”，这无疑又太高了。特别是强迫卖血

① 付立庆：《论积极主义刑法观》，载《政法论坛》2019年第1期。

② 根据2008年《立案追诉标准（一）》第52条、第53条规定，对非法组织卖血行为追究刑事责任，还需具备人数、获利、对象等方面的要求；而对强迫卖血行为追究刑事责任，只要存在“以暴力、威胁方法强迫他人出卖血液”的行为即可。

罪,其罪刑失衡现象尤为严重。因为,根据我国《治安管理处罚法》第43条规定,故意殴打或伤害他人,只要未造成轻伤以上后果,最高也只是处15日的行政拘留,并处500元以上1000元以下罚款。而一旦以暴力、胁迫方法强迫他人出卖血液,即使未造成伤害后果,最低也要处5年有期徒刑,并处罚金。即便强迫卖血行为还同时破坏了公共卫生秩序,这种处罚强度的落差也是过于悬殊的。同样,我国《献血法》第18条对非法组织卖血行为(尚不构成犯罪)规定的行政处罚是:"没收违法所得,可以并处十万元以下的罚款"。而一旦构成犯罪就要处5年以下有期徒刑,并处罚金,且当然要追缴违法所得。这也不能不说是过于严厉的。

基于此,对这两种抽象危险犯的法定刑配置,必须要进行相应的调整。一方面,应适当降低这两种犯罪的法定最低刑,以满足罪责刑相适应原则的要求。其中,对非法组织卖血罪,可为其增设拘役刑;对强迫卖血罪,因其侵犯了双重法益,性质较重,可将其法定最低刑降至6个月有期徒刑。另一方面,在降低法定最低刑的基础上,可分别将这两种犯罪划分为基本犯和加重犯两个刑罚幅度,以避免因法定刑跨度过大而造成量刑畸轻畸重的现象。具体来讲,对非法组织卖血罪,考虑到其法定刑轻重取决于组织规模和危害后果等多方面的影响因素,可以3年有期徒刑为界设置基本犯和情节加重犯;而对强迫卖血罪,因其法定刑轻重主要取决于实际危害后果,可以5年有期徒刑为界设置基本犯和结果加重犯。[①] 据此,《刑法》第333条第1款便可相应修改为:"非法组织他人出卖血液的,处三年以下有期徒刑或者拘役,并处罚金;情节严重的,处三年以上五年以下有期徒刑,并处罚金。以暴力、威胁方法强迫他人出卖

① 当然,对强迫卖血罪的刑罚轻重的设置也受行为对象、行为次数、受害人数等方面因素的影响,但只要不造成严重危害后果,一般均可适用"五年以下有期徒刑,并处罚金"的基本法定刑幅度。

血液的，处五年以下有期徒刑，并处罚金；造成严重后果的，处五年以上十年以下有期徒刑，并处罚金。”至于该条第 2 款规定，则可以直接删除。对实施非法组织卖血或强迫卖血行为，同时又对他人造成伤害的，直接按想象竞合犯从一重罪处断即可。当然，在量刑过程中，也可予以适当的从重处罚。

（二）明确准抽象危险犯的入罪标准

准抽象危险犯的规范特征就在于，其构成要件中不仅规定了行为类型，而且还对行为所需具备的危险性作出了要求。其中，后者也可称为准抽象危险犯的入罪标准或入罪条件。也就是说，对符合某种行为类型的违法行为，应否作为犯罪处理，判断标准就是看其是否满足了相应的危险性要求。正是由于这一标准在决定罪与非罪方面的重要性，刑法对其的规定应力求明确，在表述上要避免使用模糊不清的概念或用语；否则“司法者适用这种不明确的条款时，即可轻易以其主观的好恶而擅断”①。

如上所述，我国《刑法》在危害公共卫生罪中共设置了 3 个准抽象危险犯，即非法采集、供应血液、制作、供应血液制品罪，非法行医罪和非法进行节育手术罪。在这 3 种犯罪中，非法采集、供应血液、制作、供应血液制品罪的入罪标准是“足以危害人体健康”，而后两种犯罪的入罪标准均是“情节严重”。由于“足以危害人体健康”有固定的判断核心，是一种单一性的标准，所以内涵较为明确。而“情节严重”则是一种综合性标准，有着多种判断维度，因此内涵相对模糊。当然，在司法实践中，也可根据该类犯罪的准抽象危险犯性质进行限缩解释，从而保证其合理适用。例如，有论者指出，对此类危险犯，无论司法机关对“情节严重”或

① 林山田：《刑法通论（上册）》（增订 10 版），北京大学出版社 2012 年版，第 37～38 页。

“情节恶劣”做何种解释,都应围绕行为的危险性认定展开,而不能突破这一限制将其解释为具体危险或实害结果。① 但是,在传统认识上,“情节严重”并不是犯罪构成某一方面的要件,而是一种综合性的要件。② 基于此种认识,对“情节严重”的司法解释,一般也不会仅限定于某一方面或某一维度的情节表现。例如,对非法行医罪中的“情节严重”,2016 年最高人民法院公布的《关于审理非法行医刑事案件具体应用法律若干问题的解释》第 2 条就将其分列为 5 种情形,其中既有造成就诊人身体损害的情形,也有对人体健康形成危险的情形,还有被行政处罚两次后再次非法行医的情形。由此,非法行医罪也就在不同情形下分别成了实害犯、危险犯与单纯的行为犯。这不但背离了其准抽象危险犯的应然属性,也同时造成了入罪标准的混乱。而 2008 年《立案追诉标准(一)》第 58 条在对非法进行节育手术罪中的“情节严重”进行解释时,还将“致使他人超计划生育”“非法获利”等不能直接说明法益侵害性(对就诊人健康的危害)的情形也包含在内,因而更加偏离了其犯罪性质。

由此可见,“立法者不应当企图通过不明确的概念,将界定犯罪行为的界限的责任推卸到法官那里。重要的是立法者通过一般规定和具体规定,明确地规定出犯罪行为的类型”③。尽管应当承认,在刑法立法中,为了保持条文表述的简洁性,无论是入罪标准,还是法定刑升格条件,有时都需要使用“情节严重”或“情节恶劣”等概括性的表述方式。但是,基于刑法规定的明确性要求,这类用语只有在确有必要时才可使

---

① 参见李川:《适格犯的特征与机能初探——兼论危险犯第三类型的发展谱系》,载《政法论坛》2014 年第 5 期。

② 参见张明楷:《刑法分则的解释原理》,中国人民大学出版社 2004 年版,第 224 页。

③ [德]汉斯·海因里希·耶赛克、托马斯·魏根特:《德国刑法教科书》,徐久生译,中国法制出版社 2001 年版,第 159 页。

用，而不能为图“省事”广泛使用。对法定刑升格条件来讲，由于刑罚的轻重往往存在多个方面的影响因素，在难以具体列举时就“不得不”使用这类概括性的表述。而入罪标准则是指某种行为成立犯罪的最低标准，并不是指所有可能构成该种犯罪的情形，所以其一般并不具有多重性，也无必要使用这类概括性的表述方式。换言之，作为入罪标准，只需根据拟设置的犯罪类型，对某种行为构成犯罪的最低条件作出规定即可，高于这一条件的情形并无必要加以规定，因为其“当然”符合最低条件。例如，在将某种危险状态规定为入罪标准时，出现相应实害后果的情形也当然要入罪（甚至需要加重处罚），对此并无必要使用“情节严重”等用语将二者都涵盖在内。

就非法行医罪和非法进行节育手术罪而言，立法者在其入罪标准方面并未明确规定具体的危险状态和实害结果，①也未采取单纯规定行为类型的方式。由此说明，立法者既不想将这两种犯罪作为具体危险犯或实害犯对待，也不想将其规定为（典型的）抽象危险犯。那么，其性质就只能是准抽象危险犯。亦即，立法者只想在规范层面将那些不可能危害到保护的法益的非法行医或非法进行节育手术行为明确排除在犯罪之外。但是，其却不恰当地使用了“情节严重”这种模糊性用语，从而造成了认识上的混乱。鉴于此，对这两种准抽象危险犯的入罪标准必须要“正本清源”，即对行为可能危害到保护法益的危险性作出规定即可。考虑到这两种犯罪保护的法益均为就诊人的身体健康，其入罪标准可直接规定为“危及就诊人身体健康的”。也就是说，只要行为人所使用的药物、医疗器械、医疗方法等可能对就诊人的身体健康造成危害，就应当入罪。这一标准不仅具有明确性，而且也能够将那些不可能危害到就诊人

① 在此，不能将法条中的“情节严重”当然解释为具体危险状态或实害结果，因为这两种情形并非“情节严重”的最低标准。

身体健康的情形排除在犯罪之外,因此此入罪标准的设置是相对合理的。

(三)实现具体危险犯的体系化转型

将妨害传染病防治罪、妨害国境卫生检疫罪和妨害动植物防疫、检疫罪设置为具体危险犯,所存在的最大问题就是预防效果相对滞后。但对这一问题的解决,应当在区分不同罪过形式的基础上进行,因为罪过形式是故意还是过失直接影响着刑事制裁的范围和强度。由此,对具体危险犯的完善必须要坚持体系化进路,即在保持立法协调性的基础上实现其设置形式的合理转型。

1. 故意犯罪与过失犯罪分别设置

现代刑法理论认为,责任的本质是非难可能性,故意和过失是两种基本的责任形式。其中,故意犯罪属于"明知故犯",而过失犯罪的核心是"违反预见义务",①所以前者的可非难程度要明显高于后者,需承担更重的责任。基于此,将故意犯罪与过失犯罪分别设置,并在入罪标准和法定刑轻重上予以区别对待,几乎是大陆法系国家刑法立法的通例。

我国《刑法》大体上也贯彻了这一原则,不过仍有部分犯罪存在模糊故意责任与过失责任的问题,其中就包括妨害传染病防治罪等 3 种具体危险犯。上文已经述及,为了实现对相关危害行为的全面规制以及满足罪责刑相适应原则的基本要求,我们只能认为,妨害传染病防治罪等 3 种具体危险犯的罪过形式兼具故意和过失。对此,理论上一般称为"复合罪过形式"或"双重罪过形式"。有论者认为,确立这种"复合罪过形式"的犯罪有重要意义,其既可以摆脱"多年来纠缠不清的间接故意与轻信过失之区别这一'理论百慕大'",也可以"在一定程度上减轻司法机

① 参见黎宏:《过失犯若干问题探讨》,载《法学论坛》2010 年第 3 期。

关的证明责任，提高办案效率”。[①] 但是，问题在于，即使不在定罪阶段区分故意与过失，在量刑阶段也要予以区分，因为故意与过失毕竟在责任程度上存在很大差异，不予区分会直接违反罪责刑相适应原则。所以，对故意与过失进行准确的区分，既是理论研究的重要任务，也是司法机关不可推卸的责任。确立“双重罪过形式”的犯罪不但无助于这一问题的解决，反而会带来更多的法律适用难题。例如，张明楷教授就曾指出，这种做法不仅会带来共同犯罪能否认定、教唆犯能否成立等司法适用上的难题，还可能会形成结果责任，因而是明显不当的。[②]

鉴于此，对妨害传染病防治罪等 3 种具体危险犯，必须要明确区分其故意形态与过失形态，并分别设置相应的故意犯罪和过失犯罪。在罪名上可对应性地称为“妨害传染病防治罪”和“过失妨害传染病防治罪”，“妨害国境卫生检疫罪”和“过失妨害国境卫生检疫罪”，“妨害动植物防疫、检疫罪”和“过失妨害动植物防疫、检疫罪”。

2. 故意犯罪设置为准抽象危险犯

疾病或疫情的传播发展规律决定了“预防为主是我国的基本卫生工作方针，也是世界上大多数国家卫生工作重点”[③]。对此，习近平总书记专门指出：“要坚决贯彻预防为主的卫生与健康工作方针，坚持常备不懈，将预防关口前移，避免小病酿成大疫。”[④]这一精神同样适用于对危害公共卫生犯罪的刑事防控，即“将刑事处罚前移，从而避免疾病传播危险转化为严重的传播后果”。而实现这一目的最直接和有效的方

---

① 参见储槐植、杨书文：《复合罪过形式探析——刑法理论对现行刑法内含的新法律现象之解读》，载《法学研究》1999 年第 1 期。

② 参见张明楷：《刑法学（下）》（第 5 版），法律出版社 2016 年版，第 1266 页。

③ 王劲松主编：《公共卫生与流行病学》，科学出版社 2018 年版，第 103 页。

④ 习近平：《全面提高依法防控依法治理能力　健全国家公共卫生应急管理体系》，载求是网，http://www.qstheory.cn/dukan/qs/2020-02/29/c_1125641632.htm。

式,无疑就是抽象危险犯的设置。但这种"超前保护"也必须要有刑法上的正当性基础。从理论上讲,只有危险行为威胁到了法益,才可以肯定刑事不法的存在。[①] 考虑到并非所有破坏公共卫生秩序的行为都会直接威胁到公众的人身健康,有些可能只属于单纯的"行政不服从",一律采取抽象危险犯的设置形式并不适当,而采取具体危险犯的设置形式在预防上又太过滞后,所以准抽象危险犯就成为一种较为合理的立法选择。

具体而言,就是将故意形态的"妨害传染病防治罪""妨害国境卫生检疫罪""妨害动植物防疫、检疫罪",由具体危险犯转换为准抽象危险犯。同时,为了实现入罪标准的明确性,在对行为危险性的限定方面,可以效仿非法采集、供应血液、制作、供应血液制品罪,采取"足以"型的规定方式。例如,参照《刑法修正案(十一)》对《刑法》第330条的修正内容,对"妨害传染病防治罪"的入罪标准可以规定为:"足以引起甲类传染病以及依法确定采取甲类传染病预防、控制措施的传染病传播的"。也就是说,不要求产生可能造成此类传染病传播的"现实的、紧迫的具体危险状态",只要相关的妨害传染病防治行为在通常情况下可能引起此类传染病传播即可。同理,对"妨害国境卫生检疫罪"和"妨害动植物防疫、检疫罪",在其罪状中对行为危险性的限定也可以分别表述为:"足以引起检疫传染病传播的"和"足以引起重大动植物疫情的"。采取这种规定方式的优点在于,不仅有利于实现早期预防效果,也能将那些"单纯的行政不服从"或者危险性极低的违法行为排除在构成要件之外,从而合理划分行政违法与刑事违法的界限。

在将具体危险犯转换为准抽象危险犯的同时,也要对其危险形态和

---

① 参见[德]乌尔里希·齐白:《全球风险社会与信息社会中的刑法:二十一世纪刑法模式的转换》,周遵友等译,中国法制出版社2012年版,第208页。

实害形态进行层次化处理。从理论上讲，危险犯的危害性表现为对法益的威胁，抽象危险犯、准抽象危险犯和具体危险犯都是如此，只不过威胁的紧迫程度不同而已。而实害犯则是对法益的实际侵害，危害程度显然要高于危险犯。因此，在刑法立法上，对同一种犯罪的危险形态与实害形态区别对待，并配置轻重不同的法定刑（前者轻、后者重），基本上是一种惯常的做法。然而，我国《刑法》却一反常态，将上述 3 种具体危险犯的危险形态与实害形态规定在了同一法定刑幅度内。对这一做法的正当性，有些学者进行了说明。例如，针对妨害传染病防治罪中的这一现象，有论者认为，该罪危险犯的社会影响和危害性也是相当大的，同样需要耗费大量的人力物力去挽回和消除，而且按照现行规定量刑也是适当的，不存在轻罪重刑的问题，所以无须与实害犯相区分。[①] 也有论者指出，传染病的实际传播与传播危险有时很难区分，甚至混同在一起，所以无须区分，可以设置相同的法定刑。[②] 但笔者难以认同这些见解。理由在于：第一，衡量犯罪轻重的真正标尺是犯罪对社会的危害程度（或法益侵害程度），而不是为了消除犯罪影响所需支付的人力物力成本；第二，按照现行规定对危险形态量刑适当，并不意味着对实害形态也量刑适当，二者仍然存在罪刑均衡的问题；第三，传染病的实际传播与传播危险并非难以区别，更不会出现混同，即使只感染了 1 个人也是实际传播，而不是传播危险。所以，这类观点显然是缺乏合理根据的。

事实上，对上述 3 种犯罪，按照我国通常的诉讼期限，从立案侦查到最终判决总有一段较长的期间，而在此期间内相关的传染病一般都经过了潜伏期，行为人的危险行为是否造成了实际传播，是能够形成结论的。

---

① 参见戾均心、李娜：《妨害传染病防治罪的立法缺陷及其补救》，载《中国地质大学学报（社会科学版）》2006 年第 3 期。

② 参见欧阳本祺：《妨害传染病防治罪客观要件的教义学分析》，载《东方法学》2020 年第 3 期。

只不过,在因果关系认定方面较为复杂,可能需要委托专门的医学鉴定机构来协助进行。另外,考虑到一些严重传染病对公众健康的重大危害,对其实际传播与传播危险不予区分也并不合理。例如,在传染病暴发初期,由于缺乏有效的医疗救治手段,一旦被感染,就可能导致对身体的重大损害甚至死亡;而即使面临着高度的感染风险,只要最终未被感染,就不会出现这样的结果。这就是实际传播与传播危险的本质差别,在将上述犯罪修正为准抽象危险犯后,这种差别会更加明显。也正是基于这种差别,对二者适用相同的法定刑不仅难言公正,在刑事政策上也并不妥当。因为,"对不同之罪的相同之刑经常促使人犯重罪"①。

据此,对该类犯罪的危险形态与实害形态进行层次化处理,才是正确的选择。也就是说,应当按照立法惯例,将其危险形态(准抽象危险犯)设置为基本犯,将其实害形态设置为加重犯,并分别适用基本法定刑与加重法定刑。在此需要注意的是,将具体危险犯转换为准抽象危险犯,同样是降低了入罪门槛,所以对这些犯罪的法定最低刑也要作适度的轻缓化处理。从宽严相济刑事政策的角度出发,可以考虑对这三种犯罪作如下安排:第一,对"妨害传染病防治罪",足以引起甲类传染病以及依法确定采取甲类传染病预防、控制措施的传染病传播的,处 3 年以下有期徒刑、拘役或者管制;引起实际传播的,处 3 年以上 7 年以下有期徒刑。第二,对"妨害国境卫生检疫罪",足以引起检疫传染病传播的,处 3 年以下有期徒刑、拘役或者管制,并处或者单处罚金;引起实际传播的,处 3 年以上 7 年以下有期徒刑,并处罚金。第三,对"妨害动植物防疫、检疫罪",足以引起重大动植物疫情的,处 2 年以下有期徒刑、拘役或者管制,并处或者单处罚金;引起重大动植物疫情的,处 2 年以上 5 年以下

① [英]吉米·边沁:《立法理论》,李贵方等译,中国人民公安大学出版社 2004 年版,第 378 页。

有期徒刑，并处罚金。[①]

3. 过失犯罪不予设置危险犯

在区分故意犯罪与过失犯罪的基础上，应否为“过失妨害传染病防治罪”等3种过失犯罪设置危险犯，是一个需要慎重对待的问题。在刑法理论及刑事立法中，故意犯罪存在危险犯几乎无争议，但能否因为过失行为所造成的危险状态，以过失危险犯来追究行为人的刑事责任，则是存在疑问的。[②] 从刑法发展进程来看，“在20世纪中期以前，刑事立法规定的过失犯罪多为结果犯，即只有发生了实际危害结果才构成犯罪”[③]。但是，在20世纪中期以后，随着人类逐步进入风险社会，为了更加积极有效地应对来自科技、交通、生物、环境等领域的公共危险，对过失犯罪也开始进行处罚前置化，因而也就产生了过失危险犯。例如，大陆法系的德国、日本、法国、意大利、瑞士、俄罗斯等，英美法系的英国和美国等，都出现了过失危险犯的立法，但一般都限于危害公共安全领域。[④] 同时，过失危险犯也主要表现为过失的具体危险犯，过失的抽象危险犯数量很少，所以过失危险犯通常指的就是过失的具体危险犯。在我国，随着刑法的预防化转型，学界要求增设过失危险犯的呼声也越来越高。不过，依然有论者认为：“在我国目前行政处罚与刑事处罚的双重制裁体制下，没有发生实害结果的过失行为，仍然属于行政处罚的范畴，还

---

① 鉴于近年来国内外疫情形势的严峻化，有必要提高妨害国境卫生检疫罪和妨害动植物防疫、检疫罪的法定刑，但动植物疫情毕竟不同于人类的传染病，故后者的法定刑可相对低一些。

② 参见贺国荣：《再议过失危险犯——兼论事故类犯罪危险犯的设立》，载《河北法学》2017年第10期。

③ 储槐植、蒋建峰：《过失危险犯之存在性与可存在性思考》，载《政法论坛》2004年第1期。

④ 参见冀莹：《过失危险犯的基础及边界——以刑法的风险控制功能为视角》，载陈兴良主编：《刑事法评论》第28卷，北京大学出版社2011年版。

没有达到刑事处罚的程度。”①

对这一问题,笔者认为,如果将过失危险犯②理解为过失的具体危险犯,并将其主要限定为疏忽大意型的过失犯,这种立法形式并非不可以考虑。但是,由于我国采取的是“刑罚+行政处罚”的双层次制裁体系,根据制裁上的比例原则,即便需要在刑法中设置过失危险犯,也只能将其限制在一个非常狭窄的高风险领域。至少,在公共卫生领域,是并无必要设置过失危险犯的。具体理由是:一方面,该领域的相关规定多具有专业性特点,普通公众的认识程度并不高,再加之疫情防控期间人们又往往处于紧张、慌乱的状态,偶有过失违反规定的行为,只要不造成严重后果,适用行政处罚(或处分)已足以实现惩治和预防效果。另一方面,对那些故意违反规定实施危险行为的,通过设置抽象危险犯或准抽象危险犯即可进行有效规制,过失危险犯同样没有存在的必要。换句话说,抽象危险犯或准抽象危险犯已经“通过使刑罚不再受制于结果,而只取决于不谨慎的行为,填补了过失领域的这一漏洞”③。

基于此,在已经将“妨害传染病防治罪”等3种故意犯罪设置为准抽象危险犯的情况下,对“过失妨害传染病防治罪”等3种过失犯罪,并无必要再设置过失危险犯,采取传统的实害犯或结果犯设置形式即可。也就是说,只有在过失引起相关传染病传播或者重大动植物疫情时,才可进行刑事处罚。同时,由于过失的责任程度要明显低于故意,所以其法定刑也应当低于相应故意犯罪的法定刑。具体而言,在这方面,可以效仿《刑法》第334条对非法采集、供应血液、制作、供应血液制品罪和采

---

① 陈兴良:《过失犯的危险犯:以中德立法比较为视角》,载《政治与法律》2014年第5期。

② 关于过失危险犯本身的局限性,第二章已经进行了全面说明,在此不予赘述。

③ [德]约尔格·艾泽勒:《抽象危险型犯罪的立法缘由和界限》,蔡桂生译,载《法治社会》2019年第4期。

集、供应血液、制作、供应血液制品事故罪的规定,将过失犯罪的法定最高刑与相应故意犯罪之危险犯(基本犯)的法定最高刑保持相当。至于其法定最低刑,则可以适当提高,如设置其为拘役刑。

第四章　寻衅滋事罪的功能、问题与改造

一、问题的提出

近些年来，寻衅滋事罪在具体适用中不断呈现“口袋化”现象，尤其是将其用于应对公民维权或者对网络言论的规制等情形时更为明显。针对这一问题，学界一直致力于从解释论层面来寻求破解之道，但受该罪的立法缺陷及相关司法因素所影响，其实际效果并不十分理想，富有争议的寻衅滋事案依然层出不穷。

基于这一现状，近来对寻衅滋事罪的处理意见已经上升至立法层面的存废取舍，并大致形成了两类见解，即“直接废止论”和“立法分解论”。前者从有效保障人权的角度出发，认为该罪的保护法益和构成要件缺乏明确性，极易导致司法滥用，所以应在立法上直接废止或取消该罪。[①] 而

① 参见邓勇胜、郑钢：《论寻衅滋事罪的废止》，载《黑龙江省政法管理干部学院学报》2020 年第 3 期；徐艳红：《全国政协委员朱征夫：建议适时取消寻衅滋事罪》，载《人民政协报》2022 年 3 月 1 日，第 12 版；王良顺：《寻衅滋事罪废止论》，载《法商研究》2005 年第 4 期。

后者基于维护社会秩序的需要，认为直接废止该罪会导致刑法产生漏洞，因此继续对其进行立法分解，将其分解为若干具有明确性的罪名，才是可行之方案。①

从立法领域来看，我国的刑法立法已经步入了活性化和积极化的时代，通过制定刑法修正案来匡正刑法典的缺陷和不足，已成为一种惯常的做法。在此背景下，既然难以从解释论层面有效解决寻衅滋事罪的"口袋化"问题，那么，进行立法论层面的思考就是必要的。换句话说，面对寻衅滋事罪的固有缺陷，我们不能再囿于"法律不是嘲笑的对象"这一教义学观念，而使刑法理论研究止步不前。相反，在刑法立法活性化和积极化的时代，如果刑法理论不能有效发挥出对立法的批判、引领和建构功能，则很难想象我国的刑法立法会取得实质性进步。特别是在寻衅滋事罪方面，由于该罪的司法适用率较高，社会影响广泛，从立法层面彻底解决其问题也是全面依法治国的应然要求。但是，在立法上对待寻衅滋事罪不能仅凭"一厢情愿"，而是必须要建立在对该罪的规制功能与立法问题进行深刻分析的基础之上，由此才能真正寻找到合理和有效的破解方案。

二、寻衅滋事罪的立法补充功能

从立法层面解决寻衅滋事罪的问题，目的是进一步实现罪刑体系的科学化和协调化，以及为公民的正当权益提供更加有力的保护，而不是要全面瓦解其应有的规制功能。固然，寻衅滋事罪的"口袋化"不利于有效保障人权，但是，"刑法结构合理与否的标准是刑法两大功能（保护社

① 参见刘艳红：《我国刑法的再法典化：模式选择与方案改革》，载《法制与社会发展》2023 年第 3 期；罗翔：《寻衅滋事罪的沿革与存废》，载《团结》2018 年第 6 期。

会和保障人权)的实现程度,以及是否易于协调实践中可能出现的法与情的冲突"[①]。对此不能偏执一端。

就避免寻衅滋事罪被滥用而言,直接废止或取消该罪不失为一种"釜底抽薪"的办法。但从确保刑事法网的严密性或满足规制需求的角度来讲,这一举措可能并非一种最为合理的立法选择。在劳动教养制度已经被废止的背景下,我们必须要认识到,如果从现行《刑法》中直接取消寻衅滋事罪,对那些未造成轻伤以上后果的殴打行为或者不构成其他犯罪的暴力、胁迫、恐吓等行为,就只能进行治安处罚。然而,这一做法未必能够得到社会公众的情感认同,特别是在黑恶势力团伙恃强凌弱、欺压百姓的场合。例如,对2022年6月10日发生的唐山烧烤店打人事件,[②]如果经过鉴定,被害人的伤情未达到轻伤以上,那么对施暴者陈某志等人就最多只能处以"十日以上十五日以下拘留,并处五百元以上一千元以下罚款"。[③] 就此类恶性事件而言,如此处理能否实现惩治和预防效果,社会公众能否接受,显然都是存在疑问的。

当然,寻衅滋事罪等"口袋罪"应当受到批判,但是"口袋罪并非一无是处,同样应当坚持一分为二的观点"。[④] 在1979年公布的《刑法》中,投机倒把罪、流氓罪和玩忽职守罪是三个公认的"口袋罪"。这三种犯罪的共同点是罪状较为模糊和抽象,且具有很大的开放性,可以"灵活填充"。例如,就投机倒把罪(1979年公布的《刑法》第117条)而言,"投机倒把"本身是一个十分笼统的概念,其中包含了各种违反金融、外

---

① 储槐植:《再说刑事一体化》,载《法学》2004年第3期。

② 参见周宵鹏:《河北省公安厅通报"唐山烧烤店打人事件"最新进展》,载《法治日报》2022年6月22日,第5版。

③ 参见我国《治安管理处罚法》第43条第2款规定。

④ 参见陈小炜:《"口袋罪"的应然态度和限制进路》,载《苏州大学学报(哲学社会科学版)》2015年第3期。

汇、金银、工商管理法规的行为，但立法者却没有在罪状中对投机倒把行为进行明文列举，从而使其成了一种空白罪状规定。① 在流氓罪（1979年公布的《刑法》第160条）中，尽管立法者明确列举了“聚众斗殴”“寻衅滋事”“侮辱妇女”三种行为，但其后又附加了“或者进行其他流氓活动”的兜底规定。由于“流氓活动”本身具有模糊性，且前三种行为也未能提供相对一致的类型化判断标准，所以对“其他流氓活动”的认定必然会产生较大的裁量空间。至于玩忽职守罪（1979年公布的《刑法》第187条），则基本成了对所有渎职类犯罪的概括性或兜底性规定，其“口袋性”特征更为明显。

然而，从制定1979年《刑法》的社会背景来看，由于中华人民共和国成立之后一直缺少一部统一的刑法典，无论刑事立法还是刑事司法，都缺少必要的实践经验支撑。在此情况下，对改革开放之后会出现哪些投机倒把、玩忽职守或流氓行为，立法者往往难以尽数和预期，而如果对其不作规定，则又无法保障经济社会正常发展和人民群众的基本利益需求。于是，在“立法宜粗不宜细”理念的指导下，也就产生了一些“口袋罪”。在此意义上可以说，“口袋罪”的出现，既是立法粗疏的产物，也是立法者在保护法益与保障人权之间的一种倾向性选择。毕竟，“制定法律的宗旨就是保护人们的生存利益。保护人们的利益是法的本质特征；这一主导思想是制定法律的动力”②。当然，这些“口袋罪”的出现，亦为后来的司法滥用或不当适用埋下了伏笔。但是，从实现刑事法网严密性的角度来看，这些“口袋罪”的设置也同时填补了规范疏漏，对刑法规制相关危害行为起到了某种立法补充作用。而且，相较于“无法无天”的状

① 参见陈兴良：《投机倒把罪：一个口袋罪的死与生》，载《现代法学》2019年第4期。

② ［德］弗兰茨·冯·李斯特：《李斯特德国刑法教科书》，徐久生译，北京大学出版社2021年版，第5页。

态,也体现了一定的法治进步意义。

在1997年系统修订后的《刑法》中,上述“口袋罪”都被进行了立法分解。流氓罪被分解之后,以另一种形式继承了其“口袋罪”衣钵的犯罪就是寻衅滋事罪。而这种“继承”,并非只是延续了流氓罪的问题与缺陷,其也同时承接了该罪的立法补充功能。不过,与流氓罪兜底规定的开放性补充功能不同,寻衅滋事罪的立法补充功能要受到其构成要件的限制。并且,其所补充的也不是某一个犯罪,而是与其构成要件行为具有相关性的多个犯罪。例如,随意殴打行为不构成故意伤害罪时(未致轻伤以上后果),追逐、拦截、辱骂、恐吓行为不构成非法拘禁罪、侮辱罪或者其他胁迫类犯罪时,强拿硬要等行为不构成相关财产类犯罪时(如未达数额要求),都可能因情节严重或恶劣而构成寻衅滋事罪。

从寻衅滋事罪的体系定位来看,其本属于一种扰乱公共秩序的犯罪。立法部门也将“寻衅滋事”解释为:“在公共场所无事生非,起哄捣乱,无理取闹,殴打伤害无辜,肆意挑衅,横行霸道,破坏公共秩序的行为。”①就核心含义而言,其与“在公共场所起哄闹事”并无多大差异。这也就意味着,起哄闹事才是寻衅滋事罪的本质属性,也是其应然的规制范围。由此,寻衅滋事罪在客观上所起到的补充作用,其实主要集中于那些侵犯人身和财产法益的犯罪。如果不考虑寻衅滋事罪构成要件本身的缺陷,这种补充作用的发挥也是有其合理性的。

在1997年系统修订《刑法》时,对那些侵犯人身或财产法益的具体犯罪,一般都设置了结果或数额等方面的入罪条件,②由此便可能产生一

---

① 全国人大常委会法制工作委员会刑法室编:《中华人民共和国刑法修正案(八)条文说明、立法理由及相关规定》,北京大学出版社2011年版,第161页。

② 一些财产犯罪中的其他入罪条件是由晚近的刑法修正案所增设的,在1997年系统修订《刑法》时并未设置,如盗窃罪中的特殊行为方式、抢夺罪中的“多次抢夺”情节、敲诈勒索罪中的“多次敲诈勒索”情节等。

定的规制缺失。因为,一些行为虽然不符合该类犯罪的构成要件,但由于行为的反复性与严重性,导致其严重侵犯法益,也值得科处刑罚。[①] 对此,我国传统刑法理论也认为,某种行为的社会危害性程度并不仅仅取决于行为直接造成的侵害后果,其还与行为的具体对象、行为的手段表现、行为造成的其他后果等多种因素相关。[②] 这无疑说明,对公民人身和财产权益的保护,仅仅考虑特定法益的受害程度显然是不够充分的。据此,将一些具有流氓性质的侵犯公民人身和财产权益的行为纳入寻衅滋事罪之中,并为其附加"情节恶劣(严重)"等具有较大包容性的入罪条件,恰恰可以起到一定的补充规制作用。

此外,基于刑事政策上的考虑,也需要对侵犯人身和财产法益的行为强化刑法规制。在我国传统社会治理观念下,通常认为,"王者之政莫急于盗贼"[③],即侵犯财产权益的犯罪("盗")和侵犯人身权益的犯罪("贼"[④]),历来都是统治者重点打击的对象。就社会公众而言,其首要的利益关切无疑也是自身的人身和财产安全。国外的刑法中虽然不存在类似的寻衅滋事犯罪,但其一般都规定了暴行罪(殴打罪)、胁迫罪、恐吓罪、侮辱罪以及不设入罪数额的各类财产犯罪等基础性罪名,以强化对人身和财产法益的保护。而与之相比,我国《刑法》中侵犯人身和财产法益的具体犯罪的入罪标准较高,且缺乏暴行罪、恐吓罪等一些基础性罪名。所以,无论寻衅滋事罪的立法初衷如何,其在客观上确实可以起到一定的补充规制功能,这也是不能直接废止该罪的重要理由。

---

① 参见张明楷:《寻衅滋事罪探究(上篇)》,载《政治与法律》2008 年第 1 期。

② 参见高铭暄、马克昌主编:《刑法学》(第 10 版),北京大学出版社、高等教育出版社 2022 年版,第 43 页。

③ 此语是战国时代李悝在《法经》中提出的指导思想,后被历朝历代的统治者所重视。

④ 这里的"贼",除指侵犯人身权益的犯罪外,也包括犯上作乱。

三、寻衅滋事罪的立法缺陷及其实践影响

肯定寻衅滋事罪的立法补充功能,并不意味着该罪的立法形式是合理的。相反,恰恰是因为该罪的立法形式存在诸多缺陷,才严重影响了其补充规制功能的合理发挥。而且,所带来的问题也并不仅限于"口袋化"现象。

(一)保护法益不明造成了司法适用不统一

刑法的任务和目的是保护法益,犯罪的实质是法益侵害或其危险,这已经成为如今通说性质的共识。[①] 在这一理念下,对犯罪构成要件的解释和适用,自然不能脱离特定保护法益的指导。由此也就要求,刑法规范的保护对象必须具有明确性,或者至少可以从刑法条文中推断出立法者清楚的保护目的。[②] 否则,"对某个罪刑规范所要保护的法益内容理解不同,就必然对犯罪构成要件理解不同,进而导致处罚范围的宽窄不同"[③]。然而,寻衅滋事罪的(整体性)保护法益究竟是什么,却未能在刑法条文中得到集中的体现,学界的解读也存在多种不同的观点,至今尚未形成一种相对统一、自洽并兼具合理性的见解。

通常认为,既然寻衅滋事罪被规定在"妨害社会管理秩序罪"中的"扰乱公共秩序罪"一节,则其保护法益(犯罪客体)就是社会公共秩序。[④] 但

---

① 参见[日]山口厚:《刑法总论》(第3版),付立庆译,中国人民大学出版社2018年版,第4~5页。

② 参见[德]克劳斯·罗克辛:《德国刑法学总论》(第1卷),王世洲译,法律出版社2005年版,第102页。

③ 张明楷:《法益初论》(增订本),商务印书馆2021年版,第264页。

④ 参见高铭暄、马克昌主编:《刑法学》(第10版),北京大学出版社、高等教育出版社2022年版,第550页。

是,“公共秩序”是一个非常抽象的概念。可以说,发生在公共生活中的违法犯罪行为,没有不破坏公共秩序的。而刑法所要保护的法益不是全面的、绝对的,刑法并不保护单纯的行政管理秩序,对该秩序的维护动用行政制裁措施就已足够,是否存在实质的法益侵害才是设置罪名的理由。① 这样,将“公共秩序”直接作为寻衅滋事罪的保护法益,不仅难以起到对构成要件解释的限制作用,反而可能出现借该种抽象法益之名而不当入罪的现象。

正是基于“公共秩序”法益的抽象性,有论者指出,“在司法实践中,扰乱公共秩序的判断其实是虚无的,或者说是没有标准的”②。鉴于此,该论者认为,应当联系寻衅滋事罪的具体行为类型来确定本罪的保护法益:第一种行为类型的保护法益是社会一般交往中个人的身体安全;第二种行为类型的保护法益是公民在公共生活(活动)中的行动自由、名誉与意思活动自由;第三种行为类型的保护法益是与财产有关的社会生活的安宁与平稳;第四种行为类型的保护法益是不特定人或多数人在公共场所从事活动的自由与安全。③ 也就是说,寻衅滋事罪的保护法益具有多样性,不同的行为类型可能会侵犯不同的法益。然而,通常来讲,每一种犯罪的保护法益应当是统一和固定的,即使是所谓的“复杂法益”(复杂客体),也是所有的构成要件行为都会侵犯到的法益。例如,一般认为,抢劫罪的保护法益是公私财产权和人身安全,即无论实施何种抢劫行为都会侵犯这两种利益,而不是有的抢劫行为会侵犯公私财产权,有的抢劫行为会侵犯人身安全。以此观之,上述对寻衅滋事罪保护法益的界定方式,尽管可以明确每种行为类型所侵犯的具体法益,但该罪在整

---

① 参见周光权:《法典化时代的刑法典修订》,载《中国法学》2021 年第 5 期。

② 张明楷:《身体法益的刑法保护》,载《政治与法律》2022 年第 6 期。

③ 参见张明楷:《刑法学(下)》(第 6 版),法律出版社 2021 年版,第 1397 页。

体上统一和固定的保护法益是什么,则仍然并不清晰。

有论者意识到了上述问题,于是主张对寻衅滋事罪的保护法益进行规范解构。该论者认为,寻衅滋事罪的客体(保护法益)存在双重性,即一般客体与具体客体:一般客体是社会秩序,这是法条所列四类寻衅滋事行为都必须具备的共同客体;而四类寻衅滋事行为的具体客体又分别是健康权、自由行动权、人格权、财产权和公共场所秩序。① 亦即,某种寻衅滋事行为只有既侵犯了其对应的具体客体,又侵犯了一般客体,才能成立寻衅滋事罪。例如,对如何认定本罪中的"随意殴打他人",该论者主张从3个方面考察:(1)殴打对象是特定还是不特定的;(2)殴打地点是否在公共场所;(3)行为人主观上是否具有流氓动机。② 换言之,如果行为人殴打的是特定的人,或者不在公共场所,或者不具有流氓动机,就不会破坏社会秩序,因而也就不能构成寻衅滋事罪。这种法益解说走了一条"折中"路线,同时兼顾了寻衅滋事罪的体系定位与规制内容。但是,作为一般客体的"社会秩序"究竟包含哪些实质内容,仍然未能清楚说明。而且,从刑法保护法益的周延性或平等性的角度来讲,对公民的人身和财产权益进行刑事保护,必须要区分行为对象和行为人的动机,并以侵犯某种秩序法益为前提,这也不能不说是一种法理上的悖论。

另外,有关司法解释也没能为寻衅滋事罪的保护法益提供一种清晰的判断标准。例如,2013年最高人民法院、最高人民检察院公布的《关于办理寻衅滋事刑事案件适用法律若干问题的解释》(以下简称2013年《寻衅滋事案解释》),通过为寻衅滋事罪增加寻求刺激、发泄情绪、逞强耍横等"流氓动机",力图使该罪的保护法益向所谓的"公共秩序"靠拢;

---

① 参见陈兴良:《寻衅滋事罪的法教义学形象:以起哄闹事为中心展开》,载《中国法学》2015年第3期。

② 参见陈兴良:《寻衅滋事罪的法教义学形象:以起哄闹事为中心展开》,载《中国法学》2015年第3期。

但是,其第2条至第4条对该罪前三类行为中的"情节恶劣(严重)"的解释,所重点指向的保护法益却是他人的人身或财产权益。由此便形成了一定的困惑,或者至少说明,该罪的保护法益到底是社会法益还是个人法益,司法机关的认识其实是摇摆不定的。

正因如此,对寻衅滋事罪的司法适用也就出现了极不统一的现象。例如,有论者通过实证研究发现,在"随意殴打"型寻衅滋事罪的司法判例中,固然多数发生在公共场所,但也有少数发生在非公共场所;同时,虽然个别案件表明行为人具有"逞强好胜"等流氓动机,但更多的案件却并未显示行为人具有特定的流氓动机。① 此外,根据2013年《寻衅滋事案解释》第1条第3款规定,行为人因婚恋、债务等民间纠纷,对他人实施殴打、辱骂、恐吓或者毁损、占用他人财物等行为的,一般不认定为"寻衅滋事"。但是,在近年来的司法实务中,许多因民间借贷纠纷引发的出借人索取债务的行为被认定为"软暴力",进而将其以寻衅滋事罪论处。② 这些现象的出现,无疑影响了对该罪定罪处刑的公平公正性。

(二)部分罪状用语的模糊性造成了不当的扩张适用

刑法中的行为类型是对某一类犯罪事实的抽象归纳,其必然具有一定的涵盖性,但如果此种归纳因用语模糊而影响了公众的合理预期,则就丧失了类型化所具有的人权保障功能。就寻衅滋事罪而言,其前三种行为类型中的"随意殴打""强拿硬要""任意毁损"等用语虽具有口语化的特点,但尚不至于难以预期和解释。作为入罪条件的"情节严重"或"情节恶劣",虽然相对概括和模糊,但这种规定方式是由我国"定性+

---

① 参见黄华生:《随意殴打型寻衅滋事罪司法认定之实证分析》,载《社会科学家》2015年第6期。

② 参见周光权:《刑事立法进展与司法展望——〈刑法修正案(十一)〉总置评》,载《法学》2021年第1期。

定量”的犯罪成立模式所决定的。由于有时难以通过增加某个特定的要素,使行为的违法性达到值得科处刑罚的程度,立法者就不得不规定此类“整体的评价要素”。① 在立法上,“偏狭和具体的语言实际上很可能会妨碍那些法律的目的的实现,采取少量开放的表述方式很可能是合理的”②。在实践中,对此类要素的具体内涵,一般也都存在明确、有效的司法解释。这种由刑法作出框架性规定,然后再由司法机关加以解释的立法模式,并不违反刑法的明确性。③

寻衅滋事罪之罪状用语的模糊性,其实主要表现在该罪的第四种行为类型,即“起哄闹事”,以及作为其入罪条件的“造成公共场所秩序严重混乱”。从字面意思来看,“起哄”和“闹事”都包含“生事、捣乱”之意,其外延较为宽阔,本身无法形成明确的适用范围。即使通过解释,也难以使其具体化。例如,立法部门对“起哄闹事”的解释,主要是为其附加了“出于寻乐、寻求精神刺激等目的”。④ 但这一目的要求同样具有模糊性,且属于不完全列举,其类型化作用有限。而何谓“造成公共场所秩序严重混乱”,也并不明确,且难以具体化,2013 年《寻衅滋事案解释》第5 条只能“无奈地”提供了一种“综合判断”标准。不过,既然是“综合判断”,也就意味着没有具体、明确的判断标准,司法机关可以“灵活”掌握。于是也就导致,对众多具有扰乱公共场所秩序性质的行为,司法机关都可根据某种“需要”纳入“起哄闹事”型寻衅滋事罪的规制范围。其中,主要就是一些上访类案件。在实践中,并不排除一些非法上访行为

① 参见张明楷:《犯罪构成体系与构成要件要素》,北京大学出版社 2010 年版,第 239 页。

② [美]马修·H. 克莱默:《客观性与法治》,王云清译,浙江大学出版社 2022 年版,第 153 页。

③ 参见陈兴良:《中国刑法中的明确性问题——以〈刑法〉第 225 条第 4 项为例的分析》,载梁根林、[德]埃里克·希尔根多夫主编:《中德刑法学者的对话:罪刑法定与刑法解释》,北京大学出版社 2013 年版,第 20 页。

④ 参见王爱立主编:《中华人民共和国刑法:条文说明、立法理由及相关规定》,北京大学出版社 2021 年版,第 1149 页。

确实属于无事生非、故意闹事。但是，将一些持挂横幅、发放传单乃至“以死相求”（如自焚或跳楼）的维权行为也定性为“起哄闹事”，则值得商榷。至少，此类行为很难说是出于“寻乐、寻求精神刺激”的目的，或者具有“逞强耍横”等流氓动机。

另外，根据2013年最高人民法院、最高人民检察院公布的《关于办理利用信息网络实施诽谤等刑事案件适用法律若干问题的解释》（以下简称2013年《信息网络案解释》）第5条第2款规定，行为人在信息网络上编造和传播虚假信息的行为，也属于“起哄闹事”。在此背景下，行为人利用信息网络来反映社会问题、政府违法或不作为，或者实施网络监督、批评政府政策等，也都因“严重破坏网络空间秩序”而被认定为寻衅滋事罪。① 该司法解释合理与否暂且不论，仅就上述行为而言，公民在信息网络上行使批评或监督权利，即便所传播的信息有所不实，恐怕也不宜视作基于流氓动机的“起哄闹事”。

（三）部分行为类型的狭窄性造成了司法“弹性”适用

在阶层式犯罪构成体系中，某种犯罪的罪状或其客观方面的表现，一般被称为“构成要件”。由于刑法不可能对形形色色的犯罪事实作出“包罗万象”的规定，所以其在构成要件的设置上只能采取类型化的做法，即对性质相同的犯罪行为进行规范上的抽象归类。例如，各种各样的杀人和窃取他人财物的行为，都可被分别归入“杀人”和“盗窃”这两种行为类型。同时，构成要件的组成和构造也应体现一定的规律性，即要件组成的基础和出发点，是所要保护的法益。② 在此前提下，如果说构

① 参见姜瀛：《网络寻衅滋事罪“口袋效应”之实证分析》，载《中国人民公安大学学报（社会科学版）》2018年第2期。

② 参见［德］约翰内斯·韦赛尔斯：《德国刑法总论》，李昌珂译，法律出版社2008年版，第60页。

成要件的明确性是基于保障人权的要求,那么,构成要件的严密性则是出于维持社会秩序的需要。这里的"严密性"不等于"模糊性",其是指构成要件或行为类型的设置,应力求将侵犯同一具体法益的类似行为均纳入规制范围。否则,实践中就可能出现处罚的疏漏或失衡现象。就此而言,如果承认"分则条文的保护法益并不是直接根据某种行为的所有直接危害与间接危险确定的,而是取决于构成要件内容"①,则寻衅滋事罪中的某些行为类型设置显然具有一定的狭窄性。

例如,寻衅滋事罪的第一种行为类型是"随意殴打他人",而不是"殴打他人"。然而,无论如何都不能否认这样一个基本事实:"非随意"的殴打他人也会侵犯他人的人身健康权益,其危害程度并不一定低于"随意殴打"。同样,在该罪的第三种行为类型中,"任意损毁、占用公私财物"固然会侵犯他人的财产权益,但"特意"的损毁和占用就不会侵害此种法益吗?贝卡里亚有言:"一切合理的社会都把保卫私人安全作为首要的宗旨。"②而对公民的人身和财产这类"第一序列"法益的保护,却要区分行为人是"随意"、"任意"还是"特意",这无疑是难言合理的。

从坚守罪刑法定原则的角度来讲,既然立法上对寻衅滋事罪的部分行为类型进行了限缩,司法适用中就不应随意突破。然而,面对公众的惩罚呼吁,司法机关并不可能会完全容忍一些值得处罚的行为,在维持社会秩序与坚守罪刑法定原则之间,其往往会选择"弹性"地适用法律来化解惩罚"难题"。③ 因为如果不这样做,法律与社会现实之间的矛盾就

---

① 张明楷:《催收非法债务罪的另类解释》,载《政法论坛》2022 年第 2 期。

② [意]切萨雷·贝卡里亚:《论犯罪与刑罚》,黄风译,北京大学出版社 2008 年版,第 23 页。

③ 参见周光权:《论通过增设轻罪实现妥当的处罚——积极刑法立法观的再阐释》,载《比较法研究》2020 年第 6 期。

会出现，法律本身就可能受到“蔑视”。[①] 于是，在肖某国打人案中，也就出现了将“特意殴打”弹性解释为“随意殴打”的现象。[②] 甚至，《刑法修正案（九）》增设虐待被监护、看护人罪之前，一些典型的虐待行为也被解释为“随意殴打”。[③] 另外，《刑法修正案（十一）》增设催收非法债务罪之前，为了有效规制恶意讨债的情形，司法机关也同样会把一些跟踪、骚扰行为弹性解释为“追逐”“拦截”“恐吓”，进而将其以寻衅滋事罪论处。对此类现象的出现，我们不能一味地批评司法机关，而是需要反思刑法中的行为类型设置是否满足了实践的需求。

（四）法定刑配置趋重化造成了刑法适用的体系性失衡

从寻衅滋事罪的法定刑配置情况来看，其基本犯的法定刑幅度是“五年以下有期徒刑、拘役或者管制”，加重犯的法定刑幅度是“五年以上十年以下有期徒刑，可以并处罚金”。[④] 尽管相较于原来的流氓罪，寻衅滋事罪的法定刑有所降低，但其仍然具有明显的趋重化倾向。

一方面，该罪的法定刑与具体行为的法益侵害程度不相适应。例如，“随意殴打他人”并不要求造成致人轻伤以上的后果，“追逐、拦截”并不要求造成非法拘禁他人的状态，“恐吓”也并不要求实施后续的危害行为，但其最高却可判处 5 年有期徒刑，纠集他人多次实施的最高还可判处 10 年有期徒刑。这至少是违背一般人经验上的罪刑等价观的。而

---

① 参见［日］佐伯仁志：《刑法总论的思之道 · 乐之道》，于佳佳译，中国政法大学出版社 2017 年版，第 23 ~ 24 页。

② 参见吴平：《“方舟子被袭案”一审宣判》，载《检察日报》2010 年 10 月 11 日，第 1 版。

③ 例如，在 2012 年发生的“温岭虐童事件”中，行为人就因实施揪儿童耳朵、令儿童倒立、头顶垃圾铲等行为，被公安机关以涉嫌寻衅滋事罪刑拘。参见孙运梁：《我国刑法中应当设立“暴行罪”——以虐待儿童的刑法规制为中心》，载《法律科学（西北政法大学学报）》2013 年第 3 期。

④ 该罪的加重犯为 2011 年公布的《刑法修正案（八）》所增设。

且,从单一行为来看,“追逐”“拦截”“殴打”“辱骂”“恐吓”,很难说具有相同的危害程度。“强拿硬要或者任意损毁、占用公私财物”,既可能表现为抢劫或抢夺,也可能表现为非法占用,后者的危害程度明显要轻于前者。但是,寻衅滋事罪的法定刑配置却并未被作出区分。这些现象无疑都体现了该罪法定刑配置的趋重性,即无视各类行为之间的轻重差别而统一配置重刑。

另一方面,与其他一些侵犯人身、财产法益或扰乱公共场所秩序的犯罪相比,该罪的法定刑也呈现出了明显的趋重化倾向。例如,“随意殴打”型寻衅滋事罪的成立并不要求造成轻伤结果,故意伤害罪的成立一般要求造成轻伤结果,但前者基本犯的法定最高刑是5年有期徒刑,而后者基本犯的法定最高刑是3年有期徒刑。又如,“强拿硬要”型寻衅滋事罪的成立并不要求达到抢夺罪或敲诈勒索罪的数额条件,但其基本犯的法定最高刑也明显高于后两种犯罪基本犯的法定最高刑(3年有期徒刑)。再如,“起哄闹事”型寻衅滋事罪的成立并不要求聚众性,但其基本犯的法定刑却与聚众扰乱公共场所秩序、交通秩序罪的法定刑相同;并且,如果前者体现出了聚众性和多次性(“纠集他人多次实施”),还可能成立加重犯,而后者并未设置加重犯。

在这里,不能将寻衅滋事罪法定刑较重的理由归结为其行为同时扰乱了公共秩序。因为,发生在公共场所的故意伤害、抢夺、敲诈勒索等犯罪也会同时扰乱公共秩序。而且,即便是与同类扰乱公共场所秩序的犯罪相比,寻衅滋事罪的刑罚配置也体现出了明显的趋重性。另外,也不能认为,该罪法定刑较重的根据是行为人具有“流氓动机”。行为人基于何种动机实施犯罪,与行为本身的法益侵害程度并无直接关系。例如,就殴打他人而言,行为人无论是出于流氓动机,还是出于报复动机,都会危害到他人的人身安全,且后者的危害程度未必低于前者。并且,受价值判断的影响,如何衡量“动机”的卑劣程度也是一个问题。对此很难说，特意性的报复或泄愤动机，就一定轻于“逞强耍横”等流氓动机。

不可否认，寻衅滋事罪法定刑配置的趋重化倾向，体现了立法机关严惩寻衅滋事行为（或流氓行为）的政策态度。然而，刑罚的正当性却并不取决于其严厉程度，而是取决于犯罪行为的均衡性或相适应性。或者说，只有“与行为的不法内容和行为人的责任相当的刑罚，才是最公正的刑罚”[①]。这也正是我国《刑法》明确规定罪责刑相适应原则的根据所在。而寻衅滋事罪法定刑配置趋重化，显然在很大程度上打破了刑罚配置体系的均衡性和协调性，其结果必然导致刑罚的不平等或不公正适用。例如，甲在广场东侧持凶器殴打乙，致乙轻微伤；丙在广场西侧持凶器殴打丁，致丁轻伤。如果均需定罪，对甲可按寻衅滋事罪最高处以5年有期徒刑，而对丙按故意伤害罪最高只能处以3年有期徒刑。[②] 这显然是难言公平合理的。对此，或许有人会认为，通过量刑中的适当调节，也能够实现刑罚的平等或公正适用。但是，如果可以这样，在立法上为所有犯罪均可配置重刑，区分法定刑轻重的意义又何在？

而且，问题还不止于此。从世界范围来看，以法定刑轻重为标准，将全部犯罪划分为轻罪与重罪，并在刑事政策或制度设计上予以区别对待，是一种普遍的做法。例如，国外“轻轻重重”刑事政策的贯彻执行，就是以刑事法律中对轻罪与重罪的明确划分为依托。[③] 同时，将某种犯罪归入轻罪或重罪，与是否处罚未遂、共犯或累犯，是否适用缓刑、前科消灭制度，乃至追诉时效的长短等，都具有直接相关性。在程序法层面，轻罪与重罪的划分，也是区分管辖、办案期限、审判程序（是否适用简易程

---

① ［德］汉斯·海因里希·耶赛克、托马斯·魏根特：《德国刑法教科书》，徐久生译，中国法制出版社2017年版，第106页。

② 在此不能认为，对发生在公共场所的殴打行为都可按寻衅滋事罪论处，否则必然会在很大程度上架空故意伤害罪。

③ 参见敦宁：《刑事制裁体系变革论》，法律出版社2018年版，第192页。

序)、行刑地点以及是否适用刑事和解或暂缓起诉的主要依据。① 尽管我国《刑法》并未明确区分轻罪与重罪,但实践中一般认为,法定刑为3年以下有期徒刑或者拘役的犯罪属于轻罪,其余为重罪。并且,无论是宽严相济的刑事政策,还是相关的刑事法律制度,都体现了区别对待轻罪与重罪的思想。在此背景下,寻衅滋事罪法定刑配置的趋重化,必然会将殴打、追逐、拦截、辱骂、恐吓等一些轻行为不当地归入重罪的范畴,进而使宽严相济的刑事政策和相关刑事法律制度的实施陷入一种体系性失衡。

四、寻衅滋事罪的立法分解、整合与轻罪化设置

由上可见,寻衅滋事罪既具有一定的立法补充功能,同时也存在诸多立法缺陷,并由此产生了一系列实践问题。故而,直接废止或继续保留该罪都不具有妥当性,对其进行合理的立法改造才是更为理性的选择。

(一)以保护法益为导向的类型化分解与重构

根据当代刑法理论,构成要件本应以行为所侵犯的法益类型为主要依据,去严密地构织一种行为类型;同时,作为一种补充性犯罪,其刑罚配置原本要适当低于所补充的相关犯罪的法定刑。然而,寻衅滋事罪的罪刑设计却在这两个方面都呈现出了一定的"反逻辑性"。这种"反逻辑性"的形成,其实在根本上是源于早期流氓罪的罪刑设计。

从中华人民共和国成立之后的刑法立法文件或草案来看,由于当时的立法水平有限,相关的刑法理论也尚未发展成熟,其在刑法规制的对

① 参见王文华:《论刑法中重罪与轻罪的划分》,载《法学评论》2010年第2期。

象上并非仅限于某种行为类型，而往往是将某一种或某一类犯罪人列为刑法打击对象，即着眼于某种“行为人类型”来设罪。可以说，最初的流氓罪就是在上述立法思想的影响下产生的，其完整规定见 1954 年公布的《刑法指导原则草案（初稿）》第 49 条。该条规定：“对于一贯不务正业聚赌抽头、买卖人口、侮辱妇女、腐蚀青年和其他扰乱公共秩序的流氓分子，判处五年以下有期徒刑或者流放；情节特别严重的，判处五年以上有期徒刑直至无期徒刑或者死刑。”①从该罪的构成要件设计可以发现，其所指向的并非侵犯某种特定法益的行为类型，而是一个“流氓分子”所惯常实施的行为，并且还附有兜底规定。换句话说，设置该罪的指导形象并不是某种行为类型或违法类型，而是作为行为人的“流氓分子”。

此后，虽然一些刑法草案对流氓罪的规定不再使用“流氓分子”这一用语，但其“因人设罪”的观念和做法却并未改变。例如，1963 年全国人大常委会办公厅印发的《刑法草案（修正稿）（第 33 次稿）》第 186 条规定：“聚众斗殴，寻衅滋事，侮辱妇女或者进行其他流氓行为，破坏公共秩序，情节恶劣的，处七年以下有期徒刑或者拘役。流氓集团的首要分子，处七年以上有期徒刑或者无期徒刑。”②1979 年公布的《刑法》第 160 条除对法定刑略作调整外，基本上采纳了上述刑法草案对流氓罪的规定。之后，1997 年公布的《刑法》虽然对流氓罪进行了立法分解，但在寻衅滋事罪的设置上却并未完全摆脱这一做法，“随意殴打他人”等 4 类行为依然是一个“流氓分子”所惯常实施的行为。并且，为了尽可能使各种行为方式更加鲜活地呈现出一种“流氓”形象，立法机关在该罪的罪状中还有意使用了“随意”“任意”“强拿硬要”“起哄闹事”等口语化的表达方式。

---

① 高铭暄、赵秉志编：《中国刑法规范与立法资料精选》（第 2 版），法律出版社 2013 年版，第 295 页。

② 高铭暄、赵秉志编：《中国刑法规范与立法资料精选》（第 2 版），法律出版社 2013 年版，第 336 页。

这样,也就造成了该罪的保护法益不明、构成要件缺乏明确性和严密性等诸多问题。

另外,寻衅滋事罪的法定刑配置之所以呈现出趋重化现象,在根本上也是源于其中所内含的"流氓分子"形象。自中华人民共和国成立以来,"流氓分子"一直被视为一类需要从严打击的对象,各个时期流氓罪的法定刑配置均带有重刑化倾向。其主要原因是,这类犯罪人的道德品性低下,人身危险性较大。对此,高铭暄教授作出了具体阐释:"犯这种罪的人往往以耻辱为'光荣',以追求荒淫腐朽的生活为'乐趣',以敢于扰乱社会治安为'英雄',以不怕社会舆论和司法制裁为'能耐'。这种人的是非观、荣辱观是颠倒的。他们的法纪观念简直等于零。"[①]由于寻衅滋事罪源于流氓罪,所以1997年公布的《刑法》在规定该罪时,实际上也内含了此种评价,进而造成其法定刑配置的趋重化。

然而,将行为人的某种品性或"人格"作为独立设罪并大幅提高法定刑的根据,是否符合当代刑法的理念与任务,则是不无疑问的。因为,"建立在自由的法治国基本原则基础上的一种法律制度,总是倾向于行为刑法的"[②]。在当代行为刑法的立场之下,无论设置何种犯罪,立法者需要着力构建的都应当是一种"行为类型",而不是"行为人类型"。并且,对行为类型的设置也不能仅凭经验,而是需要进一步关注其规范意义,即行为所侵犯的法益。与此同时,在刑罚的正当性根据方面,当代刑法理论也已经摒弃了绝对的报应刑论和绝对的预防刑论,而采并合主义。其中,处于支配地位的就是相对报应刑论。该说立足于刑法的法益保护目的和责任主义原则,主张把与犯罪的结果和情节(违法和责任)相

---

① 高铭暄:《中华人民共和国刑法的孕育诞生和发展完善》,北京大学出版社2012年版,第139页。

② [德]克劳斯·罗克辛:《德国刑法学总论》(第1卷),王世洲译,法律出版社2005年版,第106页。

均衡的刑罚作为处刑的上限，只有在此范围内，才有可能考虑一般预防和特殊预防的需要①。换言之，某种犯罪的法定刑配置，只需要考虑行为所可能具有的法益侵害程度和行为人的责任形式（以及与相关犯罪的协调性），而不需要考虑行为人的动机或品性等影响人身危险性的因素。

鉴于此，在立法层面彻底解决寻衅滋事罪的问题，核心就是以行为所侵犯的具体法益为导向，对其进行类型化的分解和重构。在这方面，首先需要区分的就是侵犯个人法益的行为与侵犯集体法益（公法益或超个人法益）的行为。尽管法益可以分为个人法益和集体法益两类，但从人性尊严的至高地位出发，在法益确定逻辑上应当坚持个人法益优先于集体法益的原则，即若能明确诠释为个人法益，就不能假设为集体法益。就寻衅滋事罪而言，其罪状中的前 3 类构成要件行为所侵犯的主要是个人法益，即公民的人身和财产权益；而"在公共场所起哄闹事"行为所侵犯的则是典型的集体法益（秩序法益），即公众在公共场所从事活动的自由、有序和平稳。对二者，在犯罪设置上必须要加以区分。在此基础上，对侵犯个人法益的行为，因其涉及不同的法益内容，也需要进行相应的类型化分解。

在分解之后，对侵犯不同法益类型的违法行为，可以采取如下处理方式：第一，对那些原属于其他犯罪规制范围的行为，可交由其他犯罪加以规制，必要时可对相关立法进行补充完善。第二，对那些无刑事处罚必要性的行为，可交由《治安管理处罚法》等行政性法律加以规制。第三，对那些侵犯重要法益（主要是人身法益）且需要独立规制的行为，可按照类型化的要求设置为若干基础性犯罪。同时，考虑到寻衅滋事罪原本具有补充性特征，相关行为的法益侵害程度较低，对此类犯罪应当采

---

① 参见［日］西田典之：《日本刑法总论》（第 2 版），王昭武、刘明祥译，法律出版社 2013 年版，第 16 页。

取轻罪化的设置形式。这样既能增强刑事法网的严密性,也能为此类犯罪适用简易或速裁程序,乃至适用未来的轻罪前科消灭制度等提供基本的前提。

(二)与其他犯罪的类型整合及必要的立法完善

对寻衅滋事罪进行类型化分解后可以发现,那些侵犯人身法益的行为,目前尚不存在相对独立的犯罪加以规制;而那些侵犯财产或秩序法益的行为,则大多存在相关犯罪加以规制。由此,本着循序渐进(或从易到难)的原则,可以先对侵犯财产或秩序法益的行为进行相应的立法整合与完善。

1. 侵犯财产法益行为的立法整合与完善

在寻衅滋事罪中,侵犯财产法益的行为包含 3 种表现方式,即强拿硬要公私财物、任意损毁公私财物和任意占用公私财物。其中,所谓"强拿硬要",即强行拿走或强硬地索要。立法部门将其解释为:"以蛮不讲理的手段,强行拿走、强行索要市场、商店的商品以及他人的财物。"①而这里的"强行",则既包括暴力和胁迫的手段,也包括直接强硬夺取的方式。同时,"拿走"或"索要",也是基于非法占有的目的,而不包括非法"占用",因为后一种行为方式已有专门规定(任意占用公私财物)。这样来看,强拿硬要行为所对应的犯罪类型其实是较为明确的,即抢劫罪、抢夺罪和敲诈勒索罪。任意损毁公私财物行为所对应的犯罪类型则更为明确,即故意毁坏财物罪和破坏生产经营罪。而任意占用公私财物的行为,目前还不存在所对应的财产类犯罪。

基于此,需与其他犯罪类型进行整合的行为便是强拿硬要和任意损

---

① 王爱立主编:《中华人民共和国刑法:条文说明、立法理由及相关规定》,北京大学出版社 2021 年版,第 1149 页。

毁公私财物。对后一种,由于故意毁坏财物罪本身就包含"数额较大"和"有其他严重情节"两种入罪条件,破坏生产经营罪也不存在明确的定量因素(入罪条件),所以可直接交由该两种犯罪加以规制。而对强拿硬要公私财物的行为,则需要区分情况处理。

一方面,对涉嫌抢夺罪和敲诈勒索罪的强拿硬要行为,当下可直接交由该两种犯罪加以规制。由于1997年系统修订刑法后的很长时间内,该两种犯罪只存在"数额较大"一种入罪条件,所以"强拿硬要"型寻衅滋事罪可发挥一定的补充作用。但是,2011年公布的《刑法修正案(八)》已经为敲诈勒索罪增加了"多次敲诈勒索"的入罪条件,2015年公布的《刑法修正案(九)》也为抢夺罪增加了"多次抢夺"的入罪条件。并且,近年来的司法解释已经降低了抢夺罪和敲诈勒索罪的数额标准,即对一些情节较重的情形,"数额较大"的标准可按通常标准的50%确定。[①] 考虑到我国毕竟存在"刑罚+行政处罚"的双层次制裁体系,目前抢夺罪和敲诈勒索罪的规制范围基本适当,暂不宜再降低入罪标准。

另一方面,对涉嫌抢劫罪的强拿硬要行为,可按抢劫罪论处,但需为其增设减轻犯。我国《刑法》没有为抢劫罪的成立设置明确的定量因素,但其基本犯的法定最低刑是3年有期徒刑(并处罚金),因而成立该罪必然要求达到一定的严重程度。这样,对那些判处3年以上有期徒刑太重、适用治安处罚又太轻的抢劫行为,便可"补充"适用"强拿硬要"型寻衅滋事罪。然而,将一种典型的抢劫行为弹性解释为扰乱公共秩序的犯罪,不是一种法治化的做法。所以,为抢劫罪增设轻罪性质的减轻犯,才是解决问题的根本举措。亦即,可以在《刑法》第263条中增加一段规

---

① 参见2013年最高人民法院、最高人民检察院公布的《关于办理抢夺刑事案件适用法律若干问题的解释》第2条和2013年最高人民法院、最高人民检察院公布的《关于办理敲诈勒索刑事案件适用法律若干问题的解释》第2条。

定:“情节较轻的,处3年以下有期徒刑或者拘役,并处罚金。”在国外刑法中,对抢劫罪也并非一律适用重刑。例如,《德国刑法典》第249条就规定了轻型“抢劫罪”,其法定最低刑是6个月自由刑。①

除此之外,对任意占用公私财物的行为,可直接做出罪化处理。首先,此种行为的法益侵害程度较轻,适宜交由行政性或治安性法律规制。其次,对此种行为,在报案后一般可得到及时救济,交由行政性法律规制符合刑法谦抑原则。最后,国外的刑法也很少将单纯的占用财物行为作为犯罪处理,说明将其交由其他法律规制符合通常的做法。

2. 侵犯秩序法益行为的立法整合与完善

在寻衅滋事罪中,“在公共场所起哄闹事”是一种典型的侵犯秩序法益的行为。根据相关司法解释的规定,该种行为在实践中大体表现为两类情形:一是在车站、码头、医院、商场、运动场、政府门前等现实的公共场所起哄闹事;二是编造和传播虚假信息,在网络公共空间起哄闹事。尽管“起哄闹事”这一用语具有模糊性,但该行为的实质是扰乱公共场所的正常秩序,这一点并不存在疑问。从此种行为性质来看,无论上述何种情形,我国《刑法》中都已经存在其他相关犯罪对其加以规制。

对在现实的公共场所起哄闹事的情形,所对应的相关犯罪较为集中,主要有聚众扰乱社会秩序罪,聚众冲击国家机关罪,扰乱国家机关工作秩序罪,组织、资助非法聚集罪,聚众扰乱公共场所秩序、交通秩序罪等。从这些犯罪设置来看,我国对扰乱公共场所秩序行为的刑法规制是较为克制的,即重点规制聚众性和多次性的扰乱行为,且后者还主要限于多次扰乱国家机关工作秩序的情形。同时,该类犯罪的成立一般还需满足相关条件,如“造成严重损失”“造成严重后果”“情节严重”等。在

① 参见《德国刑法典》,徐久生译,北京大学出版社2019年版,第178页。

此基础上，尽管“起哄闹事”型寻衅滋事罪具有一定的补充性，但其成立同样需要具备“造成公共场所秩序严重混乱”的入罪条件。对该条件如何解释暂且不论，其至少体现了立法者的一种入罪趋向，即虽造成混乱，但未达严重程度的，不予入罪。而如果并非聚众“起哄闹事”，只靠“单打独斗”，可能很难会造成公共场所秩序“严重混乱”。原因不仅在于行为人力量有限，而且此类行为发生后，公安人员也很容易进行及时、有效的控制或制止，所以基本不可能出现规模较大的秩序混乱现象。由此，从应然角度来讲，在已经存在相关秩序类犯罪的前提下，“起哄闹事”型寻衅滋事罪的规制空间其实是非常有限的。

对在信息网络上编造和传播虚假信息的行为，2013 年《信息网络案解释》将其认定为在网络公共空间“起哄闹事”。但是，我国《刑法》中其实已经存在专门的犯罪来规制此类行为，即编造、故意传播虚假恐怖信息罪和编造、故意传播虚假信息罪。并且，需要特别注意的是，编造、故意传播虚假信息罪是在 2013 年《信息网络案解释》发布之后，由 2015 年公布的《刑法修正案（九）》所增设，其规制范围仅限于编造和传播虚假的险情、疫情、灾情、警情的行为。这也就意味着，对编造和传播其他虚假信息（虚假恐怖信息除外）的行为，因其对社会秩序的扰乱程度较低，立法者并不主张对其做犯罪化处理。基于这一立法倾向，对在信息网络上编造和传播虚假信息的行为，由编造、故意传播虚假恐怖信息罪和编造、故意传播虚假信息罪加以规制即可，不构成该两种犯罪的较轻行为，可依照《治安管理处罚法》等行政性法律处理。但需明确，对那些意见性或批评性的言论（特别是针对公众人物、公益组织或政府的情形），即便其是基于不确切的事实，也不应轻易诉诸法律手段。①

① 参见时延安：《以刑罚威吓诽谤、诋毁、谣言？——论刑罚权对网络有害信息传播的干预程度》，载《法学论坛》2012 年第 4 期。

“实证地看,任何人类活动,除非在旷野中实施,都在某种程度上干扰他人或存在干扰他人的风险。”[①]所以,为了实现自由与秩序的平衡,对哪些扰乱公共场所秩序的行为可以交由刑法加以规制,必须要进行细致的权衡。正是基于这一考虑,国外刑法对有关扰乱公共场所秩序的犯罪也大都附加了限制条件。例如,《法国刑法典》第 431 - 3 条至第 431 - 8 条规定的“违法参加聚众滋事罪”,要求滋事行为具有聚众性;[②]《瑞士联邦刑法典》第 260 条规定的“破坏治安罪”,要求对人和物实施暴力。[③] 而在我国,除《刑法》之外,还存在《治安管理处罚法》等强有力的行政性法律来规制此类行为。[④] 因此,在相关秩序类犯罪之外另行规定“起哄闹事”型寻衅滋事罪,并不具有必要性。

不过,基于进一步严密刑事法网的考虑,也需要对其他相关犯罪进行一定的立法完善。其中,所涉及的主要就是聚众扰乱公共场所秩序、交通秩序罪。与其他聚众类犯罪相比,该罪只处罚首要分子,而不处罚其他积极参加者,这样就可能造成一定的规制疏漏。因此,对应的立法完善措施就是为其增加“其他积极参加的”这类处罚对象,并相应修改该罪的法定刑幅度。具体来讲,可以为该罪分设两个刑罚幅度,即“……情节严重的,对首要分子,处五年以下有期徒刑;对其他积极参加的,处拘役或者管制,并处或者单处罚金”[⑤]。

---

① [美]乔尔·范伯格:《刑法的道德界限:对他人的冒犯》(第 2 卷),方泉译,商务印书馆 2014 年版,第 7 页。

② 参见《法国新刑法典》,罗结珍译,中国法制出版社 2003 年版,第 145 ~ 146 页。

③ 参见《瑞士联邦刑法典》,徐久生、庄敬华译,中国方正出版社 2004 年版,第 80 页。

④ 根据我国《治安管理处罚法》规定,对实施治安违法行为者,最高可处以 15 日行政拘留,多种违法行为合并处罚还可上升至 20 日,且可并处罚款等其他处罚。

⑤ 随着轻罪的大量增设,罚金刑的适用范围也不应再局限于(或主要限于)财产性或贪利性犯罪,而应拓展至大多数轻微犯罪。

(三)侵犯人身法益行为的轻罪化设置

在进行上述立法整合和完善之后,寻衅滋事罪中所剩的就是那些侵犯人身法益的行为。该类行为既可以单独实施,也可以成为某些犯罪的手段行为,因而可称为基础性罪行。考虑到该类行为涉及价值较高的法益,且尚不存在专门的犯罪加以规制,故有必要独立设置犯罪。并且,在具体设置时还需注意以下几点要求:第一,应根据行为所侵犯的法益内容进行适当归类,并设置不同的罪名;第二,在进行犯罪设置时不能仅着眼于现有的行为方式,而是要将侵犯相同法益的类似行为也一并纳入规制范围,以实现构成要件的严密性;第三,要注意为该类犯罪增加"情节严重"等定量因素,以与同类治安违法行为相区分;[①]第四,鉴于该类犯罪的法益侵害程度相对较低,应将其设置为轻罪。

基于上述立场和要求,并参考国外的相关立法情况,可以考虑将该类行为分别设置为"暴行罪""恐吓罪""滋扰罪"三种基础性轻罪。

1."暴行罪"的独立设置

"暴行"是一种典型的侵犯公民身体安全的行为。黑格尔有言:"自由人所实施的作为暴力行为的第一种强制,侵犯了具体意义上的自由的定在,侵犯了作为法的法,这就是犯罪,也就是十足意义的否定的无限判断。"[②]亦即,不法地对他人施加暴行,是一种标准的自然犯罪。对此,"没有哪个理性的人会鼓吹将它们非犯罪化"[③]。我国《刑法》也同样制裁各种暴力或殴打行为,但要么是将其作为其他犯罪的手段或组合行

---

① 在设置该类犯罪后,应通过司法解释明确"情节严重"等定量因素的具体内容。对此可适当参考 2013 年《寻衅滋事案解释》的相关规定。

② [德]黑格尔:《法哲学原理》,范扬、张企泰译,商务印书馆 1961 年版,第 98 页。

③ [美]乔尔·范伯格:《刑法的道德界限:对他人的损害》(第 1 卷),方泉译,商务印书馆 2013 年版,第 10 页。

为,要么要求出现伤害后果,要么要求"随意"性或扰乱公共秩序,而并不存在专门规制一般性(较轻)暴行的独立罪名。

我国的立法模式尽管有刑法谦抑性方面的考虑,但也会带来如下问题:第一,只处罚特定情形下的暴行,会造成刑法对人身法益保护的不公正性。第二,司法机关面对考核压力和公众的处罚呼声,对不符合相关犯罪构成要件的较轻暴行,有时也会"灵活"地选择以重罪论处,如适用寻衅滋事罪。这也不利于保障行为人的正当权益。第三,只用刑罚处罚严重暴行,而放纵相当数量的较轻暴行,会在客观上导致国民形成"暴力不是罪,只有造成严重伤害的才是犯罪"等意识上的定位。[①] 这种意识的形成,最大的风险就是可能产生犯罪学上的"破窗效应",即"小恶演变为大恶",从而难以有效预防各种伤害后果的发生。鉴于这些问题的存在,立法上的应对之策就是将寻衅滋事罪中的"随意殴打"行为转换设置为针对一般性暴行的基础性轻罪。

从其他国家的刑法规定来看,用以规制一般性暴行的犯罪主要有两种设置形式:(1)设立可以容纳多种暴力行为的"暴行罪",如《日本刑法典》第208条规定的"暴行罪"。[②] 其中的"暴行",一般被理解为针对他人的身体实施有形力(物理力),不仅包含拳打脚踢等暴力行为,也包含通过水力、热能、冷气、电力等实施的攻击行为。[③] (2)专门针对殴打行为设立"殴打罪",如《意大利刑法典》第581条规定的"殴打罪"。[④] 从保障人身安全的周延性来看,显然"暴行罪"的设置形式更值得借鉴。不过,考虑到"殴打"是一种常态化的暴行,对其可在罪状中进行明确规定,这样也能为其他暴行的解释提供一种类比性参照。另外,在故意伤害罪之入罪标准不

---

① 参见郑泽善:《日、韩刑法中的暴行罪与伤害罪》,载《法治研究》2016年第3期。

② 参见《日本刑法典》,张明楷译,法律出版社2006年版,第76页。

③ 参见[日]桥爪隆:《论暴行罪与伤害罪》,王昭武译,载《法治现代化研究》2021年第5期。

④ 参见黄风译注:《最新意大利刑法典》,法律出版社2007年版,第196页。

变的前提下,“暴行罪”的法定刑还应与前者的法定刑形成合理衔接。

综上,我国刑法可以将“暴行罪”规定为:“殴打他人或者对他人实施其他攻击性暴行,情节恶劣的,处二年以下有期徒刑、拘役或者管制,并处或者单处罚金。”在体系位置上,可以设置在故意伤害罪之后。

2.“恐吓罪”的独立设置

在 2011 年之前,我国刑法通常将恐吓行为作为一些胁迫、强制类犯罪的手段或组合行为加以规制,如强迫交易罪、强迫劳动罪、敲诈勒索罪、强迫卖淫罪等。而在 2011 年前后对《刑法修正案(八)》的研讨过程中,考虑到“恐吓”是一些黑恶势力经常使用的手法,具有严重的社会危害性,立法机关将其纳入了寻衅滋事罪原第二类行为中加以规制。[①] 应当认为,将独立的恐吓行为纳入刑法规制范围是必要的,但却不宜将其列入寻衅滋事罪之中。因为“恐吓”主要是一种侵犯个人法益的行为,即对他人意志自由或精神健康的损害。该种法益的受害程度,并不取决于行为对社会管理秩序或公共秩序的扰乱程度。所以,合理的做法是在侵犯人身权益的犯罪中设置独立的“恐吓罪”。

从其他国家的刑法规定来看,许多国家倾向于将恐吓行为分设为两种犯罪类型:一种是针对单纯恐吓或威胁他人的行为,多称为“胁迫罪”或“威胁罪”等;另一种是针对附加某种作为或不作为要求的恐吓行为,多称为“强制罪”或“强要罪”等。例如,《德国刑法典》第 240 条和第 241 条就分别规定了“强制罪”和“胁迫罪”;[②]《日本刑法典》第 222 条和第 223 条也区分了“胁迫罪”和“强要罪”。[③] 当然,也有国家在刑法中设置了同时包含上述两种行为类型的综合性“恐吓罪”,如《新加坡刑法

① 参见王爱立主编:《中华人民共和国刑法:条文说明、立法理由及相关规定》,北京大学出版社 2021 年版,第 1151 页。

② 参见《德国刑法典》,徐久生译,北京大学出版社 2019 年版,第 172 页。

③ 参见《日本刑法典》,张明楷译,法律出版社 2006 年版,第 82 页。

典》第503条。[①] 而在笔者看来，对“恐吓”做进一步的类型区分其实并无多大必要，因为实践中基本不存在没有任何目的或意图的恐吓。如果需要对某种特殊的强制行为予以区别对待，可将其独立设罪，否则就交由“恐吓罪”统一规制即可。

据此，我国刑法可以将“恐吓罪”规定为：“以语言或行为恐吓他人，情节严重的，处二年以下有期徒刑、拘役或者管制，并处或者单处罚金。”在《刑法》分则的体系位置上，可以将“恐吓罪”设置在非法拘禁罪之后，因为后者是对他人人身自由的剥夺，而前者是对他人意志或精神自由的剥夺与限制。

3. “滋扰罪”的独立设置

在2011年公布的《刑法修正案(八)》通过之前，寻衅滋事罪的第三类构成要件行为是“追逐、拦截、辱骂他人”。尽管个别来看，该类行为直接侵犯的法益内容有所不同，但其共同点都是对他人正常生活的干扰或滋扰，即对他人私生活安宁权的侵犯。在实践中，与之类似的行为其实还有很多，如尾随、跟踪或监视他人，利用电话或信息网络反复骚扰他人，在他人住宅前摆放花圈、拉挂横幅，等等。从性质上看，该类行为主要侵犯的也是个人法益，而不是所谓的“公共秩序”。国外刑法中也存在专门规制此类行为的相关罪名，如《美国模范刑法典》第250.4条规定的“滋扰罪”，[②]《瑞典刑法典》第四章第7条规定的“骚扰罪”，[③]等等。有的国家还为该类行为专门制定了特别刑法，如日本的《关于规制跟踪尾随纠缠行为等的法律》。

---

① 参见《新加坡刑法》，刘涛、柯良栋译，北京大学出版社2006年版，第116页。

② 参见美国法学会编：《美国模范刑法典及其评注》，刘仁文等译，法律出版社2005年版，第209页。《美国模范刑法典》由美国法学会制定，其是美国联邦及各州制定刑法典的参考蓝本。

③ 参见《瑞典刑法典》，陈琴译，北京大学出版社2005年版，第7页。

在我国，随着近年来严厉惩治黑恶势力犯罪的全面开展，上述行为也逐渐引起了立法和司法机关的重视。例如，2020 年公布的《刑法修正案（十一）》增设的催收非法债务罪，就在规制内容上涉及了限制他人人身自由和跟踪、骚扰他人的行为。而在此之前，有关司法解释其实已经专门指向了所谓的“软暴力”问题，如最高人民法院、最高人民检察院、公安部、司法部于 2019 年发布的《关于办理实施“软暴力”的刑事案件若干问题的意见》。但是，对一些不具有恐吓或胁迫性质的“软暴力”，司法适用上还存在重重困境，难以形成规模化的司法控制。①

从社会发展进程来看，“法治越发达，国家对公民权利的保护就应当越全面；社会越发展，公民对权利保护的要求也就越高”②。而在当下，为了规避刑罚处罚，通过滋扰他人的私生活来实现某种目的，已经成为黑恶势力或其他违法者惯常采用的手段，并且也不仅限于非法讨债行为。因此，对其必须要强化刑法规制。基于这一考虑，在未来的刑法立法中，可以将寻衅滋事罪中的追逐、拦截、辱骂行为分解出来，并进行类型化的补充和完善，进而设置为独立的“滋扰罪”。鉴于此类行为的危害程度相对较低，其法定刑可适当减轻。

综上，我国刑法可对该罪作出如下规定：“有下列滋扰行为之一，严重影响他人私生活安宁的，处一年以下有期徒刑、拘役或者管制，并处或者单处罚金：（一）尾随、跟踪、监视他人的；（二）追逐、拦截或者以其他方式限制他人人身自由的；（三）反复辱骂和骚扰他人的。”至于其体系安排，考虑到保护法益的相似性，可以设置在非法搜查罪和非法侵入住宅罪之后。

---

① 参见黄京平：《软暴力的刑事法律意涵和刑事政策调控——以滋扰性软暴力为基点的分析》，载《新疆师范大学学报（哲学社会科学版）》2019 年第 6 期。

② 陈庆安：《恐吓类寻衅滋事罪的客观要件研究》，载《政治与法律》2013 年第 7 期。

第五章　认罪认罚从宽制度的刑法回应

2016 年 9 月,全国人大常委会授权最高人民法院、最高人民检察院在部分地区开展认罪认罚从宽制度的试点工作。随着司法经验的成熟,2018 年修正后的《刑事诉讼法》对该制度作出了相关规定。2019 年 10 月,最高人民法院、最高人民检察院、公安部、国家安全部、司法部又联合发布了《关于适用认罪认罚从宽制度的指导意见》(以下简称 2019 年《指导意见》),以进一步明确该制度的适用规则。从认罪认罚从宽制度的有关内容来看,其不仅包括程序上的从简处理,也包括实体上的从宽处罚。那么,在《刑事诉讼法》已作出相关规定的同时,作为实体法的《刑法》应如何回应这一制度,无疑就会成为一个问题。在这方面,相对主流的观点认为,应将认罪认罚作为一种法定量刑情节,明确规定在《刑法》之中。但也有论者指出,过于匆忙地修改《刑法》的相关规定,可能会造成既有量刑规范的混乱与失衡,这并不利于“可以依法从宽处理”

原则的实施。[①] 基于此类争议，本章从认罪认罚的刑法性质定位入手，对认罪认罚从宽制度的刑法回应问题展开一种新的路径探索。

一、认罪认罚的刑法性质定位

在实体法层面研究认罪认罚从宽制度，首先需要明确认罪认罚在刑法上的性质定位，由此才能为相应的体系性思考确立一个合理的前提。“倘若人们不正确地构建或者安排了刑法的体系要素，那么就有可能导致有缺陷的结果。”[②]所以，对这一问题必须要形成清醒的认识。

（一）认罪认罚的基本内涵

解决认罪认罚的刑法性质定位问题，先要明确其基本内涵。由于《刑事诉讼法》和 2019 年《指导意见》已经对认罪认罚作出了较为明确的规定，所以对其基本内涵的阐释应当依据此类规范展开。

我国《刑事诉讼法》第 15 条规定：“犯罪嫌疑人、被告人自愿如实供述自己的罪行，承认指控的犯罪事实，愿意接受处罚的，可以依法从宽处理。”其中，“可以依法从宽处理”之前的内容，是对认罪认罚的基本规定。与此同时，2019 年《指导意见》第 6 条和第 7 条还分别对“认罪”和“认罚”的具体内涵作出了规定。根据该规定，所谓“认罪”，就是指“犯罪嫌疑人、被告人自愿如实供述自己的罪行，对指控的犯罪事实没有异议”。而“认罚”则是指“犯罪嫌疑人、被告人真诚悔罪，愿意接受处罚”。由此可见，认罪认罚的核心是犯罪嫌疑人、被告人对自己的犯罪事实以

---

① 参见黄京平：《认罪认罚案件从宽处理的实体法依据——兼议刑事诉讼法修正与刑事实体规范的关系》，载《人民检察》2018 年第 17 期。

② ［德］克劳斯·罗克辛：《刑事政策与刑法体系》（第 2 版），蔡桂生译，中国人民大学出版社 2011 年版，第 64 页。

及应当受到的处罚予以认可。而且,这里的“犯罪事实”是指主要犯罪事实。犯罪嫌疑人、被告人对个别“非主要”的事实情节提出异议,或者对行为的性质、涉嫌的罪名提出辩解但表示接受司法机关处理意见的,不影响“认罪”的认定。换句话说,只要犯罪嫌疑人、被告人自愿承认(主要)不法事实系其所为,就可认定为“认罪”,而并不需要其对该事实作出准确的法律评价。[①] 在此基础上,犯罪嫌疑人、被告人真诚悔罪、愿意接受处罚的,就可以认定为“认罚”。

另需注意的是,在关于“认罪”的规范中,“自愿如实供述自己的罪行”和“承认指控的犯罪事实”(或者“对指控的犯罪事实没有异议”)之间并非递进关系,而是并列关系。也就是说,只要犯罪嫌疑人、被告人“自愿如实供述自己的罪行”或者“承认指控的犯罪事实”,就都属于“认罪”;而并不是在其“自愿如实供述自己的罪行”之后,又“承认指控的犯罪事实”的,才属于“认罪”。理由在于:一方面,行为人“自愿如实供述自己的罪行”本身就是“认罪”的表现;另一方面,认罪认罚从宽制度可以同时适用于侦查、起诉和审判阶段,即使行为人在侦查阶段没有“自愿如实供述自己的罪行”,但只要在起诉或审判阶段主动承认已查证属实的犯罪事实,也没有理由不认为其属于“认罪”,只不过从宽处罚幅度会有所限缩而已。基于此,对认罪认罚之基本内涵的准确理解就应当是:犯罪嫌疑人、被告人自愿如实供述自己的罪行,或者主动承认指控的犯罪事实,并愿意接受处罚的情节表现。

(二)认罪认罚是反映犯罪人人身危险性的量刑情节

上文已述,认罪认罚的核心是犯罪嫌疑人、被告人对自己的犯罪事

① 参见王志祥、融昊:《认罪认罚从宽制度的体系性反思与建构》,载《法学杂志》2020年第5期。

实以及应当受到的处罚，在事后进行的认可。因此，其本身不可能成为定罪的事实或情节，而只能定位于犯罪成立之后的量刑情节，且属于从宽处罚情节的范围。

从理论上讲，所谓量刑情节，一般是指刑法明确规定或者予以认可的，基本犯罪事实之外的，反映犯罪行为的社会危害性程度和犯罪人的人身危险性程度，并在法官裁量刑罚时据以决定对犯罪人从重、从轻、减轻或者免除处罚的各种主客观事实情况。① 这里的“社会危害性程度”，等同于罪行本身的严重程度。在不法与责任的阶层式评价语境下，反映犯罪行为社会危害性程度的情节，既包括体现法益侵害程度(不法程度)的事实情况，也包括体现责任程度的事实情况，如犯罪人的责任能力、犯罪的目的和动机及具体的罪过形式等。而反映犯罪人人身危险性程度的量刑情节，则涵盖所有可以体现犯罪人之再犯可能性大小的事实情况，除犯罪过程中的相关表现外，犯罪人在犯罪前的表现和犯罪后的态度同样属于考察因素。基于“并合主义”的刑罚理念，在量刑过程中，只有对上述两类量刑情节进行全面的考察和适用，才能最终满足刑罚的报应和预防需求。我国《刑法》第5条所确立的罪责刑相适应原则，本身也是“并合主义”的体现。在该条中，刑罚的轻重与犯罪人所犯罪行相适应，体现的是报应观念，即要求刑罚的轻重与犯罪行为的社会危害性相适应；而刑罚的轻重与犯罪人所承担的刑事责任相适应，体现的是预防观念，即要求刑罚的轻重与犯罪人的人身危险性相适应。② 我国《刑法》明确规定的累犯、自首、坦白、立功等量刑情节，事实上也都体现了量刑中对犯罪人之人身危险性的重视。

就认罪认罚而言，虽然其并非我国《刑法》明确规定的一种独立的量

① 参见敦宁：《量刑情节适用的理论与实践》，中国人民公安大学出版社2012年版，第12页。

② 参见陈兴良：《规范刑法学(上册)》(第4版)，中国人民大学出版社2017年版，第48页。

刑情节,但不可否认的是,其与自首、坦白、立功等量刑情节一样,都是某种可以征表出犯罪人之人身危险性的“事后态度”。也就是说,“认罪认罚是犯罪人的事后行为,和犯罪本身的违法程度以及犯罪人在犯罪时的责任程度无涉,认罪认罚更主要的是同刑罚的预防功能相关联”①。例如,对“认罪”的从宽处罚根据,意大利犯罪学家恩里科·菲利曾经指出,对刑事司法程序中的认罪者给予刑罚轻缓化之本质理由并不在于诱使其尽快认罪,而在于这种协商体现出了犯罪嫌疑人的悔罪表现和改造可能性,从而其人身危险性比未认罪者相对更低,据此应当给予其刑罚轻缓化的处遇措施。② 同样,“认罚”的实体功能也在于,其可以作为犯罪嫌疑人、被告人之人身危险性降低和存在悔罪心理的外在要素,从而成为减免刑罚的理由和根据。③ 由此说明,将认罪认罚视作一种可以反映犯罪人之人身危险性的量刑情节,是具有正当性和合理性的。

(三)认罪认罚属于酌定量刑情节的范畴

对量刑过程中所适用的情节,以刑法有无明确规定为标准,可以分为法定量刑情节与酌定量刑情节两类。前者是指刑法明文规定在量刑时应当予以考虑的情节;后者是指刑法虽未作明文规定,但根据刑法精神与有关刑事政策,在量刑时需要酌情考虑的情节。④ 根据这一划分标准,我国《刑法》总则中规定的自首、坦白、立功等情节,以及《刑法》分则在一些具体犯罪中规定的量刑情节,都属于法定量刑情节。而对认罪认

---

① 卢建平:《刑事政策视野中的认罪认罚从宽》,载《中外法学》2017 年第 4 期。

② 参见[意]恩里科·菲利:《实证派犯罪学》,郭建安译,中国人民公安大学出版社 2004 年版,第 311 页。

③ 参见李怀胜:《抵牾抑或兼容:认罪认罚从宽制度的实体法定位》,载《云南民族大学学报(哲学社会科学版)》2021 年第 2 期。

④ 参见张明楷:《刑法学(上)》(第 6 版),法律出版社 2021 年版,第 724 页。

罚，尽管自首、坦白等法定情节在具体内容上与其存在一些交叉之处，但毕竟我国《刑法》并未对其作出独立和明确的规定，所以其在性质上应归属于酌定量刑情节的范畴。

对此，也许有人会认为，既然我国《刑事诉讼法》已经对认罪认罚从宽制度作出了明确规定，那么认罪认罚从宽就不能再归属于酌定量刑情节，而应划入法定量刑情节的范围。但是，此种认识是欠缺合理性的。从刑法与刑事诉讼法的关系来看，前者属于实体法，为判断罪与非罪和量刑的轻重提供实体根据；而后者属于程序法，为定罪与量刑提供程序保障，其本身并不能为刑罚的轻重设定影响因素。虽然《刑事诉讼法》第15条对认罪认罚从宽处理的规定包含实体从宽与程序从宽两个方面，但在实体从宽方面，其实际上是提示司法人员可以根据《刑法》的有关规定和精神来对认罪认罚者予以从宽处罚，而不是令其依据本条来进行具体的从宽处罚。因为，对如何从宽处罚或者从宽处罚的幅度如何，该条并未作出明确的规定。或者说，该条规定只是提供了程序保障机制，而并未明确认罪认罚从宽的具体内涵和评价标准。由此，即便仅从形式上看，也不能认为该条是一种对量刑情节的规定。

不过，需要注意的是，酌定量刑情节虽然不是刑法明文规定的，但它是根据立法精神和有关刑事政策，从审判实践经验中总结出来的，因而其对量刑同样具有重要的意义。[①] 包括2019年《指导意见》在内的大量司法解释或规范性文件中规定的量刑情节，其实都是对相关司法经验的总结。在量刑过程中，如果不考虑这些酌定情节，也很难满足罪责刑相适应原则的基本要求。因此，将认罪认罚定位为酌定量刑情节，并不会影响对其的实际适用。

---

① 参见陈兴良：《本体刑法学》（第2版），中国人民大学出版社2017年版，第610页。

二、认罪认罚从宽处罚的刑法适用模式

从应然层面来研究认罪认罚从宽制度的刑法回应问题,还需进一步考察司法机关在当下是如何对认罪认罚者进行从宽处罚的。对此,2019 年《指导意见》第 8 条作出了原则性规定,即“结合法定、酌定的量刑情节,综合考虑认罪认罚的具体情况,依法决定是否从宽、如何从宽”。同时,考虑到认罪认罚多会与自首或坦白情节形成交叉,2019 年《指导意见》第 9 条还特别规定:“对犯罪嫌疑人、被告人具有自首、坦白情节,同时认罪认罚的,应当在法定刑幅度内给予相对更大的从宽幅度。认罪认罚与自首、坦白不作重复评价。”为了探明实践操作,并尽可能实现考察的相对统一性,笔者在山东省基层法院的范围内随机抽取了若干认罪认罚案件进行调查分析。经调查发现,司法机关对认罪认罚情节的适用,基本上是按照 2019 年《指导意见》的相关规定来进行的,并大体形成了 3 种适用模式。

(一)认罪认罚情节与自首情节结合适用

根据我国《刑法》第 67 条第 1 款和第 2 款的规定,自首的成立,一个重要条件就是犯罪人如实供述自己的罪行,或者如实供述司法机关还未掌握的本人其他罪行。而一旦犯罪人自愿如实供述自己的罪行,通常也就满足了“认罪”的成立条件。同时,由于自首是犯罪人主动将自己置于司法控制之下的,基于认罪认罚从宽的进一步激励,犯罪人“认罪”之后不认罚的情形也并不多见。因此,在司法实践中,自首与认罪认罚往往会交织在一起,从而成为一种表现更为良好的“自首”。但是,从规范层面来讲,自首毕竟不能完全涵盖认罪认罚,故不能只根据自首情节裁量刑罚。而如果针对两种情节分别加以适用,则又可能产生重复评价的问题。所以,司法机关只能将这两种情节结合在一起适用,并给予犯罪人

相较一般性自首更大幅度的从宽处罚。对此可参考以下案例。

案例一:蒋某婷容留他人吸毒案①

2017年10月至2018年3月,被告人蒋某婷在临沂市某区附近其租住房内先后4次交叉容留文某1、文某2、李某吸食甲基苯丙胺(冰毒)。2021年9月16日,被告人蒋某婷主动到公安局禁毒大队投案,并如实供述自己的犯罪事实。法院认为,被告人蒋某婷2年内多次容留他人吸食毒品,其中一次容留多人吸食毒品,其行为已构成容留他人吸毒罪。鉴于被告人蒋某婷犯罪后主动自首,可以从轻处罚,其自愿认罪认罚,可以从宽处理。据此,法院参照公诉机关的量刑建议,判处被告人蒋某婷有期徒刑7个月,并处罚金5000元。

案例二:苏某见故意伤害案②

2021年5月16日,被告人苏某见因邻里门前排水一事,与袁某1、袁某2发生争执,随即对二人进行殴打,致袁某1轻伤二级、袁某2轻微伤。争执过程中,被告人苏某见明知袁某1报警,仍留在现场等候处理,并在接受民警调查时如实供述了自己的犯罪事实,但拒绝赔偿受害人。法院认为,被告人苏某见故意伤害他人身体,致1人轻伤二级,其行为已构成故意伤害罪。被告人苏某见明知他人报警,留在现场等候处理,到案后如实供述自己的犯罪事实,构成自首,可以从轻处罚,其认罪认罚,可以从宽处理。据此,判处被告人苏某见有期徒刑1年2个月,并赔偿被害人的经济损失。

在案例一和案例二中,法院都是在认定被告人具有自首情节之后,再继续认定被告人属于认罪认罚;并且,对认罪认罚处理方式的表述都是"可以从宽处理"。这说明,法院并不是将自首与认罪认罚作为两个独

---

① 参见山东省莒南县人民法院(2021)鲁1327刑初452号刑事判决书。

② 参见山东省莒南县人民法院(2021)鲁1327刑初404号刑事附带民事判决书。

立的量刑情节进行分别评价,继而明确其各自的从宽处理方式,而是在依据自首进行从轻处罚的基础上,再做适当的从宽处罚。换言之,对认罪认罚情节,法院事实上只考虑了被告人"认罚"的事实。但从最终的量刑结果来看,其显然都是较为"宽大"的。如在案例一中,被告人蒋某婷2年内多次容留多人吸食毒品,依据我国《刑法》第354条的规定,本应在3年以下有期徒刑、拘役或者管制范围内判处较重的刑罚,但因其自首并认罪认罚,最终只判处了7个月有期徒刑并处罚金5000元;而在案例二中,被告人苏某见故意伤害他人,致1人轻伤二级、1人轻微伤,且拒绝赔偿受害人,依据我国《刑法》第234条第1款规定,原本也应在3年以下有期徒刑、拘役或者管制范围内判处相对较重的刑罚,但因其自首并认罪认罚,最终只判处了1年2个月有期徒刑并赔偿被害人的经济损失。

(二)认罪认罚情节与坦白情节结合适用

根据我国《刑法》第67条第3款的规定,犯罪人在被动归案后,如实供述自己罪行的,可以从轻处罚。而犯罪人在坦白之后再"认罚"的,就属于认罪认罚。由此,坦白与认罪认罚之间同样存在交织关系。并且,基于认罪认罚从宽的激励效应,犯罪人在坦白之后也很少出现拒不"认罚"的情形。在此情况下,为了避免重复评价,司法机关也只能将这两种情节结合在一起适用,并给予犯罪人相较于仅构成坦白更大幅度的从宽处罚。对此可参考以下案例。

案例三:马某鹏抢夺案①

2020年7月3日,被告人马某鹏在东营市某手机零售店内,趁店主不备,抢夺苹果手机1部和充电器1个。2020年7月9日,被告人马某鹏在东营市某电子专卖店内,再次抢夺苹果手机1部。2020年7月24

---

① 参见山东省东营市东营区人民法院(2021)鲁0502刑初444号刑事判决书。

日，公安民警将被告人马某鹏抓获，其归案后如实供述了犯罪事实。法院认为，被告人马某鹏抢夺他人财物，价值5520元，数额较大，已构成抢夺罪；被告人马某鹏归案后如实供述主要犯罪事实，系坦白，加之本案适用认罪认罚从宽制度，故可对其从轻、从宽处罚。据此，法院判处被告人马某鹏有期徒刑6个月，并处罚金1000元。

案例四：田某振盗窃案①

2020年7月25日、2020年11月1日和2021年4月22日，被告人田某振在山东省宁阳县先后盗窃他人两轮电动车共3辆，并于2021年4月22日盗窃他人三轮电动车上的现金100余元。2021年4月26日，被告人田某振被公安局传唤到案后，如实供述了自己的罪行。法院认为，被告人田某振以非法占有为目的，采取秘密窃取手段多次盗窃他人财物，价值共计1850余元，已构成盗窃罪。鉴于被告人田某振到案后如实供述自己的罪行，系坦白、自愿认罪认罚，所盗赃物被全部追回，且其有悔罪表现，依法可从轻处罚。据此，判处被告人田某振拘役3个月，缓刑4个月，并处罚金2000元。

在案例三和案例四中，被告人均不构成自首，但因归案后如实供述自己的罪行，均属于坦白，再加之各被告人都认罪认罚，因而都被进行了较大幅度的从宽处罚。特别是在田某振盗窃案中，虽然被告人多次盗窃他人财物，体现了较大的犯罪倾向，但因其归案后如实供述自己的罪行，自愿认罪认罚，且积极配合追回赃物，悔罪表现良好，仍然被宣告了缓刑。这一做法事实上也体现了2019年《指导意见》第8条的原则性规定，即对认罪认罚案件，应"结合法定、酌定的量刑情节，综合考虑认罪认罚的具体情况，依法决定是否从宽、如何从宽"。

---

① 参见山东省宁阳县人民法院（2021）鲁0921刑初236号刑事判决书。

(三)认罪认罚情节作为独立的酌定量刑情节适用

在犯罪人不具有自首或坦白情节的情况下,也不能排除其可能成立认罪认罚。上文已经指出,即便犯罪人在侦查阶段未如实供述自己的罪行,但只要在后续的起诉或审判阶段承认指控的犯罪事实,并愿意接受处罚的,同样属于认罪认罚。而在此种场合,认罪认罚就成了一种可以独立适用的酌定量刑情节。一般来讲,"酌定情节对宣告刑的作用力大小与该情节反映出的社会危害性或人身危险性升高或降低的程度呈正相关,需要法官结合案情做出具体判断"①。由此,只要犯罪人的认罪认罚表现反映了其人身危险性的降低,就可以对其适当从宽处罚。不过,在犯罪人并不同时具备减轻处罚情节的情况下,这里的"从宽处罚"通常是从轻处罚;如果犯罪情节轻微,也可以免予刑事处罚。依据我国《刑法》第 63 条第 2 款的规定予以减轻处罚的,则另当别论。② 对此可参考以下案例。

案例五:孙某勋袭警案③

2021 年 7 月 20 日,被告人孙某勋以影响其房屋安全为由,阻碍施工人员施工,施工人员报警后,派出所民警及辅警赶到现场处理。在民警劝阻无效,对被告人孙某勋强制传唤带离时,被告人孙某勋采用辱骂、嘴咬、抓挠、蹬踹等方式妨害处警人员执行公务,并致 1 人轻微伤。公诉机关以被告人孙某勋涉嫌袭警罪,对其提起公诉;同时,因被告人认罪认罚,建议对其从宽处理。法院认为,被告人孙某勋暴力袭击依法执行职务的警察,已构成袭警罪。鉴于被告人孙某勋自愿认罪认罚,可以从轻

---

① 冯骁聪:《酌定量刑情节规范适用的司法困境与优化路径》,载《犯罪研究》2021 年第 3 期。

② 我国《刑法》第 63 条第 2 款规定:"犯罪分子虽然不具有本法规定的减轻处罚情节,但是根据案件的特殊情况,经最高人民法院核准,也可以在法定刑以下判处刑罚。"

③ 参见山东省邹城市人民法院(2021)鲁 0883 刑初 785 号刑事判决书。

处罚；已取得被害人谅解，酌定从轻处罚。据此，法院判处被告人孙某勋拘役6个月，缓刑1年。

该案并未显示被告人孙某勋具有如实供述自己罪行的情节表现，因而其并不构成自首或坦白。但是，因其在起诉阶段承认指控的犯罪事实，并愿意接受处罚，所以被认定为认罪认罚。法院基于被告人孙某勋自愿认罪认罚的事实，明确指出，对其"可以从轻处罚"。在此，法院显然是将认罪认罚作为了一种独立的酌定量刑情节对待。同时，考虑被告人已取得被害人的谅解，最终对其判处拘役6个月，缓刑1年。可以说，2020年公布的《刑法修正案（十一）》之所以将袭警行为从妨害公务罪中分离出来单独设立袭警罪，目的就是依法严惩该类行为。① 在此背景下，对被告人孙某勋最终判处的刑罚，无疑体现了司法机关对认罪认罚者的从宽处理态度。

三、认罪认罚情节法定化的疑问

从上文的梳理和分析来看，对认罪认罚情节，司法机关大体上都是立足于其作为酌定量刑情节的基本定位，区分不同情形来加以适用，而且也并未体现出罪责刑相适应原则方面的明显不当。然而，随着认罪认罚从宽制度的深入实施，一些学者并不满足于此种适用现状，进而提出了将认罪认罚情节予以法定化的理论倡导。尽管这一倡导意在实现刑法立法与认罪认罚从宽制度的有效衔接，但其必要性和合理性是存在疑问的。

① 参见王爱立主编：《中华人民共和国刑法：条文说明、立法理由及相关规定》，北京大学出版社2021年版，第1043页。

(一)关于认罪认罚情节法定化的理论见解

虽然认罪认罚情节的法定化为许多学者所倡导,但其根据或理由却并不统一,所提的立法建议也并不完全一致。总体来看,各论者主要是从量刑情节的明确性、完善性和规范性等 3 个方面来论述认罪认罚情节法定化的正当根据。以下进行具体的梳理和说明。

其一,有意见认为,只有将认罪认罚情节法定化,才能实现该情节的明确性,进而为认罪认罚从宽制度提供相应的实体法供给。例如,有论者指出,由于我国《刑法》第 3 条明确规定了罪刑法定原则,所以定罪量刑的情节必须法定化即刑法典化;就认罪认罚从宽而言,只有刑法对其作出清晰、明确的规定,才能将参与协商的被追诉人“平等武装”起来。① 而在《刑法》没有作出明确规定的情况下,谨慎的实践部门只能继续以坦白等已有从宽事由为从宽依据,这样必然会限缩认罪认罚从宽制度在实体方面的进一步从宽。② 概言之,只有将认罪认罚情节法定化,才能合理发挥该情节所应具有的从宽处罚功能。

其二,有意见认为,只有将认罪认罚情节法定化,才能实现“事后性”量刑情节的完善性,并使其发挥更大的从宽处罚功能。这一见解主要是从认罪认罚情节与自首、坦白情节的关系入手,认为后两种情节并不能完全覆盖认罪认罚,故认为应当将其明确设置,并赋予其更大幅度的从宽处罚功能。例如,有论者指出,认罪认罚情节事实上是包含多要素的复合型情节,其除了“如实供述罪行”之外,还有自首、坦白无法包含的认罪和认罚情节,仅适用自首、坦白的处罚规则无法对后两种情节做出从

---

① 参见周光权:《论刑法与认罪认罚从宽制度的衔接》,载《清华法学》2019 年第 3 期。

② 参见李仲民:《认罪认罚从宽制度的刑法衔接探讨》,载《重庆大学学报(社会科学版)》2020 年第 6 期。

宽的处理和评价。[①] 据此，应当将认罪认罚情节法定化，并扩张其从宽处罚幅度。而在具体实现方式上，各论者的主张则并不完全一致。有论者认为，应当将认罪认罚情节融入我国《刑法》第 67 条之中，使其既产生扩张自首、坦白情节之从宽处罚幅度的效果，也可以作为一种相对独立的情节，对犯罪人适用更大的从宽处罚。[②] 也有论者认为，未来的刑法修正案应将认罪认罚情节作为《刑法》第 67 条之一进行独立规定。[③] 但在整体上扩张"事后性"量刑情节的从宽处罚幅度方面，以上两种观点是相对统一的。

其三，有意见认为，只有将认罪认罚情节法定化，才能实现人身危险性评价的规范性，从而使其不至于蜕变为"危险性"的理论。例如，有论者指出，对犯罪人人身危险性的评价必须受到规范的制约，脱离刑法规范制约的人身危险性势必如脱缰之马肆意践踏人权；而认罪认罚从宽制度是人身危险性理论的实践运用，这也就决定了该制度必须实现刑事实体法的规范化。[④] 换言之，如果不将认罪认罚情节法定化，就可能造成人身危险性评价的随意性，进而产生破坏刑事法治的风险。

（二）认罪认罚情节法定化的必要性问题

法律是对某一历史阶段社会关系的确认，在社会关系发生变化时，法律的修正就是不可避免的。但是，以调整罪刑关系为核心内容的刑法，应尽可能保持相对稳定性。一般来讲，"只有当维护刑法确定性与满

---

① 参见刘伟琦、刘仁文：《认罪认罚应作为独立的量刑情节》，载《湖北社会科学》2021 年第 4 期。

② 参见周光权：《论刑法与认罪认罚从宽制度的衔接》，载《清华法学》2019 年第 3 期。

③ 参见刘伟琦：《认罪认罚从宽制度的刑事实体法构建——兼与周光权教授商榷》，载《河北法学》2020 年第 8 期。

④ 参见陈伟、郑自飞：《认罪认罚从宽的实体规则构建》，载陈金钊、谢晖主编：《法律方法》第 25 卷，中国法制出版社 2018 年版。

足犯罪治理的社会需求之间的矛盾格外尖锐,并且后者已经显得更加重要时,刑法之变更才具有充分的理由"[①]。特别是对总则性规范,如果不涉及刑法结构的整体优化,则应尽量避免作出调整或变更。至于那些因政策变化而产生的法律适用问题,如能在司法过程中加以解决,就更无必要修正刑法。在此立场下,单就认罪认罚情节而言,其实并不存在进行法定化的必要性。

首先,刑法的明确性并不要求也不可能实现所有量刑情节的法定化。刑法的明确性来源于罪刑法定原则,该原则并不排斥对一些通常会影响刑罚轻重的重要量刑情节作出明确规定,但要求对所有量刑情节作出明确规定,这显然是强人所难。尤其是在预防刑的裁量方面,由于其是以特殊预防为目的,属于对将来的预测,为了使预测尽可能准确,需要全面、广泛地收集被告人的相关情节。[②] 这些情节既包括案中情节,也包括案外情节;既包括可以反映犯罪人人身危险性升高的情节,也包括可以反映犯罪人人身危险性降低的情节。如果对认罪认罚情节作出明确规定,那么对广泛存在的其他酌定情节是否也要作出明确规定?这显然是既不可能,也无必要的。因为既然罪责刑相适应原则承认并要求量刑时要同时考虑法定情节与酌定情节,就无须将大量的酌定情节都予以法定化。

其次,刑法中不明确规定认罪认罚情节,并不会影响罪责刑相适应原则的合理实现。无论出于何种司法目的,认罪认罚情节的适用都不能违反罪责刑相适应原则的基本要求。对这一点,2019 年《指导意见》也进行了确认。而刑法中不明确规定认罪认罚情节,并不影响将其作为酌定量刑情节适用。作为酌定量刑情节,认罪认罚情节既可以与自首和坦

---

① 周少华:《刑法的变更及其实践意义》,载《法治研究》2019 年第 6 期。

② 参见张明楷:《论预防刑的裁量》,载《现代法学》2015 年第 1 期。

白情节结合适用，也可以独立适用。在与自首和坦白情节结合适用时，认罪认罚情节可以依托于后两种情节的从轻、减轻或免除处罚功能，在法定刑幅度内对犯罪人做进一步的从宽处罚；在独立适用时，认罪认罚情节也可以发挥从轻处罚功能。如果犯罪情节轻微，认罪认罚情节也可以成为免予刑事处罚的考虑因素。同时，我国《刑法》第 63 条第 2 款还规定了针对案件"特殊情况"的酌定减轻处罚制度。从最高人民法院公布的一些核准案件来看，这里的"特殊情况"并不仅限于某些涉及国家利益的情况，也包括犯罪的动机和目的、犯罪的后果、犯罪人的认罪悔罪态度等酌定情节。[①] 据此，对一些具有"特殊情况"的认罪认罚案件，也可以经最高人民法院核准后适用减轻处罚。在当前信息化和网络化的办公条件下，这一点也并不难实现。总之，在现行制度体系下，不将认罪认罚情节法定化，也基本上不会影响对其的合理适用。为法定化而法定化，难免会造成立法上的多余或浪费。更遑论，如果立法设计不当，还可能产生重复评价的问题，这样就更加得不偿失了。

最后，人身危险性评价的科学性，也并不依赖于认罪认罚情节的法定化。人身危险性评价是对犯罪人再犯可能性的预测，体现的是个别预防需要。由于犯罪人再犯可能性的大小与其犯罪之前、之中和之后的一系列因素相关，所以，"对个别预防需要的评价应该是对与犯罪人有关的、体现再犯可能性大小的所有因素的综合评价"[②]。不可否认，犯罪人的认罪认罚态度是体现其人身危险性大小的一个重要因素，但并非对其进行法定化或规范化处理，就可以在很大程度上解决人身危险性评价的科学性问题。对人身危险性的评价（评估），关键是要根据现有的科学技术水平来构建合理的评估体系，以尽可能寻找到限制再犯危险性测量误

① 参见刘树德：《实践刑法学・总则》，中国法制出版社 2010 年版，第 241～258 页。

② 邱兴隆：《刑罚理性泛论——刑罚的正当性展开》，中国检察出版社 2018 年版，第 296 页。

差的某些客观存在。[①] 至于是否要将某个或某些影响人身危险性的酌定情节进行法定化处理,并不是问题所在。

(三)认罪认罚情节法定化的合理性问题

一些学者之所以倡导将认罪认罚情节法定化,其意图主要有两点:一是可以减少该情节在适用上的任意性,使其成为一种能够通常或平等适用的量刑情节;二是可以突破现有法定量刑情节的从宽幅度限制,使其发挥更大的从宽处罚功能。但是,从认罪认罚的实践表现和性质定位来看,这两种意图的合理性可能都是存在疑问的。

1. 单纯的"认罪认罚情节"还不足以上升为法定量刑情节

刑法中明确规定的量刑情节可以分为应当型情节与可以型情节两类。对应当型情节,司法机关并无选择适用的余地。对可以型情节,司法机关也并非可以任意选择适用或不适用,而是原则上要适用。也就是说,"立法者规定犯罪人具有某种事实情况时,可以从宽处罚或者从严处罚,其立法倾向是在一般情况下,都要从宽处罚或者从严处罚,只有在特殊情况下,才不予以从宽处罚或者从严处罚"[②]。这也就意味着,只有某种情节通常可以表现出犯罪行为的社会危害程度或者犯罪人的人身危险性的高低变化,才可能被刑法明确规定为法定量刑情节。例如,犯罪未遂通常可以表现出犯罪行为社会危害程度的降低,累犯也通常可以表现出犯罪人人身危险性的升高,故都可成为法定量刑情节。而自首或坦白情节实际上是犯罪人通过如实供述罪行,主动将自己置于刑事程序之中接受处理,其一般都能体现出人身危险性的降低,因此也可成为法定

---

① 参见文姬:《人身危险性评估方法研究》,中国政法大学出版社 2014 年版,第 1 ~ 2 页。

② 高铭暄、马克昌主编:《刑法学》(第 10 版),北京大学出版社、高等教育出版社 2022 年版,第 256 页。

量刑情节。而且,这些情节都是由相应的客观行为所形成的客观事实,所以在判断上具有相对稳定性。

然而,从认罪认罚情节的实践表现来看,如果排除自首或坦白情节的规范内容,单纯的“认罪认罚情节”还不足以上升为法定量刑情节。原因在于,对只承认所指控的犯罪事实并愿意接受处罚的单纯的“认罪认罚情节”来讲,其本质上并不是由客观行为所形成的客观事实,而只是一种主观态度的表现。① 这样也就导致,判断此种“认罪认罚情节”的真实性如何,其是否能够体现出犯罪人之人身危险性的降低,必然会具有一定的不稳定性。再加之,“认罪认罚从宽制度运行中原本就存在着一定的对价交换,侦控方可能会以包括量刑折扣在内的各种方式换取被追诉人认罪”②。由此,所谓的“认罪认罚情节”,也就可能流于形式。另外,相关实证研究还发现,近几年认罪认罚案件的上诉率已有所上升,部分被告人在上诉时明确表示,其认罪认罚并非自愿;部分被告人是先通过认罪认罚换取较轻的量刑,然后再利用“上诉不加刑”提起上诉,企图得到更轻的量刑;还有部分被告人是利用上诉拖延诉讼时间,以达到留在看守所服刑的目的。③ 此类“认罪认罚情节”不仅浪费了司法资源、影响了诉讼效率,也很难说真正体现了犯罪人之人身危险性的降低。

正是基于上述问题,2019 年《指导意见》中明确规定了对认罪认罚情节的审查制度,对不具有自愿性、真实性和合法性的“认罪认罚情节”,不予采纳和适用。这种做法其实也恰恰体现了认罪认罚情节的“酌定”性,即斟酌确定是否适用。而如果将认罪认罚情节法定化,则难免会造

---

① 参见刘伟琦、刘仁文:《认罪认罚应作为独立的量刑情节》,载《湖北社会科学》2021 年第 4 期。

② 杜磊:《论认罪认罚自愿性判断标准》,载《政治与法律》2020 年第 6 期。

③ 参见广东省人民检察院课题组:《对认罪认罚后恶意上诉行为的抗诉模式改进》,载《中国检察官》2021 年第 17 期。

成司法判断的形式化,一旦犯罪人“认罪认罚”,就会进入刑事程序的“快车道”。此种便捷处理方式固然能提升司法效率,但也很可能催生司法失误,甚至形成错案。[①] 同时,司法机关发现适用不当后再想纠正,又必然会遭遇犯罪人基于罪刑法定原则所提出的种种抗辩,从而为刑事司法制造不必要的坎坷和障碍。

2. 赋予认罪认罚更大的从宽功能也不符合罪责刑相适应原则的应然要求

我国《刑法》中规定的罪责刑相适应原则是“并合主义”刑罚观的体现。该种刑罚观的核心要求就是:在量刑时,既要考虑犯罪行为的社会危害程度,也要考虑犯罪人的人身危险性大小。前者是报应主义的要求,后者是功利主义(预防主义)的要求。但是,“并合主义”并不意味着在量刑中要对这两种要求“等量齐观”,而是应该主要考虑刑罚与已然犯罪的社会危害程度相适应,在此基础上再考虑功利因素。[②] 换言之,“刑罚在根本上是必须有目的的,但是,它也应受到报应理论之意义上的罪责原则的限制”[③]。否则就可能导致罪刑失衡,从而违反刑罚的基本公正性。

在实际的刑罚裁量过程中,“并合主义”的主要表现就是责任刑与预防刑的调和。而从责任刑与预防刑的关系来讲,由于责任刑裁量针对的是有责的不法,既体现了报应主义,也体现了责任主义,所以,“预防刑情

---

① 例如,有论者在对337份改判无罪的再审判决书研读后发现,其中竟有206起错案的被告人在原审中作出了有罪供述,且有相当数量的被告人曾明确表示“认罪认罚”。参见董凯:《认罪认罚从宽制度中的错案风险——以206起认罪错案为考察对象》,载《北方法学》2021年第5期。

② 参见陈兴良:《刑法哲学》(第6版),中国人民大学出版社2017年版,第666页。

③ [德]乌尔斯·金德霍伊泽尔:《刑法总论教科书》(第6版),蔡桂生译,北京大学出版社2015年版,第27页。

节就只能在责任刑的点之下起作用”①。但是，在责任刑的点之下考虑预防刑情节，必须要认真考察相关情节对犯罪人之人身危险性所可能具有的影响程度；而不是说，只要不超过责任刑的最高点，无论如何减免刑罚都是合理的。如果允许此种做法，则意味着只坚持了功利主义，不仅报应主义所代表的基本正义会荡然无存，刑罚的一般预防效果也难免会大打折扣。

就此来看，有关论者在立法建议中认为认罪认罚情节所设置的从宽处罚幅度可能并不合理。例如，一种有代表性的意见指出，对自首并愿意接受处罚的犯罪人，可以减轻或免除处罚；对具有坦白情节的犯罪人，如果其愿意接受处罚或者避免了特别严重后果的发生，也可以减轻或免除处罚；对单纯承认指控的犯罪事实，并愿意接受处罚的犯罪人，可以从轻或减轻处罚。② 但问题在于：第一，对自首犯而言，其同时“认罚”，并不是一种少见的现象，对此不问罪行轻重或其他可能具有的从严情节（如累犯、再犯等）而一概减轻或免除处罚，可能难以符合罪责刑相适应原则。第二，对坦白犯而言，将“认罚”与“避免特别严重后果发生”并列作为“可以减轻或免除处罚”的条件，也难言适当。因为后者除体现了人身危险性降低外，还同时减少了重大的法益侵害。第三，对既未自首也未坦白的犯罪人而言，不考虑案件的特殊情况，仅仅因为其经教育后“认罪认罚”，就可以减轻处罚，恐怕也是很不慎重的。

对认罪认罚的犯罪人，基于其人身危险性的降低，给予一定的量刑“优惠”是可以的，但这种量刑“优惠”必须要在罪责刑相适应的限度内进行，而不能适用无底线的“降格”优惠。对此，2019 年《指导意见》第 2 条也已明确指出：“办理认罪认罚案件，既要考虑体现认罪认罚从宽，又

① 张明楷：《责任刑与预防刑》，北京大学出版社 2015 年版，第 170 页。

② 参见周光权：《论刑法与认罪认罚从宽制度的衔接》，载《清华法学》2019 年第 3 期。

要考虑其所犯罪行的轻重、应负刑事责任和人身危险性的大小,依照法律规定提出量刑建议,准确裁量刑罚,确保罚当其罪,避免罪刑失衡。”在实践中,“坚持这个底线是必须的,否则,我国刑事诉讼中的认罪认罚从宽制度会演变成什么模样,对刑法关于罪与刑的规定、对刑事诉讼中职权制约的要求等会造成怎样的冲击,难以想象”①。

四、整体性的刑法回应:量刑根据的立法完善

认罪认罚情节不宜法定化,并不意味着刑法不应对其作出回应。相反,立法者应当以认罪认罚从宽制度的建立为契机,从整体层面检视我国《刑法》总则性规定的内部协调性,进而通过完善基本的量刑规范来提升其实践承载力。由此,刑法便可在较长时间内,以一种相对稳定的姿态来迎接司法实践中不断出现的新情况、新变化。而在这一方面,重点就是要完善我国《刑法》第 61 条对量刑根据(或原则)的规定。

(一)我国《刑法》中的量刑根据规定及其内容缺陷

所谓量刑根据,就是指量刑时所依据的相关事实情况。从理论上讲,量刑根据其实是罪责刑相适应原则在司法层面的基本实现方式,即量刑时应根据哪些事实情况来最终实现罪责刑之间的相互适应。基于此,刑法对量刑根据的规定应当与罪责刑相适应原则的要求保持协调,而不能出现脱节。那么,既然罪责刑相适应原则要求,刑罚的轻重要与犯罪行为的社会危害程度和犯罪人的人身危险性大小相适应,则对量刑根据的规定就需要全面反映这两个方面的事实情况。然而,我国《刑法》对量刑根据的规定却并非如此。

---

① 王敏远:《认罪认罚从宽制度疑难问题研究》,载《中国法学》2017 年第 1 期。

我国《刑法》第61条规定:“对于犯罪分子决定刑罚的时候,应当根据犯罪的事实、犯罪的性质、情节和对于社会的危害程度,依照本法的有关规定判处。”其中,“依照本法的有关规定判处”之前的内容,是对量刑根据的规定。在该规定中,对“犯罪的事实”,无论是从广义上将其界定为与犯罪行为相关联的事实,还是从狭义上将其界定为犯罪构成事实,都不可能包含犯罪之前或之后的事实情况。而“犯罪的性质”主要指的是犯罪行为构成何罪,“对于社会的危害程度”无疑是指犯罪行为的社会危害程度,二者也不可能包含犯罪之前或之后的事实情况。在这里,关键是对“情节”的理解。不可否认,这里的“情节”既包含法定情节,也包含酌定情节。但是,从《刑法》第61条规定的逻辑来看,其中的“情节”显然是指“犯罪的情节”,即犯罪过程中的情节表现,而不可能涵盖犯罪之前或之后的情节。在学界,有论者既将该条中的“情节”理解为“犯罪的情节”,同时又认为,该条中的“情节”在内容上可以包含犯罪人的罪前表现和罪后的认罪态度等情况。① 这种解释方式显然是存在逻辑悖论的。

综上,从文义解释的基本规则来看,我国《刑法》第61条所确立的量刑根据,在内容上是并不包含犯罪人在犯罪之前的一贯表现或者犯罪之后的自首、坦白、立功、认罪认罚等事实情况的。也就是说,其明显缺失了对人身危险性因素的规定。不过,在此也许有人会提出,该条中的“依照本法的有关规定判处”,当然包含依照《刑法》总则中的罪责刑相适应原则判处,因而也就不可能不考察以上事实情况。但问题是,在作为判处前提的事实根据中,并不存在这方面的规定,“皮之不存,毛将焉附”?这一点,其实也恰恰说明了我国《刑法》第61条的内容缺陷,即量刑根据

① 参见王爱立主编:《中华人民共和国刑法:条文说明、立法理由及相关规定》,北京大学出版社2021年版,第170~171页。

中规定的事实,与实际需要考察的量刑事实之间,出现了内容上的脱节。对这一缺陷,即使将认罪认罚或者更多的事前、事后酌定情节进行法定化处理,也是难以得到有效弥补的。所以,根本性的举措还是从立法上对该条规定进行适当的完善。

(二)我国《刑法》第 61 条的立法完善方式

实际上,随着认罪认罚从宽制度的实施,我国《刑法》第 61 条所存在的内容缺陷已经引起了有关学者的注意。例如,有论者就曾明确提出,应当在该条中增加被追诉人认罪认罚的情况,即将其修改为:“对于犯罪分子决定刑罚的时候,应当根据犯罪的事实、犯罪的性质、情节和对于社会的危害程度,以及犯罪分子的认罪认罚情况,依照本法的有关规定判处。”[①]但是,这一意见显然带有“头痛医头、脚痛医脚”的色彩,其他可能影响犯罪人之人身危险性的罪前和罪后因素并没有得到有效的覆盖。因此,对该条规定,必须要在参考国外相关立法的基础上,进行更大幅度的修正。

1. 国外相关立法的模式考察

从国外的立法情况来看,在“并合主义”刑罚观的影响下,许多国家的刑事法律中都为量刑根据规定了两个方面因素:一是反映罪行(罪责或责任)严重程度的因素;二是反映犯罪人再犯可能性(人身危险性)的因素。但具体的立法形式并不统一,大体可分为以下两种模式:

一种模式是先概括规定量刑时的两方面事实根据,然后再具体列举这两个方面的主要考察因素。例如,《希腊刑法典》第 79 条第 1 款规定,法院在量刑时应当考虑行为人所实施犯罪的严重程度,以及行为人的人格;第 2 款规定,法院在评价犯罪的严重程度时,应当考虑犯罪所造成的

---

① 周光权:《论刑法与认罪认罚从宽制度的衔接》,载《清华法学》2019 年第 3 期。

损害或危险、犯罪的性质、类型、对象、表现形式，以及故意或过失的程度等因素；第3款规定，法院在评价行为人的人格时，应重点考察可以反映行为人的犯罪意向的因素，如行为人实施犯罪的原因、动机或目的，行为人的个体情况和个人境况，行为人的以往表现、行为中的表现和行为后的表现等。[①]《意大利刑法典》第133条也采用了相似的立法形式。[②]《德国刑法典》第46条大体上也是采取此种立法形式，但其并未对以上两个方面的影响因素进行分别列举，而是进行了混合列举。[③]

另一种模式是对量刑时的罪责（责任）根据进行概括规定，对可能影响行为人之人身危险性的因素进行具体列举。例如，《瑞士联邦刑法典》第63条规定："法官根据行为人的罪责量刑；量刑时要考虑到被告人的犯罪动机、履历和个人关系。"[④]《丹麦刑法典》第80条第1款规定："在确定刑罚时，应当考虑犯罪之严重性和犯罪人之性格方面信息，包括犯罪人一般个人与社会情况、犯罪之前和之后表现以及犯罪动机。"[⑤]《日本改正刑法草案》第48条也规定，刑罚应当根据犯罪人的责任量定；同时，适用刑罚时，应当考虑犯罪人的年龄、性格、经历，犯罪的动机、方法与社会影响，以及犯罪人在犯罪后的态度或其他情节，这有利于抑制犯罪和促进犯罪人的改善更生。[⑥]

2. 我国立法的模式选择

在国外，无论各国对量刑根据采取何种立法模式，其大体上坚持的都是责任刑与预防刑相调和的基本立场。而从立法内容的明确性和严

---

① 参见《希腊刑法典》，陈志军译，中国人民公安大学出版社2010年版，第24~25页。

② 参见黄风译注：《最新意大利刑法典》，法律出版社2007年版，第48~49页。

③ 参见《德国刑法典》，徐久生译，北京大学出版社2019年版，第19~20页。

④ 《瑞士联邦刑法典》，徐久生、庄敬华译，中国方正出版社2004年版，第24页。

⑤ 《丹麦刑法典与丹麦刑事执行法》，谢望原译，北京大学出版社2005年版，第23页。

⑥ 参见《日本刑法典》（第2版），张明楷译，法律出版社2006年版，第125页。

谨性的角度来看，上述第一种立法模式显然是更合理的。一些国家之所以不对影响罪责的因素进行明确列举，可能是由于司法实践中对此类影响因素的认识基本不存在疑问。而在我国，由于司法机关的量刑经验并不十分成熟，责任刑与预防刑的裁量理念也尚未完全确立，所以仍需立法上作出具体的指导性规定。也就是说，在未来的刑法修正案中，可以考虑将我国《刑法》第 61 条分列为 3 款规定。其中，第 1 款是对量刑根据的概括性规定；第 2 款是对影响责任刑因素的具体列举；第 3 款是对影响预防刑因素的具体列举。同时，作为总则性规定，该条款在条文表述上应尽可能概括和周延。

具体来讲，第 1 款规定，可相应表述为："对于犯罪分子决定刑罚的时候，应当根据其所犯罪行的严重程度和再犯可能性大小，依照本法的有关规定判处。"在这里，"所犯罪行的严重程度"等同于罪责或责任的严重程度；"再犯可能性大小"，在内涵上也等同于人身危险性大小。考虑到我国刑事立法的用语习惯，以分别使用前一种表述（"所犯罪行的严重程度"和"再犯可能性大小"）为宜。同时，由于一般预防已经在罪刑规定和责任刑裁量中得到了体现，故预防刑的裁量只需重点考虑特殊预防的需求。

第 2 款规定，可相应表述为："在评价罪行的严重程度时，应重点考察犯罪的事实、犯罪的性质、情节和对于社会的危害程度，以及犯罪分子的主观责任程度。"责任刑是与责任对应或相当的刑罚，也可以说是与对不法的非难可能性程度相当的刑罚。[1] 而对不法的非难可能性程度高低，不仅取决于不法行为的客观危害程度，也会受到行为人主观责任程度的影响，如行为人的责任能力情况、具体的罪过形式表现、违法性认识或期待可能性的程度、非构成要件的目的或动机等。因此，在该款中，除

---

① 参见张明楷：《责任刑与预防刑》，北京大学出版社 2015 年版，第 239 页。

犯罪行为的客观表现外，还应加入“犯罪分子的主观责任程度”这一因素。

第3款规定，可相应表述为：“在判断再犯可能性大小时，应重点考察犯罪分子的个人情况和成长环境，犯罪的原因，犯罪前的一贯表现，犯罪中的特殊表现，以及犯罪后的认罪悔罪态度。”这一规定，反映出犯罪人之人身危险性的法定或酌定量刑情节基本上都可涵盖在内，如犯罪人是否具有特殊性格，犯罪的发生是否存在被害人过错，犯罪人是否属于累犯、再犯或有无其他违法记录，犯罪人是否存在体现再犯可能性的特殊犯罪表现，以及犯罪人犯罪后是否自首、坦白、立功、认罪认罚、退赃退赔等。同时，量刑中还应注意，已经作为责任刑裁量因素的相关事实情况，在裁量预防刑时不能再作为升高或降低宣告刑的因素考虑，否则就会形成重复评价。

最后需要指出的是，尽管预防刑应在责任刑之内考虑，已经成为其他国家普遍认可的一种刑罚裁量理念，但在我国刑事司法实践中还尚未完全确立，所以立法上也暂不宜对其作出明确规定。不过，随着量刑理论和量刑经验的不断发展成熟，我国司法机关也应尽快树立这一基本的刑罚裁量理念。

下　篇

司　法　论

第六章　醉驾治理的司法困境及其破解之策

在因酒驾、醉驾导致的恶性交通事故不断高发的背景下，2011年公布的《刑法修正案（八）》将醉驾行为纳入危险驾驶罪进行刑事治理，其目的就是通过严惩醉驾行为有效减少各类交通事故的发生。[①] 回顾10余年来醉驾治理的风雨历程，应当承认，“醉驾入刑”最初的立法目的已基本得以实现。然而，与之相伴而生的却是醉驾案件的快速增长，并由此带来了司法负担沉重、前科负面效应扩大等一系列实践问题。可以说，当前对醉驾的刑事治理已经陷入了严重的司法困境。为此，2023年12月，最高人民法院、最高人民检察院、公安部、司法部联合发布了《醉驾案件意见》，力图适度缓解过于严格的醉驾治理政策。该司法解释的实践效果如何，尚待检验。与此相随，理论层面也不能停止思考，对10余年来的醉驾治理政策进行深刻

---

① 参见全国人大常委会法制工作委员会刑法室编：《〈中华人民共和国刑法修正案（八）〉条文说明、立法理由及相关规定》，北京大学出版社2011年版，第73页。

反思,并寻求相应的问题破解之策,仍然是学界在醉驾治理研究方面的一个重要任务。

一、醉驾案件快速增长造成的司法困境

2011 年"醉驾入刑"之后,为了积极回应社会公众对交通安全的关切,公安和司法机关在醉驾治理上普遍采取了严格的刑事政策。例如,2011 年 5 月,公安部表态:"公安部门对经核实属于醉酒驾驶机动车的一律刑事立案。"[①]2011 年 9 月,公安部在《关于公安机关办理醉酒驾驶机动车犯罪案件的指导意见》中对此进行了确认。与此同时,最高人民检察院新闻发言人也表示,对醉驾案件,只要事实清楚、证据充分,检方就会一律起诉,而不会考虑情节的轻重。[②] 由此便形成了醉驾案件办理的"两个一律"原则。2013 年 12 月,最高人民法院、最高人民检察院、公安部又联合发布了《关于办理醉酒驾驶机动车刑事案件适用法律若干问题的意见》(现已失效),其中明确规定:在道路上驾驶机动车,只要"血液酒精含量达到 80 毫克/100 毫升以上的",就属于醉驾,应以危险驾驶罪定罪处罚。在这些政策性意见的指导下,"醉驾入刑"之后的几年间,"醉驾一律入罪、一律起诉、一律定罪处罚"在实践中几乎成为一种司法常态。

近几年来,为了适度缓解对醉驾的司法严苛化局面,最高人民法院在 2017 年公布的《关于常见犯罪的量刑指导意见(二)(试行)》(以下简称 2017 年《量刑意见》)中明确肯定了对有关醉驾行为可以"不予定罪

---

① 《公安部:警方对醉驾一律刑事立案》,载新京报网 2011 年 5 月 18 日,https://www.bjnews.com.cn/detail/155143957014979.html。

② 参见《最高检表态只要证据充分醉驾一律起诉》,载新浪网,https://news.sina.com.cn/o/2011-05-24/145722521110.shtml。

处罚"或者"免予刑事处罚",一些省市也在地方性司法规范中对醉驾案件的不起诉、免予刑事处罚及不作为犯罪处理等情形作出了规定。① 但是,由于理论上对这些问题尚未达成一致意见,实践中也普遍存在"求稳怕错"的思想,因而其实际效果有限,除个别地区(如浙江省)的不起诉率有所上升外,②多数地区的变化并不大,整体上还未出现明显改观。③换言之,在醉驾治理上,严格刑事政策仍然处于主导性地位,无论是观念层面还是实践层面,都还未能实现真正的转型。

不可否认,在这种严格刑事政策的长期支配下,"醉驾入刑"确实起到了有效减少各类交通事故发生的预期效果。同时,"饮酒不开车、开车不饮酒"也已成为广泛的社会共识。然而,同样不可忽视的事实是,进入司法体系的醉驾案件也随之呈现出了持续性的快速增长趋势。例如,在2012年至2014年3年间,全国法院一审审理的危险驾驶案(绝大多数为醉驾案件)就从64,896件上涨到了111,490件,增长幅度约为71.8%,其在全部刑事案件中所占的比例也从6.5%上涨到了10.7%。④到2016年,危险驾驶案件数量在全国法院刑事一审案件中已跃居第二位,且比居于第三位的故意伤害案多66%;而在2017年前10个月,危险驾驶案件数量虽仍居第二位,但仅比居于第一位的盗窃案少一成

① 关于此类地方性司法规范,可参见《部分省市醉驾起诉/不起诉标准》,载搜狐网2019年7月1日,https://www.sohu.com/a/324166946_671848。

② 参见王敏远:《"醉驾"型危险驾驶罪综合治理的实证研究——以浙江省司法实践为研究样本》,载《法学》2020年第3期。

③ 在醉驾行为的入罪条件上,公安机关几乎没有任何松动,达到酒精含量标准的一般都会移送审查起诉(除非在证据等方面出现问题)。同时,从全国检察机关的总体不起诉率来看,其也并未出现较大幅度的上升。参见童建明:《论不起诉权的合理适用》,载《中国刑事法杂志》2019年第4期。

④ 参见刘仁文、敦宁:《醉驾入刑五年来的效果、问题与对策》,载《法学》2016年第12期。

(11.85%),却比居于第三位的故意伤害案多一倍还多。① 至2019年,危险驾驶案件数量超越了盗窃案,在全部一审刑事案件的占比中位列第一位(约24.6%),数量为31.9万件,比排在第二位的盗窃案多11.1万件,比排在第三位的故意伤害案多22.2万件。②

尽管醉驾案件数量的快速增长并不能从根本上否定"醉驾入刑"的积极效果,但不断升高的发案量和急剧增加的犯罪人数量也同时带来了一系列实践问题,从而使醉驾治理陷入了严重的司法困境。

首先,醉驾案件的快速增长导致司法机关的工作压力不断增大,司法资源的分配已严重失衡。在我国,"案多人少"本就是司法机关长期以来面临的一个工作难题,而在"醉驾入刑"之后,司法机关又不得不动用大量的人力、物力去应对规模庞大的危险驾驶案件。由此,不但司法压力难以承受,而且司法资源的合理分配还受到了严重影响。毕竟,一个国家用以应对犯罪的司法资源是有限的,过多地将司法资源投入到对醉驾等轻微刑事案件的处理之中,必然会影响对严重刑事案件的司法投入力度。就犯罪治理而言,严重犯罪才是刑事防控的重点所在。这样,司法资源分配的"轻重失衡"就可能会付出沉重的代价。

其次,醉驾案件的"提速"办理造成了效率与公正的激烈冲突,刑事司法的权威性面临严峻考验。面对醉驾案件数量激增的局面,为了保证及时办理,司法机关只能简化程序、快速裁决,但一味求快,又必然会影响司法裁决的审慎性,从而导致制裁的公正性或均衡性受损。例如,在醉驾案件的缓刑适用上,个案间的失衡、地区间的失衡、适用标准的失范

---

① 参见颜九红:《醉驾型危险驾驶罪的司法认定》,载《北京政法职业学院学报》2018年第1期。

② 参见周强:《最高人民法院工作报告——2020年5月25日在第十三届全国人民代表大会第三次会议上》,载最高人民法院公报网2020年5月28日,http://gongbao.court.gov.cn/Details/e83007142dac8251d1e141641e5577.html。

等问题已经达到相当严重的程度。① 这一现象无疑会对司法裁决的权威性形成较大冲击。

最后,醉驾案件的大面积入罪处刑,还扩大了前科负面效应,加剧了社会治理风险。对醉驾行为强调一律入罪处刑,其直接导致的后果就是大量的醉驾者会成为受过刑事处罚的犯罪人。而在我国严格的前科制度下,行为人一旦受到刑事处罚,不仅要承受被开除公职、被吊销执业资格等附随后果,更会在日后的求学、就业、任职等方面受到种种不利影响,这并不利于犯罪人顺利回归社会。而且,为数量如此庞大的醉驾者贴上犯罪人的"标签",不仅会扩大社会对立面,还可能因"标签"效应的影响而诱发其他犯罪。这也不能不说是司法机关在醉驾治理上所面临的一种尴尬处境。

二、醉驾治理司法困境的成因分析与政策反思

(一)醉驾治理司法困境的形成原因

可以说,近年来对醉驾的治理已经形成了案件数量与司法投入螺旋式上涨的局面,但巨大的司法投入却并未产生理想的制裁效益,"刑事防控边际效应已呈现下降趋势"②。就醉驾治理的这一司法困境而言,不去深入分析其形成原因,而仅仅通过"速裁"或"提速办理"寻求破解之道,是难以奏效的。

直观来看,上述醉驾治理司法困境的形成,无疑源于醉驾案件数量的快速增长。那么,醉驾案件快速增长的原因又是什么?对此,不少人

---

① 参见孙硕:《缓刑视角下的醉驾刑事案件》,载《人民司法》2019 年第 10 期。

② 王敏远:《"醉驾"型危险驾驶罪综合治理的实证研究——以浙江省司法实践为研究样本》,载《法学》2020 年第 3 期。

可能会简单地得出结论:"醉驾入刑"缺乏相应的规制效果,因而无法对此类危险驾驶行为形成有效的遏制。但这一结论是失之偏颇的。一方面,"醉驾入刑"的规制效果如何,应当通过与醉驾入刑之前的情况相比较得出结论,而不能仅根据醉驾入刑之后的发案率得出结论。就这一点而言,恐怕不能直接否定"醉驾入刑"的规制效果。例如,在"醉驾入刑"实施之后的3年内,全国酒驾和醉驾的发案量与醉驾入刑之前同期相比,分别下降了18.7%和42.7%。[①] 在"醉驾入刑"实施之后的5年内,全国因酒驾、醉驾而导致的交通事故数量和死亡人数与入刑之前同期相比,分别下降了18%和18.3%。[②] 2019年上半年,因酒驾、醉驾而导致的交通事故案件数量和死亡人数,也分别同比减少了20.7%和20.4%。[③] 这些数据无疑说明,"醉驾入刑"在遏制酒驾、醉驾以及由此引发的交通事故方面是有着明显成效的。另一方面,醉驾案件数量的快速增长有多方面的影响因素,如机动车和驾驶员人员数量的大幅增加、公安机关不断强化查处力度和扩大查处范围等。例如,2011年至2017年,我国的机动车和驾驶人员数量分别增加了49.6%和80.6%;同时,公安机关对酒驾、醉驾的查处范围也开始从城市向城乡接合部和农村不断延伸。[④] 而在我国"酒文化"依然盛行、公众的交通守法意识还普遍较低的背景下,驾驶人员数量的增长和查处范围的扩大必然会带来醉驾案件数量的大幅上涨。因此,将醉驾案件数量的快速增长简单归结于"醉

---

① 参见《醉驾入刑有效果 法治入心显力量》,载人民网,http://auto.people.com.cn/n/2014/1020/c1005-25864281.html。

② 参见《"醉驾入刑"五年全国查处酒驾247万余起》,载新华网,http://www.xinhuanet.com/politics/2016-04/29/c_128942555.htm。

③ 参见《2019年上半年中国查处酒驾醉驾90.1万起》,载人民网,http://society.people.com.cn/n1/2019/0724/c1008-31251952.html。

④ 参见《"醉驾入刑"七年带来哪些变化》,载新华网2018年6月11日,https://baijiahao.baidu.com/s?id=1602931539792392405&wfr=spider&for=pc。

驾入刑”缺乏规制效果，显然并不合理。

事实上，随着风险社会的到来，各国都普遍强化了刑法的早期预防性，因此，醉驾等抽象危险犯的高发是一个必然的趋势。但是，这种客观趋势并不一定会造成刑事治理上的困境。在世界上很多的国家和地区，由于刑法没有为犯罪的成立设置定量因素，其刑事案件的数量更加庞大，不过并未由此形成类似于我国醉驾治理上的司法困境。其中一个很重要的原因，就是大多数轻微犯罪案件都在刑事诉讼程序中被“过滤”掉了。例如，德国2003年的一份统计资料显示，检察机关通过对犯罪嫌疑人不起诉、暂缓起诉，1,906,798个犯罪嫌疑人中仅有688,954人被移送法院处理。[①] 在法国，大约80%告诉或告发到检察机关的轻罪案件都是以不予追诉决定终结的，违警罪不予追诉的比例更高。[②] 由此，司法压力和刑罚负面效应在很大程度上得以缓解。

我国同样存在刑事诉讼程序中的不起诉分流机制。并且，考虑到我国地域广阔、人口众多，违法犯罪的总体规模较大，刑法在犯罪的成立上还采取了“定性+定量”的规定模式。据此就可以把那些轻微的违法行为排除在犯罪圈之外，交由行政机关处理，这样既能避免刑事司法资源不必要的浪费，又可以使相当比例的违法者免留犯罪的“污名劣迹”，从而维护社会的和谐稳定。[③] 然而，在对醉驾行为的治理上，我国却一反常态地采取了严格的刑事政策，既强调“醉驾一律入罪”，又倡导“醉驾一律起诉”，进而也就造成进入司法体系（或审判系统）的醉驾案件急剧膨胀，并带来一系列实践问题。因此，面对醉驾治理的司法困境，我们真正需要反思的并不是“醉驾入刑”的合理性或规制效果，而是这种严格刑事

---

① See Jorg-Martin Jehle, *Criminal Justice in Germany*, The Federal Ministry of Justice, 2005, p. 9.

② 参见顾永忠等：《刑事诉讼程序分流的国际趋势与中国实践》，方志出版社2018年版，第74页。

③ 参见储槐植：《刑事一体化论要》，北京大学出版社2007年版，第118～119页。

政策的正当性或妥当性问题。

(二)“醉驾一律入罪”的正当性反思

关于醉驾行为是否一律入罪的问题,在学界曾引发了激烈的争论,并大致形成了“肯定论”与“否定论”两类见解。① 由于公安机关和检察机关(早期)持“肯定论”立场,“醉驾一律入罪”的做法在实践中取得了主导性地位。虽然最高人民法院在2017年《量刑意见》中已经明确规定了对“情节显著轻微危害不大”的醉驾行为不予定罪处罚,但是这一做法也未有明显落实。甚至一旦有些地方对这种政策导向有所松动,就有论者进行批评和指责。② 鉴于此,破解醉驾治理的司法困境,首先就需要对这一政策导向进行深刻的理论反思。

第一,《刑法》分则在醉驾型的危险驾驶罪的规定中未设置明确的定量因素,是否就意味着醉驾应当一律入罪?关于“醉驾一律入罪”的合理性,一种直观的见解就是:《刑法》分则对醉驾行为构成危险驾驶罪只规定了“醉酒驾驶机动车”,而并未设置“情节恶劣”等明确的定量因素,因此,在其入罪标准上就不应再区分情节或危害的轻重。③ 但是,在《刑法》分则中,未明确设置定量因素的犯罪还有很多,如非法拘禁罪,非法搜查罪,非法侵入住宅罪,引诱、容留、介绍卖淫罪等。而且,在我国《治安管理处罚法》等行政性法律中还往往规定了对同类违法行为的行政处罚。如果将非法拘禁、非法搜查等行为一律入罪,那么这些行政处罚规

① 参见陆诗忠:《论“危险驾驶罪”司法适用中的几个疑难问题》,载《甘肃政法学院学报》2018年第2期。

② 例如,针对浙江省放宽醉驾入刑标准的做法,就有一些论者表达了明确的反对意见。参见徐建辉:《“醉驾入刑”不应随意松动》,载《人民法院报》2019年10月12日,第2版;汪昌莲:《小区醉驾“松绑”的口子开不得》,载《梅州日报》2019年10月11日,第2版。

③ 参见戴玉忠:《醉酒驾车犯罪相关法律规定的理解与适用》,载《检察日报》2011年6月20日,第3版。

定又如何得以适用？实际上，我国《刑法》第13条中的“但书”已经对此类违法行为的入罪标准作出了概括性的限制，即“情节显著轻微危害不大的，不认为是犯罪”。这一规定也是从刑法层面对我国“刑罚+行政处罚”之双层次制裁体系的明确揭示。“在刑法教义学与刑法解释论的范畴内，如果我们承认《刑法》总则规定对分则构成要件的解释与适用具有约束力，就不能否认‘但书’规定对解读与适用作为《刑法》第133条之一规定的危险驾驶罪构成要件的制约性。”①也就是说，对那些情节显著轻微、危害不大的醉驾行为，不能认为其符合了醉驾型的危险驾驶罪所预设的构成要件。

第二，醉驾行为中的“醉酒”，是否属于醉驾型的危险驾驶罪的定量因素？在承认醉驾型的危险驾驶罪的构成要件行为亦包含定量因素的基础上，对这种定量因素的具体内容，学界仍然存在不同的认识。一些倡导“醉驾一律入罪”的论者认为，“醉酒驾驶机动车”中的“醉酒”本身就是该行为的定量因素。因为，立法者在作出这一规定时就已经考虑到了“醉酒”驾驶和普通的“饮酒”驾驶在社会危害程度上的差异；②所以，“我们就没有必要在此多此一举地认为仍需再受刑法第13条‘但书’的限制”③。笔者认为，这种对定量因素的认识是不正确的。在“定性+定量”的犯罪成立模式中，“定性”是对行为类型的确定，而“定量”则是从数额、情节、结果等方面对符合某种行为类型的违法行为之危害（或危险）程度的限定，二者共同组成某种犯罪的（客观）构成要件。尽管醉驾比普通的酒驾危险程度要高，但二者是两种不同的行为类型。就醉驾是否符合犯罪构成要件而言，仍然需要从情节或危害等方面来判断定量因

---

① 梁根林：《“醉驾”入刑后的定罪困扰与省思》，载《法学》2013年第3期。

② 参见邓红梅：《“醉驾一律入罪”的四维论证》，载《湖北社会科学》2014年第11期。

③ 陈伟：《醉驾：“一律入刑”还是“区别对待”》，载《法制与社会发展》2012年第1期。

素是否具备，这也是《刑法》第 13 条“但书”规定的应有之义。

在其他类似的犯罪中也是如此。例如，2015 年公布的《刑法修正案（九）》之所以将考试作弊类犯罪的成立范围限定在“法律规定的国家考试”中，主要就是考虑到在这类考试中实施作弊行为，相较于在其他一般考试中实施作弊行为危害更重。但是，不能由此而认为，这种范围限定就是该类犯罪的定量因素，进而倡导将此类行为一律入罪，2015 年 12 月修正的《教育法》为该类行为所规定的行政处罚措施势必就难以得到适用。① 这既不合法，也不合理。

第三，醉驾型的危险驾驶罪的抽象危险犯性质，是否就决定了醉驾行为应一律入罪？有论者认为，醉驾型的危险驾驶罪在性质上属于抽象危险犯，而抽象危险犯是立法者对社会风险的法律拟制，不能通过反证现实危险不存在来收缩其成立范围，只要行为人实施了醉驾行为就应成立犯罪。② 从理论上讲，醉驾型的危险驾驶罪确实属于一种抽象危险犯。在国外，对该种犯罪也存在不允许通过“反证”来否定其刑事可罚性的观点。③ 但是，更多的学者主张，抽象危险犯是可以通过反证抽象危险不存在来出罪的。④ 笔者认为，后者的见解是合理的。因为，如果承认犯罪的

---

① 针对在国家教育考试中实施的非法获取试题或答案、替考、组织作弊等行为，该法第 79 条和第 80 条分别规定了取消考试资格或考试成绩、责令在一定期限内停止参加考试，以及由公安机关处以罚款或拘留等行政处罚措施。如果将其一律入罪，则势必会架空这些行政处罚规定。

② 参见陆诗忠：《论“危险驾驶罪”司法适用中的几个疑难问题》，载《甘肃政法学院学报》2018 年第 2 期。

③ 参见［德］克劳斯·罗克辛：《德国刑法学总论》（第 1 卷），王世洲译，法律出版社 2005 年版，第 280 页。

④ 参见［日］山口厚：《刑法总论》（第 3 版），付立庆译，中国人民大学出版社 2018 年版，第 46 页；［日］前田雅英：《刑法总论讲义》（第 6 版），曾文科译，北京大学出版社 2017 年版，第 61 页；张明楷：《刑法学（上）》（第 5 版），法律出版社 2016 年版，第 168 页；付立庆：《应否允许抽象危险犯反证问题研究》，载《法商研究》2013 年第 6 期。

本质是法益侵害,那么,将一些对保护法益并无任何危险的行为认定为犯罪,就是不妥当的。比如,深夜在荒野道路上醉驾的行为,就不宜认定为犯罪。更何况,在我国,受《刑法》第13条"但书"规定的制约,即便某种抽象危险犯的客观行为的确具备了一定的现实危险,也有可能因危险程度极低而被排除在符合犯罪构成要件行为的范围之外。例如,持有型犯罪也属于抽象危险犯,但是,不能认为非法持有一颗子弹的行为也构成我国《刑法》所规定的非法持有、私藏枪支、弹药罪。换句话说,在我国,抽象危险犯之客观行为的存在并不意味着抽象危险犯的成立,该种行为是否符合某种犯罪的客观构成要件,还需要具体考察行为本身所体现的危险程度。

第四,立法机关对《道路交通安全法》的相关修正,是否可以成为"醉驾一律入罪"的正当理由?伴随着刑法中的"醉驾入刑",2011年4月修正的《道路交通安全法》对醉驾行为也取消了拘留、罚款等处罚措施,而改为"依法追究刑事责任"。据此,一些人可能就"顺理成章"地得出结论:醉驾应当一律入罪。在此首先要承认,立法机关对《道路交通安全法》的上述修正确实不太缜密和周全,但是,这也并不意味着再对醉驾行为予以行政处罚就缺失了法律依据。一方面,《道路交通安全法》对醉驾行为规定的"依法追究刑事责任",在实体层面是指依照《刑法》总则和分则的所有相关规定来决定是否以及如何追究刑事责任,因而也就不能排除依照《刑法》总则第13条中的"但书"规定不予追究刑事责任,否则就不是严格意义上的"依法"。另一方面,对醉驾行为不予追究刑事责任,仍然可以依照《道路交通安全法》给予行政处罚。对此,除了可以按"醉酒驾驶"实施吊销机动车驾驶证等资格性处罚措施外,还可以同时适用该法为"饮酒后驾驶"所规定的拘留、罚款措施。因为,"虽然从字面意义上讲,《道路交通安全法》修正案区分了'饮酒后驾驶'与'醉酒驾驶',但80mg/100ml的醉驾标准当然包含了80mg/100ml以下的酒后驾驶的标准,即醉驾可以当然解释为'饮酒后驾驶'"①。不过,需要注意的是,这属于行政处罚上的"举轻以明重",不能与刑法上的行为类型界定相混淆。

综上所述,对醉驾行为主张一律入罪,无论在法律上还是理论上都是站不住脚的。片面坚持一律入罪的政策导向,只会架空我国"刑罚+行政处罚"之双层次制裁体系所应有的处罚分流功能。在实践中,2023年《醉驾案件意见》的出台,其实重点解决的就是上述问题。例如,该意见第12条第1款不仅明确肯定了对醉驾行为可以依据《刑法》第13条"但书"出罪,而且还具体列举了一些情节显著轻微危害不大的醉驾情形。又如,该意见第20条也明确规定,对不构成犯罪的醉驾行为,公安机关除给予行为人吊销机动车驾驶证的行政处罚外,还应当按照《道路交通安全法》规定的饮酒后驾驶机动车的相应情形,给予行为人罚款、行政拘留的行政处罚。由此,随着该意见的实施,对醉驾是否一律入罪的问题,理论上不应再出现争议或疑问。

(三)"醉驾一律起诉"的妥当性反思

在学界,对醉驾是否一律入罪的讨论较多,而对醉驾行为入罪后是否应当"一律起诉",则缺乏应有的关注。由此也就导致很长一段时间内,这一政策导向在实践中被认为是"当然合理"的,对醉驾案件应有的不起诉分流机制基本上予以忽视。例如,在个别省份的个别年份,甚至出现过全年只有1起醉驾案件适用酌定不起诉的情况。② 应当承认,在"醉驾入刑"初期,严格把握醉驾案件的起诉标准确有必要,但这种"一

---

① 周详:《"醉驾不必一律入罪"论之思考》,载《法商研究》2012年第1期。

② 参见蔡巍:《"醉驾"不起诉裁量权的适用及完善》,载《苏州大学学报(哲学社会科学版)》2019年第5期。

律起诉而不敢不起诉”的做法显然也忽视了起诉法定主义与起诉便宜主义的协调性。

从刑事起诉制度的发展来看，在20世纪20年代之前，受刑罚报应主义的影响，起诉法定主义占有主导性的地位，即对具备起诉条件的犯罪，公诉机关必须提起公诉。但在实践中，这种起诉制度也逐渐暴露出了诸多弊端，如忽视个案情况及犯罪人人身危险性大小而形成的司法严苛化，不区分罪行轻重一律起诉导致的司法资源紧张，过度适用短期自由刑产生的交叉感染，以及由犯罪“标签”效应造成的大量犯罪人社会复归困难等。在此背景下，随着目的刑理论的形成和发展，20世纪20年代后，起诉便宜主义便应运而生。“所谓起诉便宜主义，是指虽然具有犯罪的客观嫌疑，具备起诉条件，但起诉机关斟酌各种情形，认为不需要起诉时，可以裁量决定不起诉。”①其主要的制度表现形式就是微罪不诉、暂缓起诉或附条件不起诉等。由于起诉便宜主义在一定程度上克服或缓解了起诉法定主义的上述弊端，因而被世界各国广泛采纳。我国的酌定不起诉、附条件不起诉制度等，同样是起诉便宜主义的重要体现。可以说，“在现代刑事诉讼中，起诉法定主义和起诉便宜主义并存相济已成定势，一元独立则难以立足，调和即合作是最佳选择”②。

从刑事政策的角度来讲，采取起诉法定主义和起诉便宜主义相结合的诉讼模式，体现的是一种“抓大放小”的策略思想，是对刑事制裁整体效益的追求。受司法资源有限性的制约，“整体效益是犯罪控制系统乃至各项控制措施进行功利评定的基本标准，也是刑事政策调整和控制措施变更的基本依据”③。在西方国家，由于其犯罪成立标准中不包含定

① 宋英辉等：《刑事诉讼原理》(第3版)，北京大学出版社2014年版，第192页。

② 汪建成：《冲突与平衡——刑事程序理论的新视角》，北京大学出版社2006年版，第240页。

③ 储槐植：《刑事一体化论要》，北京大学出版社2007年版，第281页。

量因素,因而犯罪圈十分广阔。为了实现刑事制裁的整体效益,其普遍采取的就是“轻轻重重”的刑事政策。其中,“轻轻”的一个主要表现就是将大量的轻微犯罪作不起诉处理。我国宽严相济的刑事政策同样是对刑事制裁整体效益的追求,对一些轻微犯罪适用酌定不起诉或附条件不起诉制度也是“宽”的一面的表现。尽管我国《刑法》中不存在明确的犯罪轻重分层,但法定最高刑只是拘役的危险驾驶罪无论如何都属于轻微犯罪的范畴,对其严格限制不起诉制度的适用很难说是符合宽严相济刑事政策基本要求的。

在实践中,不能因为醉驾案件“量大高发”就片面强调“一律起诉”所形成的刑罚压制效果。交通犯罪的明显特征就在于其大量性和划一性,如果一律起诉,不仅司法资源难以承受,而且还可能导致“刑罚通货膨胀”和刑罚感受力下降等负面后果。[①] 同时,考虑到犯罪的“标签”效应和短期自由刑的弊端,对醉驾行为贯彻宽严相济刑事政策中“严”的一面,应重点体现在通过严格查处来打消行为人的侥幸心理,而不是对行为人一律起诉、一律处刑,甚至一律判处实刑。“因为,即便是最小的恶果,一旦成了确定的,就总令人心悸。”[②]在这一方面,也不能认为,只有起诉后定罪处刑才能实现相应的特殊预防效果。根据我国《刑事诉讼法》第 177 条第 3 款的规定,作出不起诉决定后依然可以对被不起诉人进行行政处罚或处分。这种“不起诉与行政制裁相结合”的处理方式同样可以起到特殊预防效果,甚至效果更好。例如,据相关调查,被酌定不起诉人员的重新犯罪率要明显低于缓刑犯和刑满释放人员的再犯率。[③]

---

① 参见[日]森本益之等:《刑事政策学》,戴波等译,中国人民公安大学出版社 2004 年版,第 257 页。

② [意]贝卡里亚:《论犯罪与刑罚》,黄风译,中国法制出版社 2002 年版,第 72 页。

③ 参见赵鹏:《酌定不起诉之现状考察及完善思考》,载《法学》2011 年第 9 期。

另外,由于我国《刑法》所设立的犯罪包含定量因素,犯罪成立标准较高,因而不起诉制度的适用率也一直较低。[①] 但是,随着近几次刑法修正不断增设危险驾驶罪等轻型犯罪,我国轻微犯罪的发案量也逐年升高。在此情况下,继续限制不起诉制度的适用,难免会形成司法压力不堪重负、社会对立面急剧扩大的局面。这一点在醉驾治理过程中已经表现得十分明显。所以,及时扭转"醉驾一律起诉"的政策导向,使不起诉制度应有的司法分流功能得以充分发挥,才是未来醉驾治理的必由之路。

三、醉驾治理司法困境的破解之策

由上可见,造成醉驾治理司法困境的主要原因并不是醉驾案件在客观上的增长,而是"两个一律"的政策导向架空了我国双层次制裁体系和不起诉制度应有的案件分流功能。因此,破解醉驾治理的司法困境,对应性的路径选择就是充分激活《刑法》第 13 条"但书"的出罪功能和不起诉制度的司法分流功能,从而使醉驾治理真正回归到贯彻宽严相济刑事政策的轨道上来。

在实践中,最高司法机关对此已经有所认识。例如,最高人民法院在 2017 年《量刑意见》中就明确肯定了对醉驾行为可以依据"但书"出罪。2019 年,最高人民检察院副检察长童建明专门撰文指出:"检察机关应从理念更新、制度创新和配套措施完善等方面进一步激发广大检察人员敢用善用不起诉权的勇气和信心,促推不起诉权的规范行使。"[②]有

---

① 尽管近年来不起诉案件的数量有所增长,但占审查起诉案件数量的比例依然偏低。参见童建明:《论不起诉权的合理适用》,载《中国刑事法杂志》2019 年第 4 期。

② 童建明:《论不起诉权的合理适用》,载《中国刑事法杂志》2019 年第 4 期。

些地方的政法机关也对醉驾案件的分流处理方式进行积极探索。其中,比较有代表性的就是2019年浙江省高级人民法院、浙江省人民检察院、浙江省公安厅联合发布的《关于办理"醉驾"案件若干问题的会议纪要》(以下简称2019年浙江省《醉驾案件会议纪要》)。2023年《醉驾案件意见》的出台,则进一步将醉驾案件的行刑衔接和司法分流问题引向深入。

然而,无论是对醉驾行为依据"但书"出罪,还是对醉驾案件进行不起诉分流,如果具体的实现方式、适用标准以及相关的制度完善等问题不能得到全面的澄清与解决,那么即便进行了某种倡导,也未必会使二者的功能得到合理和有效的释放。因此,为了在法律和制度层面真正打通这两种案件分流路径,对此类问题必须要进行深入的探讨。

(一)对醉驾行为依据"但书"出罪的司法贯彻

1. 醉驾行为"但书"出罪的实现方式与考察因素

所谓"但书"出罪,一般来讲,就是依据《刑法》第13条中的"但书"规定,将那些"情节显著轻微危害不大"的违法行为排除在犯罪之外(改作行政处罚)。也就是说,符合"但书"规定的违法行为原本是不构成犯罪的,在入罪与出罪的司法考量中,应对其作出罪处理。不过,在依据"但书"出罪的具体实现方式及其考察因素方面,学界还存在不同认识,对此需要予以澄清。

一方面,依据"但书"出罪不能在犯罪构成之外实现。关于"但书"出罪的具体实现方式,学界大体有两种意见。一种意见主张在犯罪构成之外实现,即在认定某种行为符合犯罪构成的前提下,再以其符合"但书"的规定为由将其排除在犯罪之外。[①] 另一种意见主张在犯罪构成之

① 参见储槐植、张永红:《善待社会危害性观念——从我国刑法第13条但书说起》,载《法学研究》2002年第3期。

内实现，即在判断某种行为是否符合犯罪构成时，同时以“但书”的限制性规定为指导，如果行为符合“但书”的规定，则不能认为其符合犯罪构成，应当宣告无罪。[①] 前一种意见显然并不合理。因为在法律上，犯罪构成是决定某种行为是否成立犯罪的唯一标准，认定某一行为符合犯罪构成之后再通过“但书”规定予以出罪的做法，是违反法律适用逻辑的。后一种意见则值得肯定，因为其不仅避免了以上逻辑缺陷，而且还兼顾了犯罪概念与犯罪构成的统一性。“犯罪概念是犯罪构成的基础，犯罪构成是犯罪概念的具体化。”[②]而“但书”本身就是《刑法》第 13 条所规定的犯罪概念的一部分，其是从反面说明哪些行为不是犯罪，因此该内容也必须要在犯罪构成的评价体系内予以考量。这样，对符合“但书”规定的行为，就不能认为其符合犯罪构成。换言之，“但书”实际上是“对犯罪构成进行实质解释的法律依据”[③]，其与“犯罪构成是认定犯罪的唯一标准”这一前提并不冲突。基于此，对醉驾行为可以依据“但书”出罪，但是必须要在犯罪构成的框架之内进行考量。

另一方面，某种行为是否符合“但书”规定，应当考察违法层面的客观因素。按照阶层式犯罪构成体系，认定某种行为是否构成犯罪所依据的评价因素，大体可分为违法（包括构成要件符合性和违法性）与责任两个层面的评价因素，[④]且通常认为，“违法是客观的，责任是主观的”[⑤]。而从我国《刑法》第 13 条的规定逻辑来看，“但书”实际上是从反面提示了“危害社会的行为”构成犯罪所需达到的客观危害程度，即只有不属于

---

① 参见张明楷：《刑法学（上）》（第 5 版），法律出版社 2016 年版，第 91 页。

② 高铭暄、马克昌主编：《刑法学》（第 8 版），北京大学出版社、高等教育出版社 2017 年版，第 50 页。

③ 熊伟：《论“醉驾不必一律入罪”》，载《法学论坛》2012 年第 6 期。

④ 参见张明楷：《犯罪论的基本问题》，法律出版社 2017 年版，第 9 页。

⑤ ［日］前田雅英：《刑法总论讲义》（第 6 版），曾文科译，北京大学出版社 2017 年版，第 17 页。

"情节显著轻微危害不大的",才可能成立犯罪。[①] 因此,在阶层式犯罪构成体系中,对某种行为是否符合"但书"的规定,只能从违法(或实质的构成要件)层面进行客观的评价。"但书"中的"情节",也只能被限定为"行为过程中影响不法程度的各种情况,如法益的性质、行为的危险与实害结果等",[②]而不应包括与行为的违法程度(或严重程度)无关的一些主客观事实情况,否则就意味着脱离构成要件对"情节"的内容予以评价。

例如,在醉驾行为是否属于"情节显著轻微危害不大"的考察因素上,有观点认为,实践中除应考虑醉酒的程度、道路的状况、醉驾的距离、行驶的速度、车辆的类型等客观因素外,还应考虑行为人的个人因素,如行为人是老年人、无酒后驾驶前科、认罪悔罪态度好等情节,以及为了逃避不法侵害或者抢救危重病人而醉驾的动机情况。[③] 2019 年浙江省《醉驾案件会议纪要》也从"反面"规定了"情节显著轻微"的排除事由,如行为人有酒驾或醉驾前科的,在诉讼期间拒不到案或者逃跑的等。在 2023 年《醉驾案件意见》对"情节显著轻微危害不大"的考察因素中,除醉酒程度、醉驾场所、行驶距离等因素外,也同样包含与紧急避险相关的因素,即"出于急救伤病人员等紧急情况驾驶机动车,且不构成紧急避险的"。然而,问题在于:第一,行为人是老年人还是青年人,与其醉驾行为本身的严重程度并无直接关系,因而不能成为构成要件的评价因素;第二,行为人在醉驾前后的表现,可以反映其人身危险性的大小,但与醉驾行为本身的严重程度无关,因而也不能成为构成要件的评价因素;第三,行为人醉驾的动机或目的,可以影响行为人的责任程度,但不能直接说

---

① 就是否最终成立犯罪而言,还取决于责任能力、主观罪过等条件是否具备。

② 参见张明楷:《刑法学(上)》(第 5 版),法律出版社 2016 年版,第 90 页。

③ 参见逯星:《醉驾司法出罪的学理展开与路径分析》,载《政法论丛》2013 年第 4 期。

明醉驾本身的违法程度,因此同样不属于构成要件的评价因素。这些因素可以在后续的处罚或者决定是否起诉时予以考虑,但将其置于"但书"的评价范围是不适当的。

当然,为了逃避不法侵害或抢救危重病人而醉驾并构成紧急避险的,也可以阻却违法,从而不构成犯罪。① 但是,这并不是"但书"意义上的"出罪"(仅排除刑事可罚性),而是"阻却违法事由将行为的所有违法性都带走了"②。另外,即使要对不构成紧急避险的紧急情况下的醉驾行为做出罪处理,也应在责任层面加以探讨。如果认为特定情况下,行为人不具有实施适法行为的可能性(期待可能性),则可以阻却责任,进而不成立犯罪。如果通过"但书"出罪,则难免会将那些高速行驶并形成较大危险的醉驾行为认定为"情节显著轻微危害不大",这在文意解释上可能是难以接受的。

2. 醉驾行为"但书"出罪的具体适用标准

在明确了依据"但书"出罪的适用方式与考察因素之后,还需要注意,"但书"作为一种总则性规定,可以成为对构成要件进行实质解释的法律依据,但就具体的适用标准而言,则必须要依托于分则中不同的犯罪类型加以把握。醉驾型的危险驾驶罪属于抽象的危险犯,而抽象危险本质上是一种可能性的法益侵害危险。③ 这种"可能性"在实践中必然存在高低差异,进而形成不同的危险程度。因此,醉驾行为的危害性大小就直接表现为危险程度的高低。那么,何种危险程度的醉驾行为才符

---

① 例如,2020 年夏季在河北省康保县发生的张某醉驾抢救病人案,便属于此类情形。参见张海:《抢救病人,醉驾无罪》,载河北省张家口市康保县人民检察院网 2024 年 4 月 10 日,http://www.hekangbao.jcy.gov.cn/jcdt/202009/t20200911_2956524.shtml。

② [德]许迺曼:《区分不法与罪责的功能》,彭文茂译,载许玉秀、陈志辉编:《不疑不惑献身法与正义——许迺曼教授刑事法论文选辑》,台北春风煦日论坛 2006 年版。

③ 参见周光权:《刑法各论》(第 3 版),中国人民大学出版社 2016 年版,第 155 页。

合“但书”规定的“危害不大”？

在这方面，有论者主张，《刑法》第13条“但书”的适用范围应限定于那些根本不可能创设抽象危险的醉驾行为，如夜深人静时，在根本无人行走甚至已经长久无人来往的道路上醉驾的。[①] 对此，笔者在上文中已经述及，这种反证抽象危险不存在的出罪方式，与依据“但书”出罪其实并不相同。在醉驾案件中，《刑法》第13条“但书”的实质是将危险程度不高（危害不大）的醉驾行为排除在构成要件之外，而并不是只有那些根本不可能创设抽象危险的醉驾行为才符合“但书”的规定。这种出罪方式源自我国“定性+定量”的犯罪成立模式，与国外“只定性、不定量”的犯罪界定方式不可同日而语。从理论上讲，那些根本不可能创设抽象危险的醉驾行为也当然不构成犯罪，但其原因是缺乏犯罪成立的客体要件（保护法益），而不是“情节显著轻微危害不大”。如果将“但书”的适用范围只限定于“不可能创设抽象危险的醉驾行为”的情形，则实属“张冠李戴”。[②]

尽管如此，对“但书”的适用标准也不能任意解释。笔者认为，由于依据“但书”出罪的目的是进行处罚分流，即将“尚不够刑事处罚”的违法行为划入行政处罚范围，所以，行政处罚的范围和强度就成为一种重要的参考标准。在实践中，对酒后驾驶行为，区分刑事违法与行政违法的主要标准就是驾驶人血液中的酒精含量：达到80毫克/100毫升以上的属于醉驾，原则上要进行刑事处罚；达不到这一标准的属于普通的酒驾，通常只需给予行政处罚。然而，影响酒后驾驶行为危险程度的因素除酒精含量以外还有很多，如驾驶的时间、路段、速度、距离，车辆的类型和状况，有无其他交通违法，是否造成实害等。由此，尽管驾驶人血液中

---

① 参见梁根林：《“醉驾”入刑后的定罪困扰与省思》，载《法学》2013年第3期。

② 参见周详：《“醉驾不必一律入罪”论之思考》，载《法商研究》2012年第1期。

的酒精含量已适度超过了醉驾标准,但如果其他方面的情节较轻,其危险程度也未必一定高于情节较重的普通酒驾行为,对驾驶人适用吊销驾驶资格、拘留、罚款等行政处罚措施也未尝不可。

根据2023年《醉驾案件意见》第12条第1款的规定,一些醉驾情形之所以属于"情节显著轻微危害不大",主要就是因为驾驶的场所、距离和速度一般不可能产生较大的危险。例如,在居民小区、停车场等场所因挪车、停车入位等短距离驾驶的,由他人驾驶至居民小区、停车场等场所后短距离接替驾驶停放机动车的等。不过,鉴于酒精含量是影响驾驶行为危险程度的重要因素,适用"但书"出罪的醉驾标准也不宜设定的过高。在这方面,2023年《醉驾案件意见》将该标准设定为"血液酒精含量不满150毫克/100毫升",已经接近了醉驾法定标准的2倍,可能是有些偏高的。毕竟,"情节显著轻微"与"犯罪情节轻微"之间还是存在一定差异的,对可以出罪的醉驾标准的设定,应适当考虑到后者的适用空间。另外,考虑到醉酒驾驶汽车和醉酒驾驶摩托车的危险性差异,对二者也应进行适当的区别对待。当然,无论如何设定该标准,也只是一种司法上的指导,而不能成为僵化的教条。也就是说,即使行为人血液中的酒精含量已在一定程度上超过了某种标准,但只要其他方面的情节表现非常轻微、总体危险程度不高,也不妨碍依据"但书"做出罪处理。

3.醉驾行为"但书"出罪的阶段控制与程序保障

在醉驾案件的办理过程中,每一个办案阶段都存在依据《刑法》第13条"但书"规定予以出罪的可能性。例如,在立案后的侦查阶段,公安机关可以撤销刑事案件,改做行政违法处理;在审查起诉阶段,检察机关可以作出不起诉决定(法定不起诉),并交由公安机关予以行政处罚;在审判阶段,法院也可以直接宣告无罪,之后交由公安机关处理。但是,对有关醉驾行为依据"但书"出罪,一方面是为了实现制裁的公正性,另一方面则是为了合理分配司法资源、缓解司法压力。如果到了审查起诉或审判阶段再做出罪处理,后一方面的目的显然就不能再充分实现。因此,对醉驾行为依据“但书”出罪,应当立足于在侦查阶段就有效解决,这样也便于公安机关采取后续的行政处罚措施。

不过,这种做法也可能会带来公安机关随意适用“但书”出罪的问题,进而影响执法的公平公正性,所以需要采取一些程序上的制约或保障措施。在实践中,有关实务部门主要采取的就是“向同级检察机关备案”的制度。例如,2019 年浙江省《醉驾案件会议纪要》就明确规定:“对作撤销案件处理的,公安机关应当按照‘醉驾’案件的诉讼证据要求立卷,并在撤销案件后三个工作日内向同级检察机关备案,接受检察机关监督。”笔者认为,这种程序设置是合理的,其既可以减少公安机关在“但书”适用上的随意性,也有利于检察机关强化立案监督或侦查监督工作。但从完整意义上讲,还需要进一步规定:检察机关认为公安机关撤销案件的理由不能成立的,应当书面通知公安机关立案,公安机关收到通知后应当立案。也就是说,对检察机关的监督措施及其监督效力,也要进行明确的规定。当然,对公安机关撤销刑事案件后行政处罚的执行情况,检察机关也需要进行法律监督,以防止对醉驾行为出现处罚疏漏或轻重偏颇的问题。

(二)对醉驾案件进行不起诉分流的制度实现

1.醉驾案件不起诉分流的方式选择

对不符合《刑法》第 13 条“但书”规定的醉驾行为,在进入审查起诉阶段后,也并非一定要提起公诉,检察机关在起诉与不起诉之间应当享有自由裁量权。可以说,通过适用不起诉来对醉驾案件进行司法分流,在缓解司法压力与合理分配司法资源方面具有更加积极的效果。我国现行《刑事诉讼法》共确立了 5 种不起诉类型,即法定不起诉、存疑不起诉、酌定不起诉、附条件不起诉和特殊不起诉,由此也就涉及醉驾案件不起诉分流的方式选择问题。

通过对这5种不起诉类型进行梳理可以发现,其中的法定不起诉和存疑不起诉本来就不符合起诉条件,因而并不能进行自由裁量或选择。特殊不起诉尽管具有可裁量性,但其有明显的"补充性"特征,适用范围是犯罪嫌疑人有重大立功表现或者案件涉及国家重大利益的情形,且需要经过最高人民检察院核准。[①] 而在醉驾案件中,这样的情形非常少见,所以其只可以作为一种辅助方式。由此,对醉驾案件的不起诉分流方式的选择,可以重点考虑酌定不起诉和附条件不起诉,这与国外的"微罪不诉"与"暂缓起诉"也基本上是相对应的。

但是,在我国,适用酌定不起诉的前提条件是"犯罪情节轻微,依照刑法规定不需要判处刑罚或者免除刑罚"。不仅酌定不起诉的适用范围较为狭窄,在其适用条件的把握上也存在一些疑难问题。附条件不起诉虽然不存在以上限制条件,但在适用对象上仅限于未成年犯罪嫌疑人。而根据我国相关法律规定,驾驶员获取驾驶证一般要求年龄达到18周岁以上,故未成年人实施醉驾的情形并不多(可能存在少数无证驾驶行为),适用附条件不起诉的概率也较小。考虑到这些情况,如意欲通过这两种不起诉制度来对醉驾案件进行有效的司法分流,应当立足于二者不同的政策取向来具体展开。其中,酌定不起诉是"因无刑事处罚必要性而不予起诉",故应重点解决其规范判断或合理运用问题。而附条件不起诉则是"虽不排除刑事处罚,但可经考验后不予起诉",适用对象并非一定限于未成年犯罪嫌疑人,因此,将其适用于醉驾案件,应重点解决其对象拓展或制度构建问题。

2. 醉驾案件酌定不起诉的合理运用

就当前来看,扭转"醉驾一律起诉"的政策导向,关键就是放宽酌定

---

① 参见《刑事诉讼法》第182条第1款的规定。

不起诉的适用标准，但这也并不意味着可以无原则地任意适用，从而造成矫枉过正的现象。考虑到醉驾案件的社会关注度较高，对该类案件适用酌定不起诉，必须要积极追求法律效果与社会效果的统一。对此，可从以下 3 个层面展开。

（1）酌定不起诉实体条件的准确把握。根据《刑事诉讼法》第 177 条第 2 款的规定，检察机关适用酌定不起诉的实体条件是“犯罪情节轻微，依照刑法规定不需要判处刑罚或者免除刑罚”。其中，“犯罪情节轻微”是“依照刑法规定不需要判处刑罚或者免除刑罚”的前提条件。所谓“犯罪情节轻微”，一般指犯罪过程中主客观方面的情节表现轻微。也就是说，其在评价范围上既包括犯罪客观方面的情节表现，也包括行为人主观方面的情节表现，二者在罪责层面共同说明处罚的必要性或轻重问题。这一点与《刑法》第 13 条“但书”中的“情节显著轻微”是不同的，后者只是对危害行为之危害程度的说明，因而“犯罪情节轻微”在评价范围上自然不可能包括行为人的主观责任因素。同时，从客观层面来看，“情节轻微”在危害程度上显然要高于“情节显著轻微”，所以前者应当入罪，而后者则不应入罪。

在此基础上，醉驾案件中的“犯罪情节轻微”就主要表现为醉驾行为本身的危险程度较低，以及行为人的主观恶性也较小。因而，单从罪责层面来考虑，对行为人进行刑罚处罚的必要性不足。同样，考虑到行为人的醉酒程度是判断犯罪情节是否轻微的重要因素，在实践中也要对此进行适当的限制。不过，由于“情节轻微”的适用空间要宽于“情节显著轻微”，所以前者适用的酒精含量标准也应适当高于后者。一般来讲，行为人在满足相应的酒精含量标准的基础上，还必须要在驾驶的时间、速度和路段或者醉驾的目的和动机等方面具备一些从宽情节，才能最终被认定为“犯罪情节轻微”。如果行为人在这些方面存在从严情节，则一般不能认为是“犯罪情节轻微”。

具备了“犯罪情节轻微”这一条件,也不能直接认定为“依照刑法规定不需要判处刑罚或者免除刑罚”。因为,从理论上讲,是否需要对犯罪人判处刑罚,除考虑犯罪本身的严重程度外,还需要同时考察行为人人身危险性的大小,以最终确定用刑罚来预防犯罪的必要性。而行为人人身危险性的大小,又与行为人罪前和罪后的表现情况直接相关,如罪前是否表现良好、有无前科,罪后是否积极悔罪、有无自首或坦白情节等。但是,受“犯罪”这一主语的限制,“犯罪情节轻微”在评价范围上又不可能涵盖犯罪之前和犯罪之后的情节表现。所以,对“依照刑法规定不需要判处刑罚或者免除刑罚”这一条件,重点需要考察的就是这些人身危险性因素。

从我国《刑事诉讼法》第 177 条第 2 款的规定方式来看,免除处罚包括两种形式:一种是直接根据《刑法》第 37 条规定“免予刑事处罚”,另一种是依照《刑法》中明确规定的免除处罚情节来免除刑罚处罚。因此,对“犯罪情节轻微”的醉驾行为是否可以免除刑罚处罚,就可按照这两种情形分别判断。对不具备《刑法》明确规定的免除处罚情节的,只要行为人罪前表现一贯良好,罪后配合执法、真诚认罪悔罪、造成损失的积极赔偿损失,就可认为其符合《刑法》第 37 条的免予刑事处罚规定。对行为人具备《刑法》明确规定的自首、立功等可以性或多功能免除处罚情节的,考虑到其“犯罪情节轻微”,只要犯罪前后没有从重处罚情节,便可认为其达到了免除处罚条件。而如果行为人具备没有造成损害的中止情节,①如启动车辆后放弃行驶,醉驾行为尚未完成,则一般可考虑适用“但书”规定予以出罪;确需入罪的,也符合《刑法》第 24 条第 2 款规定的免除处罚条件。

---

① 在《刑法》明确规定的 16 种免除处罚情节中,只有没有造成损害的犯罪中止属于单一幅度的应当免除处罚情节。

(2)满足实体条件后可否适用酌定不起诉的规范判断。根据2023年《醉驾案件意见》第13条的规定,检察机关能否对醉驾行为人适用酌定不起诉,应综合考虑犯罪嫌疑人驾驶的动机和目的、醉酒程度、机动车类型、道路情况、行驶时间、速度、距离以及认罪悔罪表现等因素。应当说,在用以判断酌定不起诉的实体条件方面,该意见对相关因素的规定是较为全面的,但就最终作出不起诉决定而言,可能仍需考察其他方面的因素。因为,根据我国《刑事诉讼法》第177条第2款的规定,在满足酌定不起诉的实体条件后,检察机关是"可以"作出不起诉决定,而不是"应当"作出不起诉决定。由此,这里就必然涉及检察机关进一步的司法判断问题。然而,对此处的司法判断应重点考察哪些因素,《刑事诉讼法》却并未作出明确规定。最高人民检察院在2007年发布的《人民检察院办理不起诉案件质量标准(试行)》中也只是列举了几种应当作出不起诉决定的具体情形,而并未进行概括性的说明。并且在这些情形中,除初犯情况外,其他几种多限于特定主体(未成年人、老年人等)或因特定原因(民间纠纷、生活无着等)而实施的轻微刑事犯罪,一般也很少能够适用到醉驾案件之中。所以,对这一问题还需从理论层面予以澄清。

在国外,对一些轻微犯罪是否选择不起诉或放弃起诉,一种重要的考察因素就是"公共利益"。例如,《英国皇家检察官准则》和《荷兰刑事诉讼法》不仅原则性地规定了检察官可以基于公共利益的考量而对某些犯罪放弃起诉,还同时明确列举了一些支持或反对提起公诉的公共利益因素。[①] 其中,反对提起公诉的公共利益因素主要有如下几个方面:一是对犯罪人进行刑事处罚不具有必要性和妥当性;二是提起公诉可能对被害人有不利影响;三是提起公诉可能损害国际关系或国家利益。我国学者也认为,在适用酌定不起诉时需要考察公共利益,但在公共利益的考

---

① 参见李继华:《不起诉的实体根据研究》,中国检察出版社2013年版,第41~42页。

察范围方面则与国外有所不同。例如，陈光中教授指出，适用酌定不起诉需要考察的公共利益是一种带有大局性的利益，指的是国家利益和民众的公共利益，包括国家安全、国防、外交和其他政治需要，社会效果和民意趋向，预防犯罪、维护社会治安的效果，以及是否符合被害人的意愿和要求等。[①] 也就是说，这里的"公共利益"，在考察范围上并不包含对犯罪人进行刑事处罚的必要性或妥当性问题。

对此，笔者认为，酌定不起诉毕竟意味着对原本构成犯罪的行为不追究刑事责任，因而必须要考察这一做法在满足公共利益方面的妥当性。而国外和国内之所以在公共利益的考察因素上形成不同认识，则主要是源于判断维度的不同。由于国外对酌定不起诉一般并不设置"不需判处刑罚"的前提条件，所以是否需要对犯罪人给予刑事处罚，就成为一种重要的公共利益考察因素。这恰如大谷实教授所言："刑事司法，是以对犯人的适当处罚所产生的一般预防和特别预防效果来达到维持社会秩序的目的的，因此，现实中即便发生了犯罪，但从上述目标来看，只要不值得处罚，便应迅速地将其从刑事诉讼程序中退出。"[②]而我国的酌定不起诉则是以对犯罪人不需要判处刑罚为前提条件的，在对这一条件的判断中已经考察了上述公共利益因素，所以之后的决定性判断只需例外性地考察与可罚性无关的国家或社会利益即可。

基于此，对醉驾案件，如果其已经符合了犯罪情节轻微、不需要判处刑罚的实体条件，一般就应考虑对其适用酌定不起诉，除非认为起诉后"定罪免刑"更有利于实现相关公共利益。在实践中，由于醉驾案件通常不可能涉及国家安全、国防、外交等政治利益，所以，需要重点考虑的就是不起诉的社会利益或社会效果问题。其中，如下几个方面的情况应当

---

① 参见陈光中：《论我国酌定不起诉制度》，载《中国刑事法杂志》2001 年第 1 期。

② ［日］大谷实：《刑事政策学》（新版），黎宏译，中国人民大学出版社 2009 年版，第 184 页。

引起注意:一是一般预防效果的实现问题。如果案件所在区域的醉驾现象比较突出,民众的交通守法意识还普遍偏低,那么就往往需要通过起诉来强化规则意识。二是刑事司法的公众认同问题。如果案件社会影响较大,或者醉驾者具有官员、明星、公众人物等特殊身份,那么在适用酌定不起诉时就要保持适当克制,以免使社会公众对刑事司法的公正性或平等性产生怀疑。三是对社会矛盾的化解问题。如果醉驾行为造成了一定损害,即使损害程度比较轻微,在行为人与被害人尚未达成和解前,也不宜适用酌定不起诉,否则就可能激化社会矛盾,产生新的不稳定因素。

(3)酌定不起诉与后续行政制裁的有效衔接。根据《刑事诉讼法》第 177 条第 3 款的规定,检察机关决定不起诉后,对被不起诉人需要给予行政处罚、处分或者需要没收其违法所得的,应当提出检察意见,移送有关主管机关处理。也就是说,检察机关作出不起诉决定,仅仅意味着刑事追责程序的终结,对被不起诉人其他法律责任的追究,还需要检察机关与有关单位配合完成。[①] 这种后续性行政制裁的实现不仅可以强化对被不起诉人的特殊预防效果,也能够在一定程度上提升社会公众对酌定不起诉的认同感。然而,长期以来,一些检察机关对此却未能给予足够的重视,作出不起诉决定后"一放了之"的现象并不少见。当前,为了进一步提高不起诉适用率,简化检察机关内部审批程序、适当下放不起诉决定权已经成为一种改革趋势。但是,在民众对犯罪的报应情感尚未出现实质改观的背景下,如果后续的行政制裁不能有效实现,则不起诉率的上升反而可能加剧民众的"认同感危机"。[②] 就醉驾案件而言,这一点尤为重要。因为普通的酒驾行为尚且要受到严厉的行政制裁,而更为

---

① 参见童建明:《论不起诉权的合理适用》,载《中国刑事法杂志》2019 年第 4 期。

② 参见魏小伟:《扩大不起诉的反思》,载《暨南学报(哲学社会科学版)》2015 年第 11 期。

严重的醉驾行为在适用酌定不起诉后却可以“一放了之”，这无论如何都是难以接受的。因此，对醉驾案件，必须要高度重视酌定不起诉与后续行政制裁的有效衔接问题。

在司法实践中，这一方面其实已经形成了一些良好的做法。例如，某区人民检察院在对一起网约车司机醉驾案决定适用酌定不起诉后，便与公安交管部门进行了细致的沟通，在公开宣告不起诉时，公安交管部门也作出了行政处罚决定，吊销了被不起诉人的驾驶证，并处以行政罚款。[①] 该案在处理上就实现了酌定不起诉与后续行政制裁的无缝衔接，因而是值得参考和借鉴的。

3. 醉驾案件附条件不起诉的制度构建

通过对一些醉驾案件适用酌定不起诉，可以在一定程度上减轻司法压力、缓解犯罪“标签”的负面效应。但是，这种不起诉也存在自身的局限性。一方面，由于其是以犯罪情节轻微、不需要判处刑罚为前提条件的，因而适用范围较为狭窄，司法分流作用有限；另一方面，不起诉决定一旦做出，便不再有回旋的余地，即使被不起诉人随后就有一些不良表现也不能另行起诉，这在某种程度上也不利于实现不起诉的应有效果。鉴于此，各国一般都是将酌定不起诉与附条件不起诉制度配合适用，以全面实现起诉便宜主义的价值目标。“从立法意旨上看，附条件不起诉的实质是通过对诉权之保留，以敦促不起诉对象悉力达成条件，从而在对犯罪嫌疑人作出不起诉决定的同时修复犯罪行为所损害的社会关系，以实现正义价值与效率价值的共存。”[②]而且，附条件不起诉一般也并不以犯罪情节轻微或不需要判处刑罚为必要条件，因此司法分流的效果更为明显。

---

① 参见童建明：《论不起诉权的合理适用》，载《中国刑事法杂志》2019 年第 4 期。

② 李辞：《论附条件不起诉与酌定不起诉的关系》，载《法学论坛》2014 年第 4 期。

我国在2012年修正《刑事诉讼法》时也增设了附条件不起诉制度,但其在适用对象上仅限于未成年犯罪嫌疑人。而如上文所述,受申领驾驶证最低年龄条件(18周岁)的限制,绝大多数的醉驾者都是成年人,并不在附条件不起诉的适用范围之内。这样,对持续高涨的醉驾案件就很难通过推行附条件不起诉进行司法分流。在实践中,这一问题也已经引起了重视。例如,有人大代表就明确提出,应当将醉驾未造成交通事故的案件纳入附条件不起诉的适用范围,以进一步缓解司法压力和减少社会对立。① 学界在这一问题上则走得更远。例如,有论者指出,在我国已经确立认罪认罚从宽制度的背景下,对包括危险驾驶罪在内的一些轻微的成年人认罪认罚案件都可以考虑适用附条件不起诉,具体可以限定为"可能判处1年有期徒刑以下刑罚"的案件;相应地,未成年人附条件不起诉的刑期范围则可扩大至"3年有期徒刑以下"。② 也有论者认为,附条件不起诉的价值不会因为适用于成年犯罪嫌疑人而有丝毫减损,将来可以考虑将其适用范围扩大至所有可能判处3年有期徒刑以下刑罚的案件。③

对此,笔者认为,附条件不起诉在节约司法资源、实现特殊预防、修复社会关系、减少刑罚弊端等方面的价值是不容否定的。从有关的基层调研情况来看,附条件不起诉实施以来的总体效果较为良好。④ 因此,应当考虑将其适用范围适当扩大至成年人犯罪案件,从而也为认罪认罚从宽制度提供一种新的"从宽"路径。但是,鉴于附条件不起诉制度在我国

---

① 参见谢文英:《陈建华代表:建议将部分醉驾案纳入附条件不起诉范围》,载正义网2024年4月15日,http://news.jcrb.com/jxsw/201803/t20180317_5481326.html。

② 参见何挺:《附条件不起诉扩大适用于成年人案件的新思考》,载《中国刑事法杂志》2019年第4期。

③ 参见李辞:《论附条件不起诉与酌定不起诉的关系》,载《法学论坛》2014年第4期。

④ 参见北京市海淀区人民检察院课题组:《附条件不起诉实证研究报告》,载《国家检察官学院学报》2017年第3期。

实施的时间还不长,实践中也正处于经验积累期或磨合期,所以扩张的步伐也不宜迈得太大。考虑到近年来醉驾等轻微刑事案件的大幅增长以及拘役这种短期自由刑本身的弊端,可以先围绕这一问题,在“可能判处拘役及以下刑罚”的成年人犯罪案件中探索构建附条件不起诉制度。这样也可以与未成年人附条件不起诉制度中的刑罚标准(1 年有期徒刑以下刑罚)形成适当的落差。毕竟,对未成年人这类特殊主体,在刑事政策上还是要适当有别于成年人。而随着实践经验的成熟,未来的刑事诉讼法修正中可以设置完整的附条件不起诉制度,并适当扩大其适用范围。

就当下而言,在醉驾等轻微犯罪领域开展附条件不起诉制度的实践探索,可以大体按照未成年人附条件不起诉的基本模式来进行。但是,需要注意在以下几个方面予以区别对待:

其一,在成年人附条件不起诉适用的罪名范围上,可不再设置限制条件。成年人犯罪涉及的罪名具有普遍性,如果继续对成年人的犯罪限定为“《刑法》分则第四章、第五章、第六章规定的犯罪”,则危险驾驶罪等高发性的犯罪就势必不能再适用附条件不起诉,这并不利于实现预期的司法分流效果。

其二,在成年人附条件不起诉的适用条件上,除规定“可能判处拘役及以下刑罚”和“有悔罪表现”(或“认罪认罚”)外,还应当增加“情节较轻”的限制条件。附条件不起诉毕竟意味着对可能判处刑罚的犯罪人不再追究刑事责任,因此必须要同时考虑罪行本身的轻重程度与犯罪人的人身危险性大小。[①] 否则,对危险驾驶罪之类的法定最高刑仅为拘役的犯罪,只要犯罪人有悔罪表现或认罪认罚,就都可以考虑适用附条件不

---

① 我国《刑事诉讼法》对未成年人附条件不起诉只规定“有悔罪表现”的实质条件,是基于政策上的特殊考虑,在实际适用中也不会完全无视犯罪本身的情节表现。

起诉，这既不符合起诉便宜主义的价值取向，也更不会实现社会公众的制度认同。当然，这里的“情节较轻”，在危害程度上是高于“情节轻微”和“情节显著轻微”的。就醉驾案件而言，其是否属于“情节较轻”，在醉酒程度这一主要情节的把握上就需要与后两者形成合理的梯次差别。这样，从醉酒程度这一维度出发，在醉驾案件的“但书”出罪、酌定不起诉与附条件不起诉之间，也就可以形成较为明确的层次判断标准。当然，行为人的醉酒程度也不是适用附条件不起诉的唯一标准，在司法实践中还需要结合其他因素综合判断。

其三，在成年人附条件不起诉之负担条件的设置上，应当体现出一定的制裁性和预防性。无论是成年犯还是未成年犯，适用附条件不起诉都是以可能判处一定刑罚为前提的。因此，附条件不起诉负担条件必须能够在预防再犯的效果上合理地“替代”刑罚措施，才具有妥当性。对未成年犯来讲，基于少年司法的教育理念，这一目标的实现主要有赖于对其采取一些具有教育矫治性质的处遇措施，并附加必要的监督考察以帮助其顺利复归社会。① 而对成年犯来说，这种负担条件则必须要有助于弥补因犯罪所损害的公共利益，并在此基础上实现相应的再犯预防效果，否则就可能会影响社会公众对成年人附条件不起诉的认同感。由此，在成年犯负担条件的设置上，就需要同时具有强制性公益付出的制裁性和强化其规则意识的预防性。概括来讲，就是要规定成年犯罪嫌疑人必须按照考察机关的要求进行公益服务，并接受一些禁戒性或教育性的处遇措施。例如，对醉驾案件的附条件不起诉，除要求犯罪嫌疑人遵守一些限制性规定外，还可要求其在一定时间内提供协助维持交通秩序的公共服务，并接受禁酒措施或者参与相关的交通安全教育活动等。

---

① 参见何挺：《附条件不起诉扩大适用于成年人案件的新思考》，载《中国刑事法杂志》2019年第4期。

其四，在成年人附条件不起诉之考验期限的设置上，应当与对其可能判处的刑罚轻重相协调。尽管附条件不起诉之负担条件不是刑罚，但在实质上仍然具有一定的制裁性，因而也需要遵守比例原则。[①] 这种比例原则既体现在负担条件的内容上，也体现在相应的考验期限上。考虑到（单处）拘役的最高刑期为 6 个月，将附条件不起诉的考验期限设置为 3 个月以上 6 个月以下是比较合适的。期限过长，不仅违反比例原则，也会影响诉讼效率。至于在考验期限内的撤销事由，则应与未成年人附条件不起诉作大致相同的规定。

最后需要说明的是，对犯罪嫌疑人适用附条件不起诉，也只是不再追究其刑事责任，而不能完全免除其行政责任。例如，对醉驾案件，仍然可以依照《道路交通安全法》的规定对被不起诉人实施“吊销机动车驾驶证”等行政制裁。只不过，考虑到被不起诉人在满足负担条件的过程中已经受到了一定惩戒，相应的拘留或罚款措施可不再适用。

四、余论

面对醉驾案件数量快速增长所造成的司法困境，通过充分激活《刑法》第 13 条“但书”的出罪功能和不起诉的司法分流功能，无疑可以使其得到有效的缓解。但这一目标的实现，还同时有赖于对醉驾行为适用行政处罚的明确性和完备性。尽管 2011 年对《道路交通安全法》的立法修正并非从根本上否定了对醉驾行为的行政处罚，但其显然带来法律适用上的模糊性与不均衡性。因此，将来可通过再次修正明确和完善对醉驾行为的行政处罚，使其在处罚力度上与普通的酒驾形成合理区分，从而实现与《刑法》和《刑事诉讼法》更为周密的衔接。

---

① 参见林钰雄：《刑事诉讼法（下册　各论编）》，中国人民大学出版社 2005 年版，第 63 页。

另外,因大量醉驾者被定罪处刑而造成的前科负面效应扩大问题,在根本上也是源于我国不合理的前科制度设计。对有犯罪前科者采取一些预防性措施本无可厚非,但是,"只有前科制度,而没有前科消灭制度,也不能不说是一种制度上的缺陷"①。而且,在限制内容上不区分犯罪轻重的做法,也很难说符合制裁上的比例原则。例如,从 2015 年 1 月到 2019 年 6 月,仅浙江省就有近万名公务员、企事业单位人员、教师、医生、律师等因醉驾而被审查起诉。② 一旦被定罪处刑,这些人员不仅要接受被开除公职、被吊销执业资格、影响个人征信等一系列"社会惩罚",而且还会终身背负沉重的前科"包袱",这并不利于社会的和谐稳定。因此,随着危险驾驶罪等轻微犯罪的增设,适时构建起合理、有效的轻罪前科消灭制度,才是解决这一问题的"治本之道"。

与此同时,对醉驾的治理也不能仅仅依靠制裁的手段,通过相关的"综合治理",以从根本上减少醉驾行为的发生,才是源头性的治理措施。对此,2023 年《醉驾案件意见》第 27 条至第 29 条也已经明确规定了相关的"综合治理"措施。除此之外,公安机关在对醉驾行为的查处上也要密切关注醉驾的发案形势与分布情况,并适时调整和完善查处机制,使常态严管与集中治理相结合、全面管控与重点查处相协调,进而形成更好的一般预防效果。特别是对当前醉驾现象还比较严重的城乡接合部和广大农村地区,必须要通过合理分配警力和健全工作机制等方式来实现良好的查处效果。③

事实上,醉驾治理的司法困境只是一面镜子,其折射出的是我国从

---

① 刘仁文、敦宁:《建议将治安拘留纳入刑法体系》,载《人民法院报》2019 年 7 月 18 日,第 6 版。

② 参见王敏远:《"醉驾"型危险驾驶罪综合治理的实证研究——以浙江省司法实践为研究样本》,载《法学》2020 年第 3 期。

③ 参见刘仁文、敦宁:《醉驾入刑五年来的效果、问题与对策》,载《法学》2016 年第 12 期。

"小刑法"向"大刑法"转型过程中所面临的整体性问题。所以,对这一困境的破解就并非只具有局部性意义,而是一种事关刑事法治建设全局的重要举措。

第七章　妨害药品管理罪的犯罪类型与司法判断

为进一步强化药品安全，保护人民群众的健康权益，2020 年公布的《刑法修正案（十一）》第 7 条增设了妨害药品管理罪，并作为《刑法》第 142 条之一规定在《刑法》分则之中。尽管从立法意图来看，设立该罪重在惩治违反药品管理规范的相关行为，但在条文内容上，其不仅明确规定了该罪的违法行为类型，而且还附加了"足以严重危害人体健康"的入罪条件。由此也就使该罪在立法形式上既有别于《刑法》第 141 条规定的生产、销售、提供假药罪的抽象危险犯立法模式，亦有别于《刑法》第 142 条规定的生产、销售、提供劣药罪的实害犯立法模式。[①] 同时，《刑法》第 142 条之一第 2 款还规定了该罪与其他犯罪发生竞合时，应"依照处罚较重的规定定罪处罚"，即提示了

---

① 《刑法修正案（十一）》第 5 条和第 6 条为《刑法》原第 141 条、第 142 条规定的"生产、销售假药罪"和"生产、销售劣药罪"，增加了提供假药、劣药的行为，从而使其罪名也相应变更为生产、销售、提供假药罪和生产、销售、提供劣药罪。

该罪与其他犯罪的可能性关联。在司法实践中,药品犯罪的认定与适用本就是个非常复杂的问题,妨害药品管理罪这种新型药品犯罪的设立,无疑又形成了一个新的司法难题。基于此,在明确妨害药品管理罪之保护法益的基础上,合理确定其犯罪类型,并实现准确的司法判断,已成为当下亟待解决的实务问题。本章立足于《刑法》修正后的药品犯罪体系,对此展开全面的分析与探讨。

一、妨害药品管理罪之保护法益的证成

法益是被犯罪行为侵害的对象,刑法的目的和任务是保护法益。在法教义学层面,根据立法上对行为危害法益的程度要求,可以将犯罪划分为实害犯(侵害犯)、具体危险犯和抽象危险犯 3 种类型。这 3 类犯罪的成立条件或既遂标准是有所差异的。[①] “由于法益是判断构成要件犯罪特征的风向标,因此法益内容的不同直接影响到犯罪类型的判断。”[②] 所以,正确认识妨害药品管理罪的保护法益,对本罪的司法适用意义重大。

(一)关于妨害药品管理罪保护法益的理论见解

在《刑法修正案(十一)》设立妨害药品管理罪之前,对“生产、销售假药罪”和“生产、销售劣药罪”这两种药品犯罪,传统的见解认为,其保护法益(犯罪客体)是国家对药品的生产、销售管理秩序和不特定多数人

---

① 就抽象危险犯和具体危险犯而言,其成立条件和既遂标准通常是一致的;而实害犯的成立条件和既遂标准则往往并不一致,如故意杀人未遂的,依然可以成立故意杀人罪。

② 徐凯:《抽象危险犯正当性问题研究——以德国法为视角》,中国政法大学出版社 2014 年版,第 28 页。

的生命权、健康权。[①] 妨害药品管理罪设立之后,学界对该罪保护法益的理解大体上延续了这一观念。[②] 但也有论者指出,该罪与"生产、销售假药罪"亦有所不同,其主要的保护法益(客体)应该是药品管理秩序,因为该罪限定的4种不法行为类型都是严重违反《药品管理法》规定的生产经营规范的行为,即违反药品监管规范是成立本罪的基本条件,而"足以严重危害人体健康"的规定只是为了限制处罚的范围。[③] 换句话说,该见解实际上认为,妨害药品管理罪与原来的"生产、销售假药罪"所侵犯的均是双重法益,即药品管理秩序和公众的生命、健康权益;只不过,这两种法益在各罪中的主次地位有所不同,前者主要侵犯的是药品管理秩序,后者主要侵犯的是公众的生命、健康权益。但总体而言,这类观点均可称为"双重法益说"。

然而,随着2019年立法机关对《药品管理法》的部分修订,一些学者的观点也开始发生变化。例如,有论者在对《药品管理法》的相关修订内容进行分析后指出,由于原来"按假药论""按劣药论"中单纯违反药品管理秩序的行为,现已从假、劣药的范畴中被排除出去,故无法再被《刑法》第141条、第142条所规制,所以《刑法修正案(十一)》才面向此类行为增设了妨害药品管理罪(《刑法》第142条之一);这样,从应然角度讲,这3个罪名在法益保护任务上也就形成了较为清晰的分工:第141条与第142条以公众的健康、生命为保护法益,而第142条之一则以药品管理秩序的维持为规范目的。[④] 也就是说,随着《药品管理法》的修正与修订,该论者在药品犯罪上也放弃了"双重法益说",而采"单一法益

---

① 参见王作富主编:《刑法分则实务研究(上)》,中国方正出版社2007年版,第265、272页。

② 参见王爱立主编:《中华人民共和国刑法释义》,法律出版社2021年版,第261页。

③ 参见赵秉志主编:《〈刑法修正案(十一)〉理解与适用》,中国人民大学出版社2021年版,第96~97页。

④ 参见杜宇:《〈刑法修正案(十一)〉中药品犯罪修订之得失》,载《法学》2021年第3期。

说”;且同时认为,妨害药品管理罪的保护法益应是药品管理秩序,而生产、销售、提供假药罪和生产、销售、提供劣药罪的保护法益则是公众的健康和生命权益。另外,该论者还特别指出,《刑法》第142条之一中规定的“足以严重危害人体健康”,严重影响了上述立法改进目的的实现。①

(二)现有理论见解的实践悖论

关于妨害药品管理罪的保护法益,理论上的主要见解就是上述“双重法益说”和“单一法益说”,但在实践中,无论采取何种观点,都势必会在司法认定中形成一定的悖论。

按照上述“单一法益说”,只要行为人实施了违反药品管理规范的相关行为,无疑就会侵害妨害药品管理罪的保护法益(药品管理秩序),如果不考虑“足以严重危害人体健康”的限定条件,其原则上就会构成犯罪。但实际上却并非如此,因为其也完全可能属于行政违法。在我国“刑罚+行政处罚”的双层次制裁体系下,行政违法与犯罪的区分标准主要就是行为对法益的危害程度。如果抽象的“管理秩序”也可以成为保护法益,“那么如何测定衡量这种抽象的法秩序利益的损害程度就成为一个问题”②。因为在不去考察实体利益损害程度的情况下,所谓的“秩序违反”可能只存在一个“是否”或“有无”的问题,而并不存在“大小”的问题。在此情况下,为了合理区分行政违法与犯罪,势必需要继续考察相关的构成要件行为对实体法益的危害程度。而就妨害药品管理罪而言,其所保护的实体法益显然是用药者的健康与生命权益,

---

① 参见杜宇:《〈刑法修正案(十一)〉中药品犯罪修订之得失》,载《法学》2021年第3期。

② 李文吉:《我国刑法中管理秩序法益还原为实体性法益之提倡》,载《河北法学》2020年第5期。

如果相关的构成要件行为并未危及此种权益,将其作为犯罪处理就并不合适。原因在于,对那些没有具体法益侵害而只是单纯违反基于行政管理便利所建立的行政秩序或制度的行为,国家并不具有将其纳入刑法调整的当然正当化事由。[①] 这也正是《刑法》第 142 条之一为妨害药品管理罪设置"足以严重危害人体健康"这一入罪条件的意义所在。既然如此,将抽象的药品管理秩序作为该罪的保护法益,其价值又在哪里?而且,更为严重的是,如果将药品管理秩序作为保护法益,那么,只要实施了相关药品犯罪的构成要件行为,就都是实害犯(对法益的实际侵害),而不可能存在抽象危险犯与具体危险犯。这显然也是难以接受的。

另外,在实践中,将单纯侵犯药品管理秩序作为该类犯罪的定罪依据,也是很难得到认可的。在这方面,社会影响较大的案件就是陆某销售假药案。[②] 该案中,陆某在没有取得进口批文的情况下从印度购进抗癌药品"格列卫"的仿制药,并以每盒低至 200 多元的价格卖给他人,该药品的服用效果与瑞士生产的"格列卫"大致相同。陆某的行为显然侵犯了药品管理秩序,且该药品属于当时《药品管理法》所规定的"按假药论处"之列,[③]因而其涉嫌销售假药罪。案发后,在强大的舆论压力下,检察机关最终对陆某做了不起诉处理,其表面理由是陆某的行为不属于销售行为,但深层次的原因显然是该行为并未危及用药者的健康和生命权益,甚至有利于患者的健康。在该案的影响下,2019 年公布的《药品管理法》对假药与劣药的范围进行了调整。其中,对假药范围的调整,核

---

① 参见何荣功:《经济自由与经济刑法正当性的体系思考》,载《法学评论》2014 年第 6 期。

② 参见湖南省沅江市人民检察院沅检公刑不诉(2015)1 号不起诉决定书。

③ 根据 2013 年公布的《药品管理法》第 48 条规定,依法必须批准而未经批准进口的药品,按假药论处。

心就是强化了假药认定标准与人身健康的关联性。[①] 由此说明,是否危及公众的健康和生命权益,在药品犯罪认定中是具有重要意义的。

但这并不是说,只要将公众的健康和生命权益与药品管理秩序共同作为药品犯罪的保护法益,就可以解决问题。按照上述"双重法益说"的观点,在司法认定过程中同样会陷入悖论。一方面,如果某种违法行为只侵犯了药品管理秩序而并未危及公众的健康和生命权益,将其认定为犯罪无疑也会产生以上问题。另一方面,如果因该违法行为并未危及公众的健康和生命权益,而将其认定为无罪,则将药品管理秩序作为该类犯罪的一种独立的保护法益,其意义又何在?这就是"双重法益说"面临的实践困境。

(三)妨害药品管理罪保护法益的明确

从法教义学层面来看,上述实践悖论和困境的形成,主要原因是忽视了药品管理秩序与公众的健康、生命权益在药品犯罪认定体系中的不同功能和层次定位。按照自然犯与法定犯(行政犯)的划分方式,妨害药品管理罪等药品犯罪应属于法定犯的范畴。而法定犯的特点就是犯罪的成立以行为违反相关前置法规定、侵犯某种管理秩序为前提,但这并不意味着相应的管理秩序就可以成为该类犯罪的保护法益。

一般认为,法定犯具有行政违法和刑事违法的双重属性。[②] 行为违反相关前置法规定,进而侵犯某种管理秩序,只能证明该行为具有行政违法性,而不能证明其具有刑事违法性。由于刑法的任务是法益保护,

---

① 根据2019年公布的《药品管理法》第98条第2款规定,假药包括如下情形:(1)药品所含成份与国家药品标准规定的成份不符;(2)以非药品冒充药品或者以他种药品冒充此种药品;(3)变质的药品;(4)药品所标明的适应症或者功能主治超出规定范围。

② 参见陈兴良:《法定犯的性质和界定》,载《中外法学》2020年第6期。

所以刑事违法性的实质就是法益侵害及其危险。① 故只有在相关违法行为危及刑法所保护的法益时,才可能具有刑事违法性,从而构成犯罪。

所谓法益,即法律所保护的人的利益,其“是在以个人及其自由发展为目标进行建设的社会整体制度范围之内,有益于个人及其自由发展的,或者是有益于这个制度本身功能的一种现实或者目标设定”②。“虽然法益包括个人法益、社会法益与国家法益(公法益),但是,社会不是独立于个人之外的实体,而是个人的利益与行为的各种过程与作用的总和,终究是由个人的利益与行动支撑的,因而并不存在超越个人的‘社会’利益与价值。”③同时,国家的存在,目的也是保护国民的生存权,并为国民提供公共服务,而并不具有自身的利益。④ 也就是说,法益的最终享有者是个人,社会法益或国家法益只有能够转换或体现为个人的正当权益,才能被作为“法益”来对待。而所谓的“管理秩序”或“管理制度”,多是由行政性法律所建构或维持的一种秩序状态,其并非都能转换或体现为个人的正当权益。因为有些管理秩序的确立主要是出于方便行政管理或保证行政效率的需要,与个体权益的保护并无多大关系。例如,我国《道路交通安全法》对驾驶人驾驶机动车时应当随身携带驾驶证的规定,就与不特定人的生命、健康等公共安全并无直接关系。⑤ 而有些行政性规定则并不恰当和周延,可能不利于对个体权益的保护。例如,2019 年之前《药品管理法》对假药范围的规定,就造成了陆某销售假药案的实践问题。甚至,某些经济管理秩序可能只是出于维护少数人或特

---

① 参见[日]山口厚:《刑法总论》(第 3 版),付立庆译,中国人民大学出版社 2018 年版,第 103 页。

② [德]克劳斯·罗克辛:《德国刑法总论》(第 1 卷),王世洲译,法律出版社 2005 年版,第 15 页。

③ 张明楷:《宪法与刑法的循环解释》,载《法学评论》2019 年第 1 期。

④ 参见林来梵:《宪法学讲义》(第 3 版),清华大学出版社 2018 年版,第 193 ~ 195 页。

⑤ 参见李文吉:《我国刑法中管理秩序法益还原为实体性法益之提倡》,载《河北法学》2020 年第 5 期。

定部门的利益，而并非意在提升和促进社会公众之福利。[①] 所以，将某种管理秩序（或管理制度）笼统地作为刑法的保护法益，并以此为据来确定刑事违法性，是并不恰当的。

实际上，从法定犯的构成体系来看，行为违反某种管理秩序（前置法规定），只是其构成要件的组成要素，而并非（刑事）违法性的实质根据。对这种要素，有论者将其称为法定犯构成要件中的“规范要素”，即独立于事实因素之外的法律评价因素。[②] “在法定犯的构成要件中，规范要素是称其行为为构成要件行为的逻辑前提。”[③]因此，不具备这一要素的行为，在形式上就不符合法定犯的构成要件。而具备了这一要素，也并不能直接推定其刑事违法性。例如，违规生产、销售药品无疑违反了药品管理秩序，但如果并未危及用药公众的健康，就不能构成相关的药品犯罪。[④] 这就是作为违法性实质根据的法益在法定犯认定中的体系功能。也就是说，如果将法定犯的构成要件看作（刑事）违法类型，则“管理秩序”承担的是形式判断功能，法益承担的是实质判断功能，在司法认定中应从形式到实质逐次展开，即先判断相关行为是否违反了“管理秩序”，以满足构成要件的形式符合性，而后再判断该行为是否侵犯了法益，以确定构成要件的实质违法性（刑事违法性）。在此基础上，如果将“管理秩序”也作为法益看待，令其同时承担起形式判断和实质判断的功能，则必然会混淆行政违法与刑事违法，从而不当地扩大刑事制裁范围。

据此，妨害药品管理罪（及其他药品犯罪）的保护法益只能是用药公众的健康和生命权益，而并不是药品管理秩序或者其与前者的简单组

---

① 参见何荣功：《经济自由与经济刑法正当性的体系思考》，载《法学评论》2014 年第 6 期。

② 参见陈兴良：《法定犯的性质和界定》，载《中外法学》2020 年第 6 期。

③ 陈兴良：《教义刑法学》，中国人民大学出版社 2010 年版，第 164 页。

④ 但可能因侵犯其他法益而构成生产、销售伪劣产品罪等其他犯罪。

合。《刑法》第 142 条之一第 1 款中规定的“足以严重危害人体健康”,也并非仅仅出于限制处罚范围的目的,其同时也是对该罪保护法益的直接提示。其实,正是由于这一条件的设置,才合理区分了妨害药品管理罪与相关的行政违法行为。明确了这一法益内容,无论是将有无法益侵害作为定罪的根据,还是将法益侵害程度作为划分犯罪类型的标准,在实践中也就不存在障碍了。

二、妨害药品管理罪之犯罪类型的确定

如上所述,根据立法上对法益侵害程度的不同要求,可以将犯罪划分为实害犯、具体危险犯和抽象危险犯 3 种类型。其中,实害犯的成立(或既遂),要求行为对法益造成现实的侵害;具体危险犯的成立,要求行为对法益造成具体的危险状态;而抽象危险犯的成立,则一般只要求行为对法益形成抽象的危险即可。考虑到以上差异,为了保证妨害药品管理罪的准确适用,在明确其保护法益之后,还需要进一步确定其所属的犯罪类型。而这一问题的解决,主要取决于对该罪罪状中“足以严重危害人体健康”之具体内涵的正确认识。

从“足以严重危害人体健康”的字面含义来看,其显然指的是“足够对人体健康形成严重危害”,即并不要求出现实害后果,因此妨害药品管理罪在犯罪类型上应属于危险犯,而不是实害犯。那么,该罪究竟属于抽象危险犯,还是具体危险犯呢?对此,在学理上是存在分歧的。从传统认识来看,对罪状中包含“足以”型规定的犯罪,学界多将其界定为具体危险犯。例如,对《刑法》第 141 条规定的生产、销售、提供假药罪,一般认为,在 2011 年公布的《刑法修正案(八)》将原规定中的“足以严重危害人体健康”删去之前,该罪属于具体危险犯,而在删去之后则属于抽

象危险犯。[①] 又如，对《刑法》第145条规定的生产、销售不符合标准的医用器材罪（罪状中包含“足以严重危害人体健康”），也有学者明确指出，其属于具体危险犯。[②] 这一认识也延续到了对妨害药品管理罪的犯罪类型判断中。在学界，对该罪所属的犯罪类型，就有不少论者认为其属于具体危险犯。[③] 但也有论者指出，《刑法》分则中的“足以”型规定并非具体危险犯的标志，而只是对行为性质或者程度的要求，只要行为具有或者达到“足以”性就构成了犯罪，与是否形成了具体性危险无关。[④] 这样，妨害药品管理罪究竟属于具体危险犯还是抽象危险犯，便存在疑问。以下对此展开深入研讨。

（一）抽象危险犯与具体危险犯的界分标准

将危险犯划分为抽象危险犯和具体危险犯是一种传统的危险犯分类方式。对二者的界限，中外刑法学者也多有说明。例如，德国学者克劳斯·罗克辛指出，就具体危险犯而言，行为的客体必须在具体案件中真实地处于危险之中，结果的不发生仅仅是偶然的；而对抽象危险犯来讲，一个行为具有典型的危险性就是对这个行为进行惩罚的原因，其可罚性并不取决于具体案件中一种危险的真正出现。[⑤] 亦即，从处罚根据

---

① 参见高铭暄、马克昌主编：《刑法学》（第8版），北京大学出版社、高等教育出版社2017年版，第375页。

② 参见周光权：《刑法各论》（第3版），中国人民大学出版社2016年版，第214页。

③ 参见杨万明主编：《〈刑法修正案（十一）〉条文及配套〈罪名补充规定（七）〉理解与适用》，人民法院出版社2021年版，第86页；陈冉：《法秩序统一视野下危害药品安全犯罪的刑事责任重构》，载《中州学刊》2021年第4期；谢望原：《药品犯罪的修改完善与合理解释——基于〈刑法修正案（十一）〉的解读》，载《中国法律评论》2021年第1期。

④ 参见杜文俊、陈洪兵：《质疑“足以”系具体危险犯或危险犯标志之通说》，载《中国刑事法杂志》2012年第2期。

⑤ 参见［德］克劳斯·罗克辛：《德国刑法总论》（第1卷），王世洲译，法律出版社2005年版，第222页。

的角度来看,是否要求在具体案件中形成一种真实的危险状态,是二者的主要分野。日本学者山口厚指出,在具体危险犯的场合,其构成要件明文要求"危险"的发生,即是否发生了具体的、高度的危险被独立地作为判断对象;而在抽象危险犯的场合,作为要件所要求的是实行一般的、抽象的危险行为,这样的行为一旦实施通常就能肯定危险的发生。[①] 亦即,从构成要件的角度来看,是否要求发生具体的、高度的危险,是二者的区别所在。我国学者张明楷也指出,"具体危险犯中的危险,是在司法上以行为当时的具体情况为依据,认定行为具有发生侵害结果的紧迫(高度)危险";而"抽象危险犯中的危险不需要司法上的具体判断,只需要以一般的社会生活经验为根据,认定行为具有发生侵害结果的危险即可"。[②] 也就是说,具体危险和抽象危险都是一种可能发生侵害结果的危险,但前者是一种现实的、紧迫的、高度的危险(没有造成实害只是一种偶然),需要结合案件情况进行具体判断;而后者则只需要根据社会生活经验认定行为具有侵害法益的危险性即可。

由上可见,对抽象危险犯和具体危险犯的区分,尽管各论者的论述角度和具体观点并不完全相同,但大体上都认为:具体危险犯中的"危险"是一种对保护法益所构成的现实的、紧迫的、高度的危险状态;而抽象危险犯中的"危险"则主要指的是一种行为可能侵害法益的危险性,其并不要求形成具体的危险状态。也正是在此意义上,前者属于构成要件结果的范畴,后者则不能被作为构成要件结果来看待。[③] 例如,对《刑法》第 330 条规定的妨害传染病防治罪,因其构成要件中包含了"有传播严重危险"这一危险结果,可认为其犯罪类型是具体危险犯;而《刑法》

---

① 参见[日]山口厚:《刑法总论》(第 3 版),付立庆译,中国人民大学出版社 2018 年版,第 46 页。

② 参见张明楷:《刑法学(上)》(第 5 版),法律出版社 2016 年版,第 167 页。

③ 参见[德]约尔格·艾泽勒:《抽象危险型犯罪的立法缘由和界限》,蔡桂生译,载《法治社会》2019 年第 4 期。

第 141 条规定的生产、销售、提供假药罪的构成要件中并不包含这一危险结果，因此其犯罪类型属于抽象危险犯。

笔者认为，上述界分标准准确把握住了具体危险犯与抽象危险犯不同的立法观念与取向，因而是具有合理性的。具体危险犯实际上是传统刑法（古典刑法）中主要的危险犯类型，通常所讲的“危险犯”，一般指的就是具体危险犯。“整体来说，传统刑法的理性典范大多是聚焦在个人、自由权利、（利益侵害的）行为，以及国家干预手段之合理性等建构元素。”[①]因此，传统刑法在危险犯的设置上必然强调法益侵害的紧迫性，从而尽可能限制国家的不当干预，以更好地保障个人的自由权利。而现代社会的抽象危险犯则与法益保护早期化密切相关。[②] 随着现代社会的风险转向，为了积极防范无法估计或难以挽回的法益侵害结果的出现，通过刑法来实现对危险行为的提前控制，就成为立法者维持社会秩序、保障社会安全的一种必要选择。换句话说，立法者之所以采取抽象危险犯这种犯罪类型设置，目的就是通过行为控制的方式来提前介入法益保护。[③] 所以，在抽象危险犯的成立条件上，也就不可能再强调法益侵害的现实紧迫性，而是只要行为体现出法益侵害的危险性即可。

（二）妨害药品管理罪属于抽象危险犯的范畴

对罪状中包含“足以”型规定的犯罪，尽管学界多将其界定为具体危险犯，但按照抽象危险犯与具体危险犯的界分标准，将该类犯罪界定为具体危险犯可能并不适当。这一点从相关司法解释的规定中可以得到说明。例如，根据有关司法解释的规定，对《刑法》第 143 条规定的生产、

---

① 古承宗：《刑法的象征化与规制理性》，台北，元照出版有限公司 2019 年版，第 60 ~ 61 页。

② 参见李婕：《抽象危险犯研究》，法律出版社 2017 年版，第 6 页。

③ 徐凯：《抽象危险犯正当性问题研究——以德国法为视角》，中国政法大学出版社 2014 年版，第 28 页。

销售不符合安全标准的食品罪,只要所生产或销售的食品中含有严重不符合食品安全标准的有害物质,或者属于国家明令禁止生产、销售的食品,就应当认定行为"足以造成严重食物中毒事故或者其他严重食源性疾病";[①]对《刑法》第145条规定的生产、销售不符合标准的医用器材罪,只要所生产或销售的医用器材不符合相关标准要求,可能对人体构成伤害或潜在危害的,就属于"足以严重危害人体健康";[②]对《刑法》第334条规定的非法采集、供应血液、制作、供应血液制品罪,只要所采集、供应的血液或者制作、供应的血液制品中含有艾滋病病毒、乙型肝炎病毒等病原微生物,就可以认定行为"足以危害人体健康"。[③]

从此类规定来看,对已经将"不符合安全标准的食品"或"不符合标准的医用器材"推向市场销售的行为,或者已经将非法采集的血液、制作的血液制品供应到使用单位的行为,可大体认为其已经对保护法益产生了现实的、紧迫的、高度的危险。但是,为销售而购买或囤积同样可以解释为"销售",为供应而暂时存储同样可以解释为"供应"。在此情况下,由于相关产品尚未推向市场,具体危险显然还无从产生。而如果仅仅是生产了此类产品,或者仅仅是非法采集了血液、制作了血液制品,则更不能认为其已经对保护法益产生了现实的、紧迫的、高度的危险。因为这类产品在销售或供应之前可能还需要进行安全检查,行为人也可能基于对查处风险的担忧而暂不销售或供应,在此情况下,实害后果是否会发生就是不确定的,而并非形成了具体的危险状态。但按照相关司法解释的规定,这些情形同样是满足"足以"型规定的。

---

① 参见2021年最高人民法院、最高人民检察院公布的《关于办理危害食品安全刑事案件适用法律若干问题的解释》第1条规定。

② 参见2008年《立案追诉标准(一)》第21条规定。

③ 参见2008年最高人民法院、最高人民检察院公布的《关于办理非法采供血液等刑事案件具体应用法律若干问题的解释》第2条规定。

由此可见,尽管学界倾向于将罪状中包含"足以"型规定的犯罪界定为具体危险犯,但司法实践中却并非如此,而是认为,只要行为具备了足以侵害某种法益的危险性,即便尚未产生现实的、紧迫的、高度的危险状态,也可以成立该类犯罪。换言之,该类犯罪的成立,既不要求产生实害结果,也不要求产生具体危险,只要行为具备侵犯某种法益的抽象危险即可,因而其应当属于抽象危险犯的范畴。可以说,这种认识不仅更加符合"足以"型规定的本来含义,而且也能够实现刑事制裁的周延性,所以是更具合理性的。

基于此,妨害药品管理罪也应当属于抽象危险犯的范畴。也就是说,该罪罪状中的"足以严重危害人体健康",只是对构成要件行为所应当具有的危险属性的要求,而不是对一种具体危险状态的诠释。如果将该罪界定为具体危险犯,则必然要求相关违反药品管理法规的行为对人体健康造成现实的、紧迫的、高度的危险状态,才能构成犯罪。但这一做法无疑会在很大程度上将未实际销售药品的行为排除在该罪的成立范围之外,从而既无法实现制裁的周延性,也会导致刑法介入的滞后性。因为从立法层面来看,之所以增设该罪,目的就是"用最严谨的标准、最严格的监管、最严厉的处罚、最严肃的问责,保障人民群众用药安全"。[①]如果司法实践中随意抬高该罪的入罪标准,则不但会阻碍这一立法目的的实现,也与该罪基本犯较低的法定刑配置(3 年以下有期徒刑或者拘役,并处或者单处罚金)不相协调。

(三)妨害药品管理罪的准确定性是准抽象危险犯

虽然将妨害药品管理罪划入抽象危险犯的范畴具有妥当性,但这却并不符合我们对抽象危险犯的传统认识。通常认为,只有那些在构成要

① 许永安主编:《中华人民共和国刑法修正案(十一)解读》,中国法制出版社 2021 年版,第 62 页。

件中仅规定了“裸”的行为的犯罪类型，才属于抽象危险犯，如生产、销售、提供假药罪，醉驾型的危险驾驶罪等。不过，这显然是一种误解。抽象危险犯是对一类犯罪的概括称谓，按照实害犯、具体危险犯和抽象危险犯的划分方式，只要在构成要件中不要求出现实害结果或具体危险状态的犯罪类型，都属于抽象危险犯的范畴。其中既包括生产、销售、提供假药罪等典型的抽象危险犯，也包括在构成要件中对行为的危险性做出某种限定的犯罪类型。对后者，日本学者将其称为“准抽象危险犯”，[①]德国学者将其称为“具体危险性犯”“抽象—具体危险犯”“适格犯”等。[②] 由于其所指代的都是一种接近或类似于典型抽象危险犯的犯罪类型，因此可将其统一称为“准抽象危险犯”。

从立法形式上看，准抽象危险犯与典型抽象危险犯的主要区别就在于，其在构成要件中除规定了具体的构成要件行为外，一般还对行为的危险性作出了某种限定，如“足以”型规定就是一个标志性特征。由于典型的抽象危险犯缺乏该种限定，因此，对是否允许通过“反证”现实危险性不存在而出罪，就存在理论争议。[③] 例如，在我国，对“醉驾”行为是否应一律入罪，就存在“肯定论”和“否定论”两类见解。[④] 而由于准抽象危险犯存在此种限定，所以，“其行为是否具有危险，尚需在个案中结合对象的性质、行为属性等进行一定程度的具体判断”[⑤]。只不过，这种具体判断并非对具体危险状态的判断，而只是对行为所体现出的危险属性的

---

① 参见[日]大谷实：《刑法讲义总论》(新版第2版)，黎宏译，中国人民大学出版社2008年版，第115页。

② 参见李川：《适格犯的特征与机能初探——兼论危险犯第三类型的发展谱系》，载《政法论坛》2014年第5期。

③ 参见付立庆：《应否允许抽象危险犯反证问题研究》，载《法商研究》2013年第6期。

④ 参见陆诗忠：《论“危险驾驶罪”司法适用中的几个疑难问题》，载《甘肃政法学院学报》2018年第2期。

⑤ 陈洪兵：《准抽象危险犯概念之提倡》，载《法学研究》2015年第5期。

判断。也就是说，准抽象危险犯并不存在是否可以“反证”出罪的问题，其行为的危险性必须要在个案中得到证明。当然，如果认为，“即便是抽象的危险犯，从法益保护主义的角度来看，作为不成文的构成要件要素（或者不成文的违法要素），仍要求存在某种危险”①。那么，准抽象危险犯与典型的抽象危险犯之间，可能只存在立法形式或处罚范围上的差别。

在此基础上可以肯定，由于妨害药品管理罪的成立既不要求出现实害结果，也不要求出现具体的危险状态，因而属于抽象危险犯的范畴；同时，又因其罪状中存在“足以严重危害人体健康”的危险性限定，所以其犯罪类型的准确定性应当是准抽象危险犯。在司法实践中，应当立足于该罪的特殊犯罪类型，对其中的“足以”型规定进行准确判断。对此，笔者将在下文中予以详述。

三、妨害药品管理罪之构成要件的判断

从妨害药品管理罪的犯罪构成体系来看，其与生产、销售、提供假、劣药犯罪的差异主要表现在（不法）构成要件方面。同时，由于该罪的犯罪主体多为相关的药品生产者和经营者，在行为符合构成要件的基础上，也很少存在违法性或有责性方面的阻却事由。所以，对妨害药品管理罪的司法认定，关键就是对其构成要件做出准确的判断。犯罪的构成要件是人们用以甄别可罚举止的（类型化的）要素之总和，同时，在犯罪构造的范围内，只有具备了这些要素，才可以证立行为的不法。② 而就妨

---

① ［日］松原芳博：《刑法总论重要问题》，王昭武译，中国政法大学出版社2014年版，第44页。

② 参见［德］乌尔斯·金德霍伊泽尔：《刑法总论教科书》（第6版），蔡桂生译，北京大学出版社2015年版，第61页。

害药品管理罪来讲,能够用以甄别其刑事可罚性的类型化要素,主要就是其构成要件行为及相应的入罪条件(“足以严重危害人体健康”)。因此,下文重点讨论这两方面的内容。

(一)构成要件行为的类型化认定

构成妨害药品管理罪的前提是行为违反药品管理法规,包括《药品管理法》及其他与药品研制、生产、注册、经营等相关的行政性法律法规。但是,由于“不法构成要件系依据它所想要保护的法益而制定的”①,而并非所有违反该类法律法规的行为均与用药公众的健康和生命权益存在较大程度的关联,故刑法只能将与保护法益关联程度较高的违法行为纳入规制范围。由此也就决定,“关于‘犯罪行为’的认定,对于是否该当构成要件的考虑,必须起到一定的判别机能(犯罪个别化机能)”②。也就是说,只有符合《刑法》第142条之一第1款明确规定的4种(违法)行为类型之一的,才可能构成妨害药品管理罪。所以,对这4种行为类型必须要形成正确的理解。

1.生产、销售国务院药品监督管理部门禁止使用的药品

该种行为类型源于2019年公布的《药品管理法》第124条第1款第5项规定,所针对的行为主体主要是药品生产者和经营者。根据2019年公布的《药品管理法》第67条、第83条规定,国务院药品监督管理部门禁止使用的药品,包括疗效不确切、不良反应大或者因其他原因危害人体健康的进口药品,以及因存在此类情形而被注销药品注册证书的药品。这类药品原本属于2015年公布的《药品管理法》第48条中“按假药论处”的情形之一的药品,2019年修订后的《药品管理法》删除了按假、

---

① 林山田:《刑法通论(上册)》(增订10版),北京大学出版社2012年版,第149页。

② [日]前田雅英:《刑法总论讲义》(第6版),曾文科译,北京大学出版社2017年版,第21页。

劣药论处的情形，以药品质量功效为标准重新界定了假、劣药的范围。[①]从外延上看，国务院药品监督管理部门禁止使用的药品与假药、劣药之间存在交叉关系。如果经证明其符合假药、劣药的定义，二者就会发生重合；如果不能认定其为假药、劣药，则其就属于单纯的国务院药品监督管理部门禁止使用的药品。考虑到后一类药品虽不属于假药、劣药，但仍然关系到药品安全与公众健康，故立法者将其纳入了妨害药品管理罪的规制范围，以进一步严密刑事法网。

2. 未取得药品相关批准证明文件生产、进口药品或者明知是上述药品而销售

该种行为类型源于2019年公布的《药品管理法》第124条第1款第1项及第2款规定。其中，未取得相关批准证明文件而生产、进口的药品，也属于2015年公布的《药品管理法》第48条中"按假药论处"的情形之一的药品，2019年修订后的《药品管理法》将其纳入了第124条的规定。

此种行为类型在实践中具体表现为以下4种情形：(1)未取得相关批准证明文件生产药品。药品是特殊的商品，需要经过国务院药品监督管理部门审评审批才能生产，否则其安全性和有效性就难以得到保障。在实践中，未取得药品生产许可证的"黑作坊"往往生产条件、卫生条件简陋、不达标，生产的药品存在巨大安全隐患，该种行为类型的设置就为打击药品"黑作坊"提供了法律依据。[②] (2)未取得相关批准证明文件进口药品。2019年公布的《药品管理法》第64条至第68条规定了不同种类药品的进口审批程序，未经法定审批程序进口的药品难免会存在安全

---

① 参见2019年公布的《药品管理法》第98条规定。

② 参见周光权：《刑事立法进展与司法展望——〈刑法修正案(十一)〉总置评》，载《法学》2021年第1期。

风险,因而需要严格规制。(3)明知是未取得相关批准证明文件生产的药品而进行销售。例如,明知是“黑作坊”生产的药品而进行销售。(4)明知是未取得相关批准证明文件进口的药品而进行销售。例如,明知是未取得批准文件的“走私药品”而购买并进行销售。

在此需要注意,《刑法》分则中规定的“明知”虽属主观要素,但其实际上也标明了客观要素,只有在确实具备该客观要素(明知的内容)时,才能成立犯罪。[①] 也就是说,如果行为人客观上销售的药品是取得相关批准证明文件生产或进口的药品,即使其主观上认为未取得相关批准证明文件,亦不符合上述第3、4种情形,因而也就不能构成妨害药品管理罪。

3. 药品申请注册中提供虚假的证明、数据、资料、样品或者采取其他欺骗手段

该种行为类型源于2019年公布的《药品管理法》第24条和第123条规定。“药品注册申请,是指药品注册申请人依照法定程序和相关要求提出药物临床试验、药品上市许可、再注册等申请以及补充申请的行为。”[②]药品注册申请过程中提供的佐证材料,旨在证明药品的安全性、有效性和质量可控性,必须真实可靠。无论是“提供虚假的证明、数据、资料、样品”,还是“采取其他欺骗手段”,核心都是通过提供不实的佐证材料来骗取药品注册。药品注册申请是药品进入生产、流通、使用阶段的初始环节,通过欺骗手段骗取药品注册,不仅破坏药品管理秩序,也会在很大程度上增加药品安全风险,因而需要进行严格规制,以从源头上把好药品质量关。

---

① 参见张明楷:《刑法分则的解释原理(上)》(第2版),中国人民大学出版社2011年版,第403~404页。

② 王爱立主编:《中华人民共和国刑法释义》,法律出版社2021年版,第262页。

4. 编造生产、检验记录

该种行为类型源于2019年公布的《药品管理法》第44条和第124条规定,也是对2018年长生生物公司编造生产记录和产品检验记录、随意变更工艺参数和设备事件的立法回应。[①] 所谓"编造生产、检验记录",是指对药品生产、检验的相关流程或数据等做不实的记载,包括全部编造和部分编造。药品生产、检验记录是对药品生产质量进行监督和管理的重要依托,旨在保证实现药品生产流程的可追溯性和质量可控性。"编造生产、检验记录的行为,不能反映药品真实生产过程,不利于对药品生产质量的监督管理。"[②]在实践中,行为人之所以编造药品生产、检验记录,往往是为了掩盖药品生产过程中所出现的违法或违规之处,从而难免会威胁到药品安全,故需强化法律规制。

(二)"足以严重危害人体健康"的关联性判断

由刑法的谦抑原则所支配,刑法并不会将所有的违法行为作为处罚对象,而只是基于一定的理由将值得用刑罚处罚的行为作为规制对象,所以严格来说,构成要件是"可罚的"违法行为的类型。[③] 尽管上述4种行为类型与妨害药品管理罪的保护法益具有较大程度的关联性,但实践中也不能完全排除与该罪的保护法益无涉或者对其威胁较小的情形。因此,为了在立法设计上直接满足刑事可罚性的要求,《刑法修正案(十一)》第7条为该罪设置了"足以严重危害人体健康"的入罪条件。

然而在实践中,如何对法条中的"足以严重危害人体健康"作出准确

---

① 参见时延安等:《刑法修正案(十一)评注与案例》,中国法制出版社2021年版,第129页。

② 杨万明主编:《〈刑法修正案(十一)〉条文及配套〈罪名补充规定(七)〉理解与适用》,人民法院出版社2021年版,第83页。

③ [日]松宫孝明:《刑法总论讲义》(第4版补正版),钱叶六译,中国人民大学出版社2013年版,第41页。

的判断,一直被认为是一个实务难题。也正因如此,在《刑法》修正过程中,有观点建议将妨害药品管理罪中的这一规定修改为“情节严重”,[①]甚至还有观点主张直接将其删除,作为抽象危险犯予以规制。[②] 实际上,这种所谓的“难题”,在很大程度上是源于学界通常将其作为具体危险状态来看待,进而造成了认定上的疑问。例如,有论者指出,对妨害药品管理罪中的“足以严重危害人体健康”,可参照破坏交通工具罪中的具体危险状态来判断,即类似于车辆的车轮被破坏后,该车辆实际投入使用(行驶)时所产生的危险状态。[③] 但是,从妨害药品管理罪的构成要件来看,其不仅包括销售药品的行为,也包括生产和进口药品的行为。那么,对后两种行为,何时才算产生了类似于破坏交通工具的现实、紧迫的具体危险状态,便不无疑问。另外,也有论者指出,对该罪中“具体危险”的判断,不应仅限于药品生产、销售领域,而应着眼于药品设计、生产、流通的整个过程,从危险存在的不同环节作出评价。[④] 但问题在于,通过这种判断方式所得出的结论可能并非“具体危险”,而是抽象危险。同时,该种判断所针对的对象究竟是什么,也并不明朗。

其实,就这一问题,笔者在上文中已经指出,这里的“足以严重危害人体健康”并非具体危险犯的标志,而只是对行为危险属性的诠释,即只要行为本身的危险性达到了此种危险程度即可。至于在个案中对这种危险性的具体判断,则只能围绕涉案药品(包括正在生产的药品)本身的安全性来展开。因为就涉及生产或经营某种产品的犯罪而言,“足以严

---

① 参见赵秉志主编:《〈刑法修正案(十一)〉理解与适用》,中国人民大学出版社 2021 年版,第 101 页。

② 参见时延安等:《刑法修正案(十一)评注与案例》,中国法制出版社 2021 年版,第 130 页。

③ 参见劳东燕主编:《刑法修正案(十一)条文要义:修正提示、适用指南与案例解读》,中国法制出版社 2021 年版,第 48 ~ 49 页。

④ 参见陈冉:《法秩序统一视野下危害药品安全犯罪的刑事责任重构》,载《中州学刊》2021 年第 4 期。

重危害人体健康”一般指的就是可能对产品使用人的人身健康造成较大危害，所以，只有产品本身不具有相应的安全性，才可能产生此种危害。也就是说，在该类犯罪中，违法行为的危险性最终还是要通过行为对象这种“关联物”的危险性来体现。由此，在对是否“足以严重危害人体健康”的判断上，自然就应围绕这一关联要素展开。

对这一点，有关司法解释已经在类似犯罪中提供了相应的判断维度。例如，根据2001年最高人民法院、最高人民检察院公布的《关于办理生产、销售伪劣商品刑事案件具体应用法律若干问题的解释》第3条规定，对1999年公布的《刑法》第141条规定的“生产、销售假药罪”中的“足以严重危害人体健康”，其判断维度就是生产、销售的假药具有如下情形：(1)含有超标准的有毒有害物质的；(2)不含所标明的有效成分，可能贻误诊治的，或者缺乏所标明的急救必需的有效成分的；(3)所标明的适应症或者功能主治超出规定范围，可能造成贻误诊治的。又如，根据2008年《立案追诉标准(一)》第21条规定，对2006年公布的《刑法》第145条规定的生产、销售不符合标准的医用器材罪中的“足以严重危害人体健康”，其判断维度是：(1)进入人体的医疗器械的材料中含有有毒有害物质的，或者有效性指标不符合相关要求，导致治疗、替代、调节、补偿功能部分或全部丧失，可能造成贻误诊治或者人体严重损伤的；(2)有源医疗器械的安全指标不符合强制性标准要求，可能对人体构成伤害或者潜在危害的或主要性能指标不符合相关要求，可能造成贻误诊治或者人体严重损伤的；(3)擅自增加医用器材的功能或适用范围，可能造成贻误诊治或者人体严重损伤的。

从上述司法解释的规定来看，其除了不要求产生具体的危险状态外，还同时表明，对“足以严重危害人体健康”的判断，应主要从行为对象的安全性方面来进行。当然，妨害药品管理罪的行为类型不仅包含进口和销售行为，也包含生产行为。其中，实施前两种行为，一般都会存在相应的成品药品；而实施后一种行为，则既可能存在成品药品，也可能只存在半成品药品或生产原料。那么，对只存在半成品药品或生产原料的情形，就需要结合其生产设计、药品配方、原料质量等相关因素，对拟生产药品的安全性做出准确的鉴定。按照这一思路，对妨害药品管理罪中的"足以严重危害人体健康"，大体可从以下几个方面判断和确认：(1)涉案药品含有超标准的有毒有害物质，可能严重危害人体健康的；(2)涉案药品的有效成分缺失或不符合标准，可能贻误诊治的；(3)涉案药品所标明的适应症或功能主治超出规定范围，可能贻误诊治或者造成严重不良反应的；(4)拟生产或正在生产的涉案药品具有以上特征或者其他情形，可能严重危害人体健康的。

2022 年 3 月，最高人民法院、最高人民检察院发布了《关于办理危害药品安全刑事案件适用法律若干问题的解释》(以下简称 2022 年《药品案件解释》)。对于妨害药品管理罪中"足以严重危害人体健康"的认定，该司法解释第 7 条第 1 款分列了 9 种情形。总体来看，这些情形的判断维度多为涉案药品本身的安全性，但也存在根据行为的违法性和药品的特殊性而进行危险推定的情况。例如，根据 2022 年《药品案件解释》第 7 条第 2 项的规定，未取得药品相关批准证明文件生产药品或者明知是上述药品而销售，且涉案药品属于以孕产妇、儿童或者危重病人为主要使用对象的，或者属于麻醉药品、精神药品、急救药品等特殊药品的，应当认定为"足以严重危害人体健康"。不可否认，考虑到此类药品的特殊用途，未取得批准证明文件而生产或销售，很可能会严重危害用药者的身体健康。但是，将其直接认定为"足以严重危害人体健康"也过于绝对。毕竟，实践中也可能存在虽然违反审批程序，但未影响相关药品本身的疗效的例外情况。对于上述情形，应当在经过专门的药品质量鉴定后，才能得出最终结论。药品属于特殊商品，其安全有效性并不能通过人的感官直接判断，而是需要经过法定药品检验机构的专门技术人员通过专业仪器和方法进行鉴定。[①] 故而,对于判断涉案药品是否达到了"足以严重危害人体健康"的危险程度,需要专门的药品检验机构配合司法机关来共同完成。这方面,2019 年《药品管理法》第 113 条第 3 款已经明确了药品监督管理部门对司法机关的协助义务。2022 年《药品案件解释》第 7 条第 3 款也规定:"对于'足以严重危害人体健康'难以确定的,根据地市级以上药品监督管理部门出具的认定意见,结合其他证据作出认定。"

最后还需注意,这里的"足以严重危害人体健康",在认定标准上是高于"足以危害人体健康"的。参照 2022 年《药品案件解释》第 2 条规定("对人体健康造成严重危害"的认定标准),相关药品的危险程度至少要达到可能对人体造成轻伤、轻度残疾或者器官组织损伤导致一般功能障碍以上的水平。另外,基于"足以严重危害人体健康"的抽象危险性质,在具体认定中可按照一般人标准来进行,但对某些特殊情形也需要特殊对待。例如,如果涉案药品属于麻醉药品、精神药品、医疗用毒性药品、放射性药品、急救药品或传染病疫苗等特殊药品,或者以孕产妇、婴幼儿、儿童、危重病人等为主要使用对象,则在是否"足以严重危害人体健康"的判断上要适度从严把握。

四、妨害药品管理罪之"从一重处断"规定的适用

根据《刑法》第 142 条之一第 2 款的规定,满足妨害药品管理罪的成立条件,同时又构成生产、销售、提供假药罪和生产、销售、提供劣药罪等其他犯罪的,应依照处罚较重的规定定罪处罚。这一款规定可简称为"从一重处断"规定。对该规定的司法适用,有论者指出,在妨害药品管

① 参见罗杰:《药品管理行政责任与刑事责任创新及完善》,载《中国药事》2020 年第 5 期。

理罪与生产、销售、提供假劣药,侵犯知识产权,非法经营,非法行医等其他犯罪发生竞合时,应当依照其他犯罪的规定定罪处罚。[①] 这一见解可能是基于妨害药品管理罪的"预防"属性而形成的判断,暂不论其结论是否正确,至少在文义解释上是不符合该款规定之字面含义的。所谓"依照处罚较重的规定定罪处罚",无疑就是指依照《刑法》对相关犯罪的规定,按何种犯罪进行处罚较重就以何种犯罪定罪处罚,而并非一概依照其他犯罪的规定定罪处罚。所以,对这一问题也需要从法教义学层面展开深入探讨。

(一)"处罚较重"的判断标准:观点争议与学理评析

妨害药品管理罪中的"从一重处断"规定在我国《刑法》中并非个例,类似规定是普遍存在的。对该类规定,理论上通常将其作为想象竞合犯的处断原则来看待。[②] 不过,也有论者认为,妨害药品管理罪中的"从一重处断"规定同时包含了交叉关系法条竞合的处断原则和想象竞合的处断原则。[③] 但在司法适用中,此类规定究竟属于何种竞合类型并不太重要,关键是对"处罚较重"如何判断? 而在这一方面,学界却一直存在争议,大体可分为"法定刑标准说"与"宣告刑标准说"两种观点。

其中,"法定刑标准说"总体上认为,应以法定刑的高低作为判断"处罚较重"的标准。例如,有论者指出,在竞合的数罪中比较处罚轻重,应以法定刑(或应当适用的法定刑幅度)的高低为标准;在法定刑无轻重

---

① 参见许永安主编:《中华人民共和国刑法修正案(十一)解读》,中国法制出版社 2021 年版,第 67 页。

② 参见高铭暄、马克昌主编:《刑法学》(第 8 版),北京大学出版社、高等教育出版社 2017 年版,第 187 页。

③ 参见王彦强:《〈刑法修正案(十一)〉中竞合条款的理解与适用》,载《政治与法律》2021 年第 4 期。

差别时，可以参考各罪的犯罪事实、情节、危害程度等进行轻重比较。①而"宣告刑标准说"则认为，判断何谓"处罚较重"，不应以法定刑的高低为标准，而应以对各罪可能实际判处的刑罚之轻重为标准。② 例如，对生产、销售假冒伪劣商品犯罪与假冒注册商标等犯罪发生竞合时如何择一种重罪处断的问题，有论者明确指出："所谓择一重罪，讲的是对个案中生产、销售假冒伪劣商品行为具体在数个犯罪中应适用的刑罚进行比较而得出的重罪，而不是不问行为的具体符合性，笼统地比较两个犯罪的法定刑。"③

对这两种观点，如果从比较层面而言，可以说"宣告刑标准说"是具有相对合理性的。理由如下：

一方面，如果笼统地按照法定刑（或应当适用的法定刑幅度）的高低来判断何谓"处罚较重"，可能会违反《刑法》总则中明确规定的罪责刑相适应原则。由罪责刑相适应原则作为刑法基本原则的地位所决定，在《刑法》分则条款的适用中不能与其产生直接冲突。该原则对刑罚适用的基本要求就是：对犯罪人判处的刑罚轻重，应当与其所犯罪行的轻重和罪过大小以及应当承担的刑事责任大小相当，不能重罪轻判，也不能轻罪重判。④ 亦即，罪责刑相适应原则本身就包含刑罚个别化的意蕴。同时，在实践中，现实发生罪行的轻重也主要取决于每个罪所蕴含的不法内涵和罪责内涵以及由此决定的量刑情节，而并不是作为抽象和静态

---

① 参见马克昌主编：《犯罪通论》，武汉大学出版社1999年版，第679～680页。

② 这里的"宣告刑"并不是指在刑事判决书中正式确定的宣告刑，而是指以某罪论处所可能判处的刑罚，即一种"预估"的宣告刑。

③ 赵秉志：《论制售假冒伪劣商品犯罪的刑法抗制》，载《河南省政法管理干部学院学报》2002年第2期。

④ 参见王爱立主编：《中华人民共和国刑法释义》，法律出版社2021年版，第9页。

标准的法定刑高低。[①] 这也就决定了,只有以实际的罪行轻重为裁量基础的"宣告刑",才更适合作为比较处罚轻重的标准。

另一方面,如果采取"法定刑标准说",在竞合的数罪法定刑相同(或基本相同)的情况下(如妨害药品管理罪与生产、销售、提供假药罪的基本犯),如何判断处罚轻重也是一个难题。对这一问题,即使上述主张"法定刑标准说"的论者也认为,可以参考各罪的犯罪事实、情节和危害程度等进行轻重比较,而比较的标准自然是依照这些事实和情节等所可能判处的刑罚轻重,这无疑又回到了"宣告刑标准说"。

不过,这只是从比较意义上得出的结论,而并不意味着在"处罚较重"的判断上,"宣告刑标准说"就是最为适宜的路径选择。刑事司法不仅要实现公正性,也要注重效率性。由于"宣告刑"是对犯罪人最终适用的刑罚,所以在裁量过程中势必要对所有与犯罪行为的危害性和犯罪人的人身危险性有关的因素进行综合评价。如果对竞合的数罪逐一进行此种评价,无疑会在很大程度上增加司法负担,进而影响司法效率。而且从逻辑上讲,这种综合评价也并非完全必要。因为无论"行为"构成何罪,在全案中所体现的"人"的危险性因素是相同的,基于不同的罪名对这类相同的因素进行一次又一次的评价,显然是一种不必要的劳动。鉴于此,只有找到一条能够同时兼顾公正性与效率性的判断路径,才能实现对这一问题的有效破解。

(二)妥当的解决方式:以责任刑高低为判断标准

从法教义学层面来看,随着兼顾报应和预防的"并合主义"成为刑罚正当根据理论的主流意见,刑罚的裁量(量刑)也已经形成了清晰的逻

---

① 参见赵丙贵、王雁群:《想象竞合犯处罚的司法适用问题》,载《辽宁大学学报(哲学社会科学版)》2011 年第 2 期。

辑，即“宣告刑是在责任刑之下考虑预防目的而形成的刑罚”[①]。

这里的“责任刑”也可称为报应刑，是指与不法事实的非难可能性程度对应或相当的刑罚。“由于责任是对不法的责任，所以，在行为人不具有责任减轻的场合，与责任相当的刑罚，也可谓与有责的不法相当的刑罚。”[②]据此，在依照满足犯罪构成的基本主客观事实确立量刑基准之后，裁量责任刑所需考虑的主要因素就是：(1)增加不法程度(或法益侵害程度)的有责的不法事实，如超过犯罪成立基本条件的数额、结果或情节等；(2)减少不法程度的客观事实，如未出现实际侵害结果的未遂、中止或预备形态等；(3)可以减少或增加责任本身的可非难程度的相关事实，如责任年龄或责任能力、主观罪过的样态、非构成要件的目的或动机等。也就是说，责任刑主要是对罪行本身的评价。

而基于预防目的所形成的刑罚，一般可称为预防刑。由于通过责任刑的裁量，一般预防目的可基本实现，所以，这里的“预防目的”主要指的就是特殊预防目的，即杜绝或减少犯罪人再次犯罪的可能性。既然预防刑以特殊预防为目的，那么在裁量过程中就需要广泛收集可以说明或体现犯罪人人身危险性的相关事实或情节，以确定什么样的刑罚才可能使犯罪人洗心革面。[③] 亦即，预防刑主要是对犯罪人之人身危险性的评价。不过，考虑到和违法行为的责任非难程度相适应的刑罚，会被作为“正确的”刑罚而被一般国民所接受，预防刑的裁量原则上应该在责任刑的框架内进行。[④] 换言之，预防刑的裁量主要是基于预防目的对责任刑进行适当调节，且调节后的刑罚(宣告刑)不能超过责任刑的上限。

---

① 张明楷：《刑法学(上)》(第5版)，法律出版社2016年版，第551页。

② 张明楷：《责任刑与预防刑》，北京大学出版社2015年版，第239页。

③ 参见张明楷：《责任刑与预防刑》，北京大学出版社2015年版，第339页。

④ 参见[日]城下裕二：《量刑理论的现代课题》，黎其武、赵珊珊译，法律出版社2016年版，第4~5页。

根据责任刑的裁量依据,在某一行为同时构成数个犯罪的情况下,因其在各罪中所体现的法益侵害及其程度有所不同,或者虽然侵害的法益类型相同但刑罚评价尺度不同,所以相应的责任刑轻重就会表现出高低差异。而预防刑的裁量依据是犯罪人的人身危险性因素,由于在全案中这类因素是相同的,所以在根据这类因素对各罪的责任刑进行调节时,无论是调节的向度(从严或从宽),还是调节的比例(从严或从宽的幅度),都是一致或相当的,因而并不可能对责任刑的高低序列形成逆转。这也就意味着,在竞合的数罪中,对各罪应适用的责任刑高低实际上也就决定了各罪最终的"宣告刑"轻重。因此,在"从一重处断"规定的适用中,以责任刑的高低为标准来判断何为"处罚较重"即可,预防刑可以暂不考虑。当然,按照这一标准遴选出"处罚较重"的犯罪后,对该罪最终判处的"宣告刑"应同时体现责任刑和预防刑的要求。这样既提高了司法效率,也贯彻了罪责刑相适应原则。

(三)妨害药品管理罪中"从一重处断"规定的具体适用

就妨害药品管理罪来讲,违反相关药品管理法规而生产、进口或销售的药品,既可能是真药,也可能是假药、劣药,甚至是因技术问题而无法辨明真假的药品,[①]但无论是何种药品,只要"足以严重危害人体健康",便可构成该罪。而在实践中,大多数的假药、劣药也往往是违法、违规生产或进口的,所以,从理论上来说,妨害药品管理罪与生产、销售、提供假药罪和生产、销售、提供劣药罪,便具有了较高的竞合可能性。这也是《刑法》第142条之一第2款专门提及后两种犯罪的直接原因。

在司法实践中,如果以责任刑的高低为标准来判断"处罚较重",可

① 参见张伟珂:《论药品犯罪刑法规制的转型与司法回应》,载《中国刑事法杂志》2021年第2期。

以大体确认,在妨害药品管理罪与以上两种药品犯罪发生竞合时,一般应以后两种犯罪定罪处罚。理由在于:第一,就基本犯而言,妨害药品管理罪与生产、销售、提供假药罪的法定刑大体相同,①但后者属于典型的抽象危险犯,行为成立犯罪并不要求达到"足以严重危害人体健康"的危险程度,②故这种危险情况可以成为升高责任刑的事实。第二,就加重犯而言,妨害药品管理罪的法定刑要明显低于生产、销售、提供假药罪的法定刑,③这说明后者的责任刑"升格"幅度要高于前者,故在责任刑裁量因素相同时,后者的刑罚要重于前者。第三,对妨害药品管理罪与生产、销售、提供劣药罪来讲,因后者不存在危险犯形态,故只有在出现"对人体健康造成严重危害"的结果时,二者才会发生竞合。但在此时,生产、销售、提供劣药罪基本犯的法定刑与上述生产、销售、提供假药罪加重犯的法定刑相同,且明显高于妨害药品管理罪加重犯的法定刑。由此,基于与以上第二点相同的理由,以生产、销售、提供劣药罪论处责任刑更重。

之所以如此,主要是因为上述 3 种药品犯罪的保护法益是相同的,因此在竞合时的责任刑轻重就主要取决于由不同罪刑设计所形成的刑罚评价尺度。而在妨害药品管理罪与其他犯罪发生竞合时,则并不一定也要以其他犯罪定罪处罚。例如,张某未取得批准文件进口国外的药品,数量较大,偷逃应缴税额 10 万元,后经鉴定,这些药品"足以严重危害人体健康"。在本案中,张某的行为便同时构成了走私普通货物、物品罪和妨害药品管理罪,且应适用的法定刑幅度基本相同:前者为"3 年以

---

① 前者为"3 年以下有期徒刑或者拘役,并处或者单处罚金",后者为"3 年以下有期徒刑或者拘役,并处罚金"。

② 即便要求具备实质的法益侵害危险,也只需达到"足以危害人体健康"的程度。

③ 前者为"3 年以上 7 年以下有期徒刑,并处罚金",后者为"3 年以上 10 年以下有期徒刑,并处罚金"。

下有期徒刑或者拘役，并处偷逃应缴税额1倍以上5倍以下罚金”，后者为“3年以下有期徒刑或者拘役，并处或者单处罚金”。如果以走私普通货物、物品罪定罪处罚，鉴于该罪的主要保护法益是国家通过外贸监管所维护的税收利益，影响责任刑的核心因素就是偷逃应缴税额的数额大小，在不存在其他责任刑升高因素的情况下，由于该走私行为刚达入罪标准，①对张某一般应在“3个月以下拘役，并处罚金”的范围内判处责任刑。而如果以妨害药品管理罪定罪处罚，则由于该罪的保护法益是用药公众的健康和生命权益，影响责任刑的核心因素就是犯罪行为对该法益所造成的实际危险或危害程度。在此情况下，因张某所进口的药品数量较大，危险扩散程度较高，所以可相应升高责任刑，即至少可在“1年以下有期徒刑，并处罚金”的范围内判处责任刑。由此，两相比较，对张某未取得批准文件进口国外药品的行为，便应当以妨害药品管理罪定罪处罚。

从立法层面来看，妨害药品管理罪的设立，主要目的是通过对违反药品管理法规的行为进行前置化的刑事制裁，以更有效地维护药品安全和用药公众的健康权益，所以其确实带有一定的预防性质。但不能因此而认为，只要未出现相应的实害后果，对该行为的处罚就一定会轻于有关的实害犯。抽象危险型犯罪的设置本来就是为了预防某种重大法益侵害的出现，因而，行为对保护法益所形成的危险程度大小，本身就是影响其责任刑轻重的重要“变量”，所以在责任刑的裁量上必须要将其与有关的实害犯予以分别看待。概言之，在此类“从一重处断”规定的适用上，根据竞合时数罪的保护法益和犯罪类型，以所应判处的责任刑高低为标准来选择适用“处罚较重”的犯罪，才是具有普遍性的裁量规则。

---

① 根据2014年最高人民法院、最高人民检察院公布的《关于办理走私刑事案件适用法律若干问题的解释》第16条第1款规定，走私普通货物、物品偷逃应缴税额“数额较大”的标准是“10万元以上不满50万元”。

第八章　高空抛物罪中“情节严重”的教义学诠释

一、问题的提出

为了有效治理高空抛物这种“悬在城市上空的痛”，2020 年公布的《刑法修正案(十一)》设置了高空抛物罪。该罪作为现行《刑法》第 291 条之二，规定在刑法分则第六章“妨害社会管理秩序罪”之中，属于“扰乱公共秩序罪”的范畴。根据其罪刑规范，高空抛物行为并非一定构成犯罪，只有“情节严重”的情形才会被作为犯罪处理。在此意义上，“情节严重”可谓高空抛物罪的入罪条件或入罪标准。

在对高空抛物罪的司法认定中，高空抛物行为并不难以确定，但何为“情节严重”，却具有很大的模糊性。从中国裁判文书网公布的相关判例来看，以该罪论处的情形大致可分为两类：一类是有关的高空抛物行为造成了他人受伤或者财产毁损(多为汽车受损)的危害后果；另一类是虽未造成现实危害后果，但行为人从高空抛掷的是玻璃酒瓶、菜刀、花盆、水泥砖块、电饭锅等“高危”物品。从经验认识上讲,将上述情形归入“情节严重”的范畴,实践中并不存在多大争议。但是,问题在于,该罪中“情节严重”的判断标准,特别是底限标准究竟是什么一直含混不清。例如,从高楼抛掷空的易拉罐、纸质垃圾乃至未熄灭的烟头,是否属于“情节严重”?如果认为仅抛掷一次或一只(件)不属于“情节严重”,那么多次抛掷或者一次抛掷的数量较大是否可以构成“情节严重”?或者,向人员密集的场所抛掷是否可以认为是“情节严重”?

对上述问题,目前还不存在有效的司法解释,现有的司法判例也未能提供清晰的判断标准。而立法部门所提出的参考意见则大体沿袭了对“情节严重”的传统解释方式,即主张从高空抛物的次数、数量、场所、造成的损害等方面进行多维或综合认定。① 这种判断方式的优点是考虑比较周全,但最大的缺陷是缺乏核心标准,以至于在面对以上“边界”问题时,同样会陷入决策困境。基于此,为了实现对高空抛物罪的准确认定,对该罪中的“情节严重”,必须要从刑法教义学层面进行全面、系统、深入的诠释。

二、高空抛物罪中“情节严重”的体系定位

在我国《刑法》中,将“情节严重”作为某种犯罪的入罪条件,是一种较为普遍的现象。既然其属于入罪条件,那么在犯罪成立(构成)体系中必然存在相应的体系位置。立足于我国“定性+定量”的犯罪成立模式,将“情节严重”视为某种行为构成犯罪的定量因素,理论上并不存在多大争议。但这种定量因素究竟属于犯罪成立体系中哪一方面的要素,则不

① 参见王爱立主编:《中华人民共和国刑法:条文说明、立法理由及相关规定》,北京大学出版社2021年版,第1141页。

仅司法解释较为混乱，学界也存在不同的认识。然而，对“情节严重”的不同体系定位，必然会影响司法判断中的具体考察内容。“倘若人们不正确地构建或者安排了刑法体系的要素，那么，就有可能导致有缺陷的结果。”[①]由此，对高空抛物罪中“情节严重”的准确把握，首先要从刑法教义学层面明确其合理的体系定位。

（一）“情节严重”体系定位的实然状态

由于“情节严重”或“情节恶劣”在语义上具有一定的概括性和模糊性，所以在许多犯罪的司法解释中，一般也都会对此类入罪条件的具体内涵作出相应的阐释。而从现行司法解释（及立法解释）的相关规定来看，此类条件所包含的具体考察因素非常广泛，既包含行为、后果、主体或主观情况等事中要素，也包含有关的事前和事后要素，如事前受过行政处罚或刑事处罚，事后拒不配合执法等。[②] 有论者从理论上将这些因素归纳为 4 个方面：一是对典型构成要件不法含量的要求（包括主观要素）；二是超出构成要件基本不法量域的加重结果要求；三是客观处罚条件；四是构成要件多次符合的情形或其他基于刑事政策原因提出的案外要求等。[③] 因为其中一些内容已经超越了犯罪构成要件的涵摄范围，故该论者将其称为“类构成要件复合体”。

对高空抛物罪中“情节严重”的认定，一些论者也沿袭了上述宽泛化的解释方式。例如，有论者指出，对该罪中的“情节严重”可从如下几个方面判断：（1）抛物行为发生的时空环境；（2）抛掷物品的种类；（3）抛物

---

① ［德］克劳斯·罗克辛：《刑事政策与刑法体系》（第 2 版），蔡桂生译，中国人民大学出版社 2011 年版，第 64 页。

② 参见张庆立：《“情节严重（恶劣）”的法律解释》，载陈金钊、谢晖主编：《法律方法》第 33 卷，研究出版社 2021 年版。

③ 参见王莹：《情节犯之情节的犯罪论体系性定位》，载《法学研究》2012 年第 3 期。

行为造成或可能造成的危害后果；(4)抛物行为的次数、动机、行为人的前科情况等。[①] 亦即，将这里的"情节严重"也理解为一种"类构成要件复合体"。

(二)"情节严重"体系定位的学理意见

鉴于有关"情节严重"的司法解释存在体系混乱、内容恣意等诸多问题，[②]一些学者在理论反思的基础上，对"情节严重"的体系定位提出了相应的学理意见。其中，有代表性的是以下3种学说。

一是"综合性犯罪构成要件说"。该说认为，《刑法》分则中规定的"情节严重"或"情节恶劣"，在评价范围上应仅限于犯罪构成4个要件方面的内容，而不能独立于犯罪构成要件的内容之外，因此其应属于一种综合性的犯罪构成要件。[③] 亦即，"情节严重"的考察范围可以涵盖犯罪构成中的主客观因素(包括法益的性质，行为的方法、对象、结果，行为人的罪过形式、动机、目的等)，而不应包含行为前后的表现等案外因素。

这一观点立足于"四要件"犯罪构成体系，对"情节严重"的评价范围进行了一定限制。在对高空抛物罪中"情节严重"的认定上，此种见解亦有所体现。例如，有论者即概括性地指出，高空抛物罪中的"情节严重"，"应重点从行为人的主观恶性、行为的危害程度以及造成的危害后果等层面进行综合考量"[④]。

二是"整体的违法性评价要素说"。这一观点是立足于区分违法(不

---

① 参见杨万明主编：《〈刑法修正案(十一)〉条文及配套〈罪名补充规定(七)〉理解与适用》，人民法院出版社2021年版，第299~300页。

② 参见陈洪兵：《"情节严重"司法解释的纰缪及规范性重构》，载《东方法学》2019年第4期。

③ 参见陆建强：《刑法分则条文中"情节严重"类综合性犯罪构成要件研究——以司法实践将综合性要件转化为单一性要件的需求为视角》，载《政治与法律》2012年第8期。

④ 石魏、徐莉：《高空抛物罪的构成应考虑多重因素》，载《中国商报》2021年6月22日，P03版。

法）与责任的阶层式犯罪构成体系而形成的见解。该说总体上认为，当行为符合了客观构成要件中的基本要素后，并不意味着行为的违法性达到了值得科处刑罚的程度，但又难以通过增加某个特定的要素使其达到此种程度。故而，刑法才为其设置了“情节严重”或“情节恶劣”这类整体的违法性评价要素。[①] 由于阶层式犯罪构成体系的基本理念是，“违法是客观的，责任是主观的”[②]，所以，“一旦采取以违法与责任为支柱的三阶层或两阶层体系，就会认为，作为整体的评价要素的‘情节严重’中的情节，并不是指任何情节，只能是指客观方面的表明法益侵害程度的情节”[③]。

这种将“情节严重”的评价范围限定在客观违法层面的见解，在对高空抛物罪的理论解读和司法认定中，都得到了相应的体现。例如，有论者在解读该罪中的“情节严重”时即指出，其主要是指多次实施高空抛物行为、高空抛掷物品数量较大、在人员密集场所实施，以及造成了一定损害等情形。[④] 而从现有高空抛物罪的司法判例来看，其在“情节严重”的认定上，大体上坚持的也是这种客观标准。

三是“客观处罚条件说”。该说也认为，“情节严重”的作用是评价行为的整体违法性是否达到了需要科处刑罚的程度，但其进一步指出，“情节严重”中的“情节”属于违法要素（不法构成要件要素），而其所体现的“严重”程度并不是违法要素，只是一种“客观处罚条件”，行为人对此不需要有认识。[⑤] 关于高空抛物罪中“情节严重”的判断，目前还未发

---

① 参见张明楷：《犯罪构成体系与构成要件要素》，北京大学出版社 2010 年版，第 239 页。

② ［日］前田雅英：《刑法总论讲义》（第 6 版），曾文科译，北京大学出版社 2017 年版，第 17 页。

③ 张明楷：《犯罪构成体系与构成要件要素》，北京大学出版社 2010 年版，第 241 页。

④ 参见许永安主编：《中华人民共和国刑法修正案（十一）解读》，中国法制出版社 2021 年版，第 308 页。

⑤ 参见柏浪涛：《构成要件符合性与客观处罚条件的判断》，载《法学研究》2012 年第 6 期。

现明确支持该学说的见解。

(三)“情节严重”体系定位的应然选择

尽管有效的司法解释具有指导司法实践的功能,但这并不意味着司法解释的任何内容都是完全合理和尽善尽美的。就对“情节严重(恶劣)”的解释而言,有关内容可能已经突破了罪刑法定原则的应有限度。所以,“最高司法机关理应在总结经验的基础上,对于情节的范围与功能做出统一的界定,而不应随心所欲地进行解释,否则有损法的安定性和司法适用的统一性”①。在此基础上,笔者认为,如果从刑法教义学层面加以界定,则上述“整体的违法性评价要素说”是相对合理的。具体理由如下:

其一,“情节严重”的具体内涵不可能包含行为前后的事实情况。我国《刑法》分则为各种具体犯罪设置的定量因素,在规定逻辑上都是对各罪构成要件行为的修饰,即行为本身应达到何种危害程度。由于“刑事不法行为为法益侵害行为”,那么行为的危害程度就集中表现为法益侵害程度。在我国《刑法》中,大多数犯罪中的定量因素也确实是对行为之法益侵害程度的明确要求,如“数额较大”“造成严重后果”“致使……遭受重大损失”等。“情节严重”或“情节恶劣”虽然具有内涵上的模糊性,但基于体系解释的原则,对其具体内容的诠释也不能偏离这一导向,否则即有违反罪刑法定原则之嫌。也就是说,“情节严重”同样是对行为之法益侵害程度的要求。而行为前后的事实情况,则与行为本身的法益侵害程度并无直接关系,所以也不可能进入“情节严重”的涵摄范围。

---

① 陈洪兵:《“情节严重”的解释误区及立法反思》,载《湖南大学学报(社会科学版)》2019年第3期。

对高空抛物罪中“情节严重”的判断，学界一些论者之所以将行为人的“前科”情况也纳入考察范围，可能是受到了2019年最高人民法院公布的《关于依法妥善审理高空抛物、坠物案件的意见》第6条规定的影响。[①] 但是，需要注意的是，该条是对量刑情节（从重处罚情节）的规定，适当考虑行为人的人身危险性情况是有其根据的。而高空抛物罪中的“情节严重”属于定罪情节，在认定上并不能脱离行为本身而去考虑行为人的人身危险性因素。

其二，“情节严重”具有客观属性，在司法判断中不应考虑行为人的主观因素。在阶层式犯罪构成体系中，之所以说“违法是客观的”，核心就在于作为违法性实质的法益侵害是客观的。而“情节严重”是对构成要件行为之法益侵害程度的要求，自然也应当具有客观属性，对其只能围绕可以体现法益侵害程度的客观因素进行判断。[②] 上述“综合性犯罪构成要件说”认为“情节严重”的考察范围可以涵盖犯罪构成中的主客观因素，在根本上是源于我国传统的四要件体系不严格区分违法与责任及其判断顺序，而是在很大程度上将二者理解为混合相加的关系。实际上，“不法与责任之间是递进关系，只有在行为成立不法时，才能进一步评价行为人是否具有非难可能性（责任）；不法与责任的逻辑顺序不能颠倒”[③]。原因在于，违法性与责任有着不同的理论依据，前者可理解为立

---

① 该条规定：“具有下列情形之一的，应当从重处罚，一般不得适用缓刑：(1)多次实施的；(2)经劝阻仍继续实施的；(3)受过刑事处罚或者行政处罚后又实施的；(4)在人员密集场所实施的；(5)其他情节严重的情形。”

② 即便承认故意、过失、目的犯的“目的”等属于主观的违法要素，这些要素也只具有确定行为类型或违法类型的功能，而不能体现具体的法益侵害程度。参见敦宁：《犯罪与治安违法行为的“但书”界分——以“法规竞合”现象为中心》，载《政法论丛》2018年第2期。

③ 石聚航：《侵犯公民个人信息罪“情节严重”的法理重述》，载《法学研究》2018年第2期。

足法益保护主义的原理,而后者则是基于责任主义的要求。[①] 也就是说,只有认为某种不法行为因严重侵害法益而值得科处刑罚时,才能去考虑行为人是否需要为此承担责任。在这方面不能进行逆向或混合判断,认为行为人的责任能力、罪过、目的、动机等主观责任因素,也可以决定法益侵害的有无与程度。"如果将不法和罪责融合到一起,会抹平本质上的事实区别。"[②]

在司法实践中,那些非构成要件的动机、目的及其所表明的主观恶性,因难以准确查明,一般只能作为量刑中的酌定情节对待。当然,如果这种所谓的"主观恶性"已经转化或表现为某种客观行为,进而影响法益侵害程度,也可以成为定罪阶段"情节严重"的考察内容。不过,此时的考察重心显然已经是客观因素,而不是主客观因素。例如,行为人为泄私愤而将几只玻璃酒瓶连续从高楼抛下,可以认为属于"情节严重"。但在此时,行为人的高空抛物行为之所以被评价为"情节严重",显然是因为其连续抛掷酒瓶的行为所造成的法益侵害,而并不是因为其具有"为泄私愤"的目的或动机。

其三,在理论上不宜将"情节"与其严重程度予以割裂看待,进而将后者作为一种"客观处罚条件"。一方面,情节与其严重程度是不可分割的,情节的存在状态或表现形式,本身就反映了其严重程度。在司法评价中,情节表现形式属于事实评价的范畴,其严重程度属于价值评价的范畴,二者是从不同维度对同一种存在进行的评价,最终统一于对"情节严重"的认定。而且,由于刑法并不是将所有违法行为作为处罚对象,而只是将值得用刑罚进行处罚的违法行为作为规制的对象,所以,构成要

① 参见[日]山口厚:《刑法总论》(第3版),付立庆译,中国人民大学出版社2018年版,第24页。

② [德]克劳斯·罗克辛:《刑事政策与刑法体系》(第2版),蔡桂生译,中国人民大学出版社2011年版,第91页。

件应当是一种“可罚的”违法行为类型。[①] 据此，为（刑事）违法性奠定基础的就不可能只是泛泛的情节，而必须是达到“严重”程度的情节表现，即“情节严重”。

另一方面，情节犯的成立，也并非不需要行为人对情节的严重程度具有认识。国外刑法中的“客观处罚条件”，是基于刑事政策上限制处罚范围的考虑，在不法与责任的关联系统之外单独列出的一类决定行为可罚性的客观因素，其并不属于主观归属的对象。[②] 而在我国《刑法》中，无论是作为结果犯定量因素的“数额较大”或“造成严重后果”，还是作为情节犯定量因素的“情节严重”或“情节恶劣”，都是对行为之法益侵害程度的诠释，因而也都是决定行为之刑事可罚性的违法要素。既然这些定量因素与不法相关，那么“作为违法要素就受到责任主义的制约。只有在行为人有认识的情况下，惩罚才是正当的”[③]。例如，某女与其男友吵架，激愤之下，将其男友写给自己的一摞情书（装在若干信封中）从 8 楼抛下，但并未认识到其中一个信封中还装有一把剪刀，所幸未造成伤害后果。在该案中，由于某女不可能认识到自己所实施的是“情节严重”的高空抛掷剪刀行为，令其承担刑事责任就是违反责任主义。

综上所述，高空抛物罪中的“情节严重”，应属于该罪犯罪构成中整体的违法要素，不仅行为人要对其具有一般认识，而且在具体评价上也只能围绕该罪的保护法益，从其客观危害性层面展开。

---

① 参见［日］松宫孝明：《刑法总论讲义》（第 4 版补正版），钱叶六译，中国人民大学出版社 2013 年版，第 41 页。

② 参见［德］乌尔斯·金德霍伊泽尔：《刑法总论教科书》（第 6 版），蔡桂生译，北京大学出版社 2015 年版，第 52 页。

③ 车浩：《阶层犯罪论的构造》，法律出版社 2017 年版，第 309 页。

三、高空抛物罪中“情节严重”的法益依托

既然对高空抛物罪中“情节严重”的解读和判断,必须要依托于该罪的保护法益来进行,那么合理界定该罪的保护法益,就成为一个绕不开的问题。如果在这里出现了认识错误或偏差,同样会影响对高空抛物罪的准确认定。

(一)关于高空抛物罪保护法益的学理争鸣

高空抛物罪被规定在《刑法》分则第六章“妨害社会管理秩序罪”之中,由于此类犯罪内容庞杂、类型多样,对该罪的保护法益到底是什么,也就产生了多种不同的见解。对此,大体可分为“单一法益说”和“复合法益说”两种观点。

所谓“单一法益说”,顾名思义,即认为高空抛物罪的保护法益(犯罪客体)是单一的。因为该罪被规定在《刑法》分则第六章“妨害社会管理秩序罪”之中,且属于第一节“扰乱公共秩序罪”的范围;于是,将章节标题所标明的社会管理秩序或公共秩序直接作为该罪的保护法益,便成为一种主流的观点。[①] 不过,也有论者指出,将社会秩序作为高空抛物罪的保护法益,与该罪的体系位置相符合,但社会秩序是一种相对抽象的概念,不宜直接使用,可以将其具体解读为:“公民在公共空间内人身和

---

① 代表性文献可参见王爱立主编:《中华人民共和国刑法:条文说明、立法理由及相关规定》,北京大学出版社 2021 年版,第 1142 页;劳东燕主编:《刑法修正案(十一)条文要义:修正提示、适用指南与案例解读》,中国法制出版社 2021 年版,第 240 页;彭文华:《〈刑法修正案(十一)〉关于高空抛物规定的理解与适用》,载《苏州大学学报(哲学社会科学版)》2021 年第 1 期。

财产的安宁与平稳。”[①]也就是说，对设置该罪所欲保护的社会秩序，应进行一种具体化的理解。

相对于“单一法益说”，“复合法益说”总体上认为，高空抛物罪的保护法益并不仅限于社会管理秩序或公共秩序，而是还包括其他一些实体权益。例如，有论者明确指出：“本罪的保护法益是公共秩序和公民的人身安全。”[②]也有论者指出，高空抛物罪侵犯的客体具有复杂性，不仅有正常的社会管理秩序，还有他人的人身、财产权益，甚至公共安全。[③]

（二）对现有观点的批判性分析

关于高空抛物罪的保护法益，虽然上述“单一法益说”和“复合法益说”存在法益数量上的认识差异，但在将社会管理秩序或公共秩序作为该罪的保护法益方面，二者并不存在分歧。然而，将此类秩序作为该罪的保护法益，所存在的最大问题就是其法益内容过于模糊和抽象，可以对其进行任意填充，以致最终沦落为“口袋法益”，使法益本应具有的限制刑事制裁范围的机能荡然无存。

例如，从高空抛掷纸质垃圾或塑料瓶盖的行为也会在一定程度上扰乱公共秩序，而按照情节判断的通常标准，如果行为人多次抛掷或者一次抛掷的数量较大，一般就可认定为“情节严重”，进而成立高空抛物罪。但是，这一结论的得出却并不一定合理。因为，由刑罚的严厉性所决定，刑法对法益的保护具有辅助性或补充性，即只有在采取民事或行政等其他手段不足以保护某种法益时，刑法才对其提供保护。也正是在此意义上，可以说，“刑法仅仅保护法益的一部分，同时，刑法对这部分的保护也

① 时延安等：《刑法修正案（十一）评注与案例》，中国法制出版社 2021 年版，第 383 页。

② 周光权：《刑法各论》（第 4 版），中国人民大学出版社 2021 年版，第 419 页。

③ 参见杨万明主编：《〈刑法修正案（十一）〉条文及配套〈罪名补充规定（七）〉理解与适用》，人民法院出版社 2021 年版，第 298 页。

并不总是一般性的,而经常仅仅是对个人的攻击行为才提供保护(如在财产上)"[①]。就此来看,从高空抛掷纸质垃圾或塑料瓶盖的行为,即便多次实施或一次抛掷的数量较大,通常也很难对他人的人身或财产安全构成威胁。而如果行为完全没有危险或只具有极其轻微的危险性,则我们并不需要将其纳入刑事处罚范围,也不需要考虑管理秩序法益是否受到侵害的问题。[②]

由此可见,将社会管理秩序或公共秩序直接作为刑法的保护法益,只会导致法益日益抽象化和精神化,并最终使法益概念彻底丧失其限制刑罚处罚的功能。[③] 也正是基于对这一风险的担忧,在以上"单一法益说"内部,有论者主张对此种秩序法益进行具体化解读,即将其解释为"公民在公共空间内人身和财产的安宁与平稳"。从方法论的角度来看,这种法益确定方式是值得肯定的,但因其只对公共秩序进行了"平义化"解释,而未能从高空抛物罪的构成要件入手进行必要的内容限缩,所以也同样无法为该罪划定合理的制裁边界。例如,有论者就认为,那些对人身没有具体伤亡危险的抛洒污水污物行为,因其扰乱了公众生活的安定性(安全感),也应构成高空抛物罪。[④] 但是,将该种情形作为犯罪处理,很难说符合刑法在法益保护上的辅助性特征。因此,这一观点亦不足取。

至于前述"复合法益说"的见解,虽然在一定程度上避免了高空抛物罪保护法益过于抽象化的缺陷,但如何处理其中的秩序法益与其他实体

---

① [德]克劳斯·罗克辛:《德国刑法学总论》(第1卷),王世洲译,法律出版社2005年版,第23页。

② 参见李志恒:《集体法益的刑法保护原理及其实践展开》,载《法制与社会发展》2021年第6期。

③ 参见刘艳红:《积极预防性刑法观的中国实践发展——以〈刑法修正案(十一)〉为视角的分析》,载《比较法研究》2021年第1期。

④ 参见林维:《高空抛物罪的立法反思与教义适用》,载《法学》2021年第3期。

法益的关系，仍然是一个难以厘清的问题。如果认为相关秩序法益的内容不包含对公众的人身、财产等实体法益的维护，则这种秩序法益的确立将会失去意义。理由在于，“如果只是借着‘国家的保护’‘社会的保护’而不顾及对人类（社会人）存在的保证者，则此种形式上的保护，将不具有任何意义。因为任何法律秩序，必须顾及人类（社会人）生活的保护”①。而如果认为相关秩序法益的内容已经内含了对公众的人身、财产等实体法益的维护，则再另外列举此类实体法益，无疑是多余的。这就是“复合法益说”存在的逻辑悖论。

（三）高空抛物罪保护法益的合理确定

通过上述分析可以发现，现有对高空抛物罪保护法益的界定，要么过于抽象，要么存在逻辑矛盾，因而都不够合理。基于此，对该罪的保护法益，必须要立足于法益的应然内涵进行重新确定。

通常认为，所谓法益，即法律所保护的人的生活利益。而刑法上的法益，就是由刑法所保护的人的生活利益。“所谓‘人的生活利益’，不仅包括个人的生命、身体、自由、名誉等利益，而且包括建立在保护个人的利益基础之上因而可以还原为个人利益的国家利益与社会利益。”②“这些利益的存在并非法制的产物，而是社会本身的产物。但是，法律的保护将生活利益上升为法益。”③迄今为止，法益理论已经经历了100多年的历史流变，其间产生了种种不同的法益概念。日本学者伊东研祐在对法益概念史进行全面梳理和分析的基础上，提出了一个共识性的法益概念，即“法益是指：所在国家的宪法构成（应该）的社会内，作为该社会

① 陈志龙：《法益与刑事立法》，台湾大学丛书编辑委员会1992年版，第137页。

② 张明楷：《刑法学（上）》（第6版），法律出版社2021年版，第78页。

③ ［德］弗兰茨·冯·李斯特：《李斯特德国刑法教科书》，徐久生译，北京大学出版社2021年版，第6页。

构成成员的共同生活的存立必不可少的条件，而且是由纯粹规范所保护(应该)的因果性变更可能的对象”①。按照这一概念，无论是个人法益，还是社会法益、国家法益等超个人法益(公法益)，都必须具备两个特点：一是与人的生活利益(自由发展)的关联性；二是能够体现因果性变更的实在性(可把握性)。据此，如果某种对象与人的生活利益无关，则其并不能成为法益。同时，“若保护的对象抽象得无法让人把握，则该对象也不能被看作是法益”②。

由于超个人法益的存在，某种“秩序”并非不能被看作法益。但是，就此类法益而言，只有当其与个人法益具有同质性，能够被分解或者还原成个人法益，是促进人类发展的条件且具有重要价值时，才是值得刑法保护的法益。③ 换句话说，“对社会成员生存、发展不具有重大价值的秩序，即使可能受到其他法的保护，也不一定能够成为刑法上的法益”④。这也就意味着，在刑法解释上，并不能将抽象的社会管理秩序或公共秩序直接作为刑法的保护法益看待，而是必须要从刑法保护法益的辅助性出发，将其中真正值得刑法保护的、与个人利益相关的具体法益内容分解出来，否则必然会导致处罚的不确定性。而在分解方式上，则必须要依托于个罪的具体构成要件来进行。理由在于：一方面，如果刑法条文的规定是明确的，那么从该规定中应该能够推断出立法者清楚的保护目的，并且还能够对理论解说的任意扩张设定界限。⑤ 另一方面，即使各种犯罪所侵害的法益属于同类保护法益，各种犯罪也可能因具体构

① [日]伊东研祐：《法益概念史研究》，秦一禾译，中国人民大学出版社2014年版，第348页。

② [德]克劳斯·罗克辛：《对批判立法之法益概念的检视》，陈璇译，载《法学评论》2015年第1期。

③ 参见张明楷：《高空抛物案的刑法学分析》，载《法学评论》2020年第3期。

④ 张明楷：《法益初论》(增订本)，商务印书馆2021年版，第196页。

⑤ 参见[德]克劳斯·罗克辛：《德国刑法学总论》(第1卷)，王世洲译，法律出版社2005年版，第102页。

成要件的不同,而具有不甚相同的保护法益内容。例如,在我国《刑法》分则第四章规定的“侵犯公民人身权利、民主权利罪”中,各种具体犯罪的保护法益就不是完全相同的。

在此基础上,对高空抛物罪保护法益的确定,也要紧密结合其构成要件来诠释。从该罪的构成要件行为来看,“从建筑物或者其他高空抛掷物品”,在实践中的表现多种多样,有的可能会对他人的人身或财产造成损害,有的则并不会危及他人的人身或财产安全(如抛掷一张废纸)。从刑法保护法益的辅助性特征出发,后一类情形显然不宜纳入高空抛物罪的规制范围。而对前一类情形来讲,该罪的规制范围是仅限于危及人身安全的行为,还是也同时包括单纯危及财产安全的行为?或者说,设置该罪所保护的实体法益是仅限于人身安全,还是同时包含人身安全与财产安全呢?这里便存在争议。对这一问题,笔者倾向于认为,设置该罪所保护的实体法益应当只限于人身安全。当然,高空抛物行为也难免会造成财产损失,但其构成高空抛物罪必须以可能危及人身安全为前提,对那些只可能造成财产损失的行为不宜作为该罪处理。例如,行为人多次将作画后的颜料污水用脸盆倒至楼下,无疑可能危害楼下行人的财产安全(可能使衣物等受到污损),但因不会危及他人的人身安全,以高空抛物罪论处并不适当。可以说,这种法益界定不仅体现了刑法的谦抑性,也更加符合设置高空抛物罪的立法原意,即维护人民群众“头顶上的安全”。①

最后,考虑到高空抛物罪所处的体系位置,对该罪保护法益的完整界定应当是“不特定人在公共空间中的人身安全”。因为该罪毕竟处于

---

① 参见李宁:《关于〈中华人民共和国刑法修正案(十一)(草案)〉的说明——2020 年 6 月 28 日在第十三届全国人民代表大会常务委员会第二十次会议上》,载《中华人民共和国全国人民代表大会常务委员会公报》2021 年第 1 期。

“扰乱公共秩序罪”之中,如果行为人是在非公共空间(如已经封禁的工厂)实施高空抛物行为,则不能按该罪论处。同时,如果行为人是在高空向公共场所中的特定人抛掷危险物品(不可能波及其他人),则宜按故意伤害(杀人)罪或其未遂论处。此外,这里的“不特定人”,指的是被害对象不特定,而并非指危险可能向不特定多数人扩散。如果属于后者,则因已经危及公共安全,可按照相应的危害公共安全类犯罪论处。[①]

四、高空抛物罪中“情节严重”的底限标准

在将高空抛物罪的保护法益确定为“不特定人在公共空间中的人身安全”之后,便可依托于该法益来对“情节严重”展开具体判断。由于“情节严重”具有内容上的延展性,可以包含不同的轻重情形,所以,对该罪中“情节严重”的认定,关键问题并不是确认哪些行为属于明显严重的情形,而是明确其底限标准。从实践中的情况来看,大体上可以将高空抛物行为的法益侵害程度由重到轻划分为3类情形,即造成实害后果、形成具体危险状态与只具有抽象危险性(或行为危险性)。那么,对高空抛物罪中“情节严重”之底限标准的确定,实际上就是对这3类情形的合理选择,即将何种情形作为该罪“情节严重”的最低成立条件?

(一)实害后果标准之否定

在司法实务中,对高空抛物罪中“情节严重”的认定不以造成实害后果为限,基本上已成定论。但在学界,仍有论者指出,司法上认定高空抛物罪应以产生民事侵权责任为基础,如果连适用民事侵权责任的条件都不具备,即适用《刑法》条款追究当事人的刑事责任,则势必会导致民法

---

① 参见张明楷:《高空抛物案的刑法学分析》,载《法学评论》2020年第3期。

的阵地全无。[①] 换言之，只有在相关的高空抛物行为造成实害后果，进而产生民事侵权责任时，才可能将其认定为“情节严重”。该观点的提出，主要是基于刑法谦抑主义的考虑，但其合理性则是存在疑问的。

民事责任是当事人因破坏平等主体之间的权利义务关系而产生的责任。无论是违约责任还是侵权责任，都是违法(违约)行为人对受害人所应承担的责任，其功能在于对受害人提供补救，使受害人遭受的全部损失得到恢复。[②] 也就是说，民事责任的承担以被害人遭受损失为前提。而刑事责任是行为人因实施犯罪行为需要向国家承担的责任。国家进行刑事追责的主要目的不是恢复被害人的损失，而是对违反刑事禁令的个体给予规范性非难，并以刑事制裁的方式预防再犯罪，实质是特殊公法关系的体现。[③] 同时，刑法既保护个人法益，也保护社会法益和国家法益。而为了有效实现保护法益、维持社会秩序的目的，刑法不仅惩罚实际侵害法益的犯罪行为，也惩罚威胁法益或对法益造成危险的犯罪行为。[④] 在此基础上，如果认为只有在对个人造成实际损失的情况下，刑法才能发动，则必然会从根本上推翻刑法中的各种危险犯设置乃至未遂、中止等犯罪停止形态制度，这恐怕是很难接受的。

当然，刑法需要保持谦抑性，“但是，这并不意味着相对于其他的法律而言刑法处于从属的地位。在想用刑罚这种强力手段保护一定的法益这一点上，刑法具有独自的存在意义”[⑤]。换句话说，在通过其他法律

---

① 参见刘艳红：《民刑共治：国家治理体系与治理能力现代化路径》，载《法学论坛》2021 年第 5 期。

② 参见王利明等：《民法学(上)》(第 6 版)，法律出版社 2020 年版，第 265 页。

③ 参见曹波：《高空抛物“入刑”的正当根据及其体系性诠释》，载《河北法学》2021 年第 2 期。

④ 参见[日]大谷实：《刑法讲义总论》(新版第 2 版)，黎宏译，中国人民大学出版社 2008 年版，第 4 ~ 5 页。

⑤ [日]大塚仁：《刑法概说(总论)》(第 3 版)，冯军译，中国人民大学出版社 2003 年版，第 25 页。

手段不能充分实现对法益的保护时,刑法就可以选择用自己的方式介入法益保护。就高空抛物行为而言,尽管我国《民法典》第1254条为其规定了民事责任,但该责任的承担同样是以"造成他人损害"为前提的,那些虽未造成损害但严重危及人身安全的高空抛物行为并不在民事责任的承担范围,如未造成实害的高空抛掷菜刀、斧头、剪刀等行为。然而,这类高空抛物行为毕竟会对他人的人身安全构成重大威胁,刑法若不加以规制,势必难以有效保障人民群众"头顶上的安全"。也就是说,"若感觉民事上的救济是不充分的话,为了覆盖这样的问题,犯罪化的领域就会得以扩张"①。由此,考虑到民事法律和刑事法律不同的任务要求,对高空抛物行为的刑法规制切不可"唯结果论",是否造成损害后果,可以作为是否从严处罚的依据,但不应作为刑法规范是否介入的"门槛"。②

(二)具体危险状态标准之摒弃

关于高空抛物罪中"情节严重"的底限标准,学界也有一些论者主张将其限定为具体的危险状态,即将该罪作为具体危险犯看待。③ 而是否坚持这一标准,首先需要明确何为"具体危险(状态)",以及其在高空抛物罪中的形成条件。

对具体危险犯中的"具体危险(状态)",中外学者有着不同的表述,但所达成的一个基本共识就是:具体危险犯中的"危险"是一种对保护法

---

① [日]山口厚:《刑法总论》(第3版),付立庆译,中国人民大学出版社2018年版,第6页。

② 参见时延安等:《刑法修正案(十一)评注与案例》,中国法制出版社2021年版,第378页。

③ 参见陈俊秀:《高空抛物罪的教义学阐释及司法适用——以〈刑法修正案(十一)〉与〈高空抛物意见〉为中心》,载《北京社会科学》2021年第8期;姜涛:《高空抛物罪的刑法教义学分析》,载《江苏社会科学》2021年第5期。因各论者对高空抛物罪的保护法益具有不同认识,所以在具体危险状态的认定标准上也不尽相同。

益构成的现实的、紧迫的、高度的危险状态，其属于构成要件结果的范畴（危险结果），需要结合案件情况进行具体判断。[①] 那么，就高空抛物罪而言，如果将“不特定人在公共空间中的人身安全”作为该罪的保护法益，则行为所形成的具体危险就应当是：对他人的人身安全所构成的现实的、紧迫的、高度的危险状态。在实践中，这种危险状态的产生必须满足两个基本条件：一是高空之下应存在相对确定的受害对象；二是受害对象应处于可能被抛落物致伤的特定空间之内。与此同时，既然具体危险状态属于一种构成要件结果，则行为人在主观上需要对其形成明确的认识，否则即便出现了这种危险状态，也不能对行为人进行主观归责。

在高空抛物罪的司法判例中，也确实存在将具体危险状态作为“情节严重”认定依据的情形。例如，在崔某高空抛物案、张某方高空抛物案和卢某高空抛物案中，被告人的行为虽未造成实害后果，但都是“险些砸中”楼下的行人，故可认为其已经对他人的人身安全形成了一种具体危险，法院亦认定其属于“情节严重”，构成高空抛物罪。[②] 然而，实践中所发生的高空抛物案，更多的是行为人随机而为，高空之下是否有人或者相关人员所处的具体位置往往并不确定，事后也难以调查。这样，将具体危险状态作为入罪标准，进而予以主观归责，必然会存在重重困难。在司法实践中，如果严格按照具体危险犯的标准来认定高空抛物罪，无疑会造成对高空抛物行为的制裁范围大幅收缩，从而难以实现立法目的。基于此，有学者合理推测，立法机关之所以在设置高空抛物罪时不采取（明确的）具体危险犯模式，一个重要的考虑因素可能就是对危险结

---

① 参见敦宁：《妨害药品管理罪的法教义学分析》，载《政治与法律》2021 年第 12 期。

② 参见安徽省亳州市谯城区人民法院（2021）皖 1602 刑初 937 号刑事判决书；山东省青岛市城阳区人民法院（2021）鲁 0214 刑初 645 号刑事判决书；湖南省郴州市北湖区人民法院（2021）湘 1002 刑初 145 号刑事判决书。

果的举证和认定困难,从而会对法律规制效果产生不利影响。[①]

另外,从高空抛物罪的法定刑配置情况来看,也不宜将具体危险状态作为该罪“情节严重”的底限标准。我国《刑法》第291条之二为该罪配置的法定刑幅度是:“一年以下有期徒刑、拘役或者管制,并处或者单处罚金。”此种法定刑本身已属轻刑配置,考虑到“具体危险状态”对保护法益的严重威胁,如果将其作为入罪的最低标准,则势必会造成管制、单处罚金等较轻刑种处于虚置的状态,这也是不符合立法意图的。因此,具体危险状态标准亦不可取。

(三)行为危险性标准之确立及其司法适用

从逻辑上讲,既然造成实害后果和形成具体危险状态都不适宜作为高空抛物罪中“情节严重”的底限标准,那么其结论只能是,行为对保护法益具有抽象危险性即可。这里的“抽象危险性”,又称行为危险性,不要求行为产生具体危险状态或实害结果,只要行为本身具有可能侵害法益的危险性即可。也就是说,高空抛物罪应属于抽象危险犯的范畴。但是,其在形式上又不同于传统的(或典型的)抽象危险犯。因此,对这里的行为危险性标准,必须要进行合理的解读与适用。

1. 行为危险性标准的理论证成

通常认为,抽象危险犯系立法者依据生活经验推定某种类型的行为具有对保护法益的一般性危险,因而,只要实施了构成要件行为,即可认定具有这种危险,其并不需要法官就个案审查是否真有危险性出现。[②]基于这一理解,典型的抽象危险犯立法模式就是罪状中只规定构成要件

---

① 参见彭文华:《〈刑法修正案(十一)〉关于高空抛物规定的理解与适用》,载《苏州大学学报(哲学社会科学版)》2021年第1期。

② 参见林山田:《刑法通论(上册)》(增订10版),北京大学出版社2012年版,第158页。

行为，而对其危险性不作任何限定。例如，我国《刑法》第133条之一中规定的醉驾型的危险驾驶罪，第141条规定的生产、销售、提供假药罪等。在这种认识的基础上，一般认为，如果立法者在某些犯罪的构成要件行为之外还附加了“危害公共安全”“足以发生……危险”“引起……危险”等字样，就说明其不属于抽象危险犯，而是具体危险犯。[①] 对高空抛物罪，有论者正是基于这种习惯性理解而直接指出，该罪罪状中“情节严重”的表述，就是指向具体危险犯的典型标签。[②]

然而，上述认识并不符合实际情况。近年来的一些研究成果已经有力地说明：在我国《刑法》中，那些通常被认为属于具体危险犯典型标志的“危害公共安全”“足以发生……危险”等规定，其实并不一定是对具体危险状态的揭示，而完全可能是对行为之危险性的限定。[③] 有关司法解释也可以证实这一事实。例如，我国《刑法》第145条规定的生产、销售不符合标准的医用器材罪的罪状中就包含了“足以严重危害人体健康”的附加条件，但是，根据2008年《立案追诉标准（一）》第21条的规定，只要所生产的医疗器械含有超过标准的有毒有害物质或者有关指标不符合要求，就满足了这一条件，而并不需要将其推向市场，进而产生具体危险。也就是说，此类犯罪的成立，既不要求产生实害后果，也不要求产生具体危险状态，因而同样属于抽象危险犯的范畴。对这种抽象危险犯类型，国外学者在与传统的抽象危险犯相区分的意义上，将其称为“准

---

① 参见周光权：《刑法各论》（第4版），中国人民大学出版社2021年版，第177页。

② 参见陈俊秀：《高空抛物罪的教义学阐释及司法适用——以〈刑法修正案（十一）〉与〈高空抛物意见〉为中心》，载《北京社会科学》2021年第8期。

③ 代表性文献可参见杜文俊、陈洪兵：《质疑“足以”系具体危险犯或危险犯标志之通说》，载《中国刑事法杂志》2012年第2期；陈洪兵：《准抽象危险犯概念之提倡》，载《法学研究》2015年第5期；李川：《适格犯的特征与机能初探——兼论危险犯第三类型的发展谱系》，载《政法论坛》2014年第5期。

抽象危险犯”或“适格犯”等。[①] 其与传统抽象危险犯的主要差异就在于,“单纯的行为方式还不足以反映出行为的具体危险性,因此立法者才在构成要件中额外附加了‘适格性’条款”[②]。同时,行为是否满足这种“适格性”条款,也需要在个案中进行一定程度的实质性判断,不过此时并非对具体危险状态的判断,而只是对行为之现实危险性的判断。[③]

对一些具有危险犯属性的情节犯来讲,立法上将抽象的行为要素与灵活的、具备司法裁量空间的“情节严重(恶劣)”相结合的规定形式,也同样体现了这类犯罪“准抽象危险犯”或“适格犯”的属性。[④] 就高空抛物罪而言,由于单纯的高空抛物行为未必会危及他人的人身安全,所以立法者才通过增加“情节严重”来对其危险性进行限定。坚持这一定性,既可以将那些不可能威胁到人身安全的高空抛物行为排除在制裁范围之外,也可以通过规制危险行为的“超前保护”形式,切实、有效地实现对高空抛物这种充满随机性和不确定性的“飞来横祸”的积极预防,因而在总体上是合理的。并且,在高空抛物罪的适用中,也已经出现了一些单纯的行为危险性被认定为“情节严重”的司法判例。例如,在李某兰高空抛物案[⑤]中,被告人李某兰于深夜23时许,在上海市某高楼住处内,为贪图方便,将装有废弃玻璃瓶、快递外包装等垃圾的塑料袋从阳台窗口随

---

① 相关文献可参见[日]山口厚:《刑法总论》(第3版),付立庆译,中国人民大学出版社2018年版,第46页;[日]大谷实:《刑法讲义总论》(新版第2版),黎宏译,中国人民大学出版社2008年版,第115页;徐凯:《抽象危险犯正当性问题研究——以德国法为视角》,中国政法大学出版社2014年版,第163~164页;李川:《适格犯的特征与机能初探——兼论危险犯第三类型的发展谱系》,载《政法论坛》2014年第5期。

② 徐凯:《抽象危险犯正当性问题研究——以德国法为视角》,中国政法大学出版社2014年版,第164页。

③ 参见陈洪兵:《准抽象危险犯概念之提倡》,载《法学研究》2015年第5期。

④ 参见李川:《适格犯的特征与机能初探——兼论危险犯第三类型的发展谱系》,载《政法论坛》2014年第5期。

⑤ 参见上海市闵行区人民法院(2021)沪0112刑初901号刑事判决书。

手丢下,后掉落在该楼南侧近人行步道的草坪上(案件并未显示周边有行人)。法院认为,被告人李某兰的行为构成高空抛物罪。

不过,作为入罪标准,高空抛物行为不仅需要具备对保护法益的危险性,而且还需达到一定的危险程度,否则仍然可能造成制裁范围过大的问题。例如,从5楼抛下一只未熄灭的烟头也可能将他人的肌肤烫个“红点”或“小包”,对此不能说没有危及他人的人身安全。但如果将该行为入罪,则较为牵强,也不符合“情节严重”的应然定位。因为在我国“定性+定量”的犯罪界定模式下,“情节严重”的主要功能就是限定行为的法益侵害程度,即将其限定到值得科处刑罚的程度。所以,在入罪标准上,必须要对高空抛物行为的危险性设置一定的程度要求。笔者认为,将其限定为“可能造成他人受轻微伤以上的后果”,是相对合理的。这样不仅与高空抛物罪较低的法定刑配置相协调,也能与故意伤害等犯罪形成适当的区分。

2. 行为危险性的司法判断逻辑

由于“准抽象危险犯”或“适格犯”中的行为危险性不是一种推定的危险性,而是现实的危险性,所以,“此种危险需要法官结合个案中的客观情况来综合判断其行为是否对法益具有实质侵害性”①。在具体的司法判断逻辑上,可以按照如下两个步骤逐次展开审查。

第一步,确定行为是否具有导致相应法益侵害的危险属性。这一层次的判断重点是高空抛物行为本身的危险性质。也就是说,单从行为表现来看,其是否具备“可能造成他人受轻微伤以上的后果”的基本属性。如果不具有这一属性,也就谈不上现实危险性的问题。比如,从5楼向下抛掷几张废纸,无论楼下有多少人,都不可能对其造成伤害。而高空抛物行为是否具有这一属性,则主要取决于抛掷物品的种类和行为人所

① 王煜东、孙国月:《实质解释立场下高空抛物罪的限缩适用》,载《河北法学》2022年第9期。

处的空间高度两个方面,并且需要将这两个方面结合在一起判断。例如,我们不能直接去说从楼上抛下一个鸡蛋是否具有致害危险,而是必须要同时考虑行为人所处的空间高度。有实验数据表明:一个 30 克的鸡蛋从 4 楼抛下砸中人会让人起肿包,从 8 楼抛下可致人头皮破损,从 18 楼抛下就可砸破人的头骨,从 25 楼抛下则可致人当场死亡。[①] 从高空抛掷手机的情形也是如此。例如,在卢某高空抛物案中,被告人卢某从 25 楼的窗户向楼下人行道抛掷 3 部手机,从而被法院认定构成高空抛物罪。[②] 该案中,被告人之所以构成高空抛物罪,核心因素并不是其抛掷手机的次数或数量,而是从 25 楼抛下手机所产生的重大危险性。如果被告人是从 3 楼抛下手机,则一般不会产生"可能造成他人受轻微伤以上的后果"的危险性,所以也不宜认定为犯罪。

第二步,确定行为是否具有导致相应法益受侵害的现实危险性。相较于传统的抽象危险犯,"准抽象危险犯"或"适格犯"的主要特点就是通过为行为设置限定条件,以标明行为的现实危险性,这样也就在立法上为否定行为现实危险性的因素留下了判断空间。[③] 换句话说,尽管行为具备能够导致法益侵害的危险属性,但由于某种因素的存在,可以阻断危险行为向具体危险状态或实际侵害的转化,则应当否定行为的危险性。[④] 例如,行为人经过认真观察,确认楼下的垃圾堆放场所及其周边并无行人,继而从 4 楼将一袋装有玻璃碎片和废纸的垃圾抛至楼下的垃圾

---

① 参见朱珠:《高空抛物后果严重可入罪》,载《上海人大月刊》2016 年第 4 期。

② 参见湖南省郴州市北湖区人民法院(2021)湘 1002 刑初 145 号刑事判决书。

③ 不过,现在有观点认为,从法益保护主义的立场来看,即便是传统的抽象危险犯,也应当将存在某种危险(现实危险性)作为不成文的构成要件要素。参见[日]松原芳博:《刑法总论重要问题》,王昭武译,中国政法大学出版社 2014 年版,第 44 页。

④ 德国学者霍耶将这类因素称为对危险的"否定因素"(Negationfaktor),并认为,这类"否定因素"的存在会导致"适格犯"无法成立。参见李川:《适格犯的特征与机能初探——兼论危险犯第三类型的发展谱系》,载《政法论坛》2014 年第 5 期。

堆。在此种场合，因抛掷物的飘落时间非常短暂，其间不可能出现突然闯入的行人，所以可基本否定行为的危险性。但如果是从 24 楼向下抛掷，则因抛掷物飘落时间较长，且可能受风力影响发生位移，故不能直接否定行为的危险性。由于高空抛物罪所规制的底限性危险毕竟是一种行为危险，而非结果性的危险状态，因此，只有在能够极大概率地排除行为之现实危险性的场合，才能否定这种"危险"。换言之，只要某种高空抛物行为具有造成相应法益受侵害的可能性，即使概率相对较低，也不宜直接排除行为的危险性。

最后需要注意的是，高空抛物行为的（底限）入罪标准是行为的危险性，而不是行为人的人身危险性，故不能将单纯影响后者的因素作为"情节严重"的判断依据。例如，如果某种高空抛物行为本身不具有危险性，则无论行为人是"多次实施"，还是"经人劝阻后继续实施"，抑或"受过处罚后再次实施"，都不能据此认定该行为属于"情节严重"，否则就会突破法益保护主义立场下的行为刑法的应有边界，而"建立在自由的法治国基本原则基础上的一种法律制度，总是倾向于行为刑法的"①。

① ［德］克劳斯·罗克辛：《德国刑法学总论》（第 1 卷），王世洲译，法律出版社 2005 年版，第 106 页。

第九章　自洗钱行为入罪后的洗钱罪适用

2020年公布的《刑法修正案(十一)》第14条对洗钱罪进行了立法修正,其核心内容是:通过删除《刑法》原第191条规定中的"明知""协助"等用语,进而将自洗钱行为纳入了洗钱罪的规制范围。[①] 这一立法修正不仅赋予了自洗钱行为在法律上的独立评价性,也为洗钱罪的犯罪构成注入了新的内容,由此开创了洗钱罪的"新局面"。那么,自洗钱行为入罪后,洗钱罪的犯罪构成体系发生了哪些变化,对其如何正确认定?自洗钱行为入罪后又会带来哪些实践问题,对其又如何进行破解?从理论上澄清和解决这些问题,对司法实践中合理适用修正后的洗钱罪具有重要意义。鉴于此,本章从分析自洗钱行为入罪的立法根据入手,对上述问题展开全面的研究与探讨。

---

① 除此之外,《刑法修正案(十一)》第14条还对洗钱罪的罚金刑配置、单位犯罪的罚则等内容进行了调整。本章对这些内容暂不展开讨论。

一、自洗钱行为入罪的立法根据

“赃物犯罪”的传统理论认为，行为人完成犯罪后，在与该犯罪相随而继续存在的违法状态中通常所包含的赃物处置行为，是被该犯罪的构成要件所评价完毕的行为，因而属于“不可罚的事后行为”。[①] 由此，只有在他人对该犯罪的赃物或违法所得实施掩饰、隐瞒等行为时，该行为才会因妨害正常的司法活动而被认定为“赃物犯罪”。例如，在我国，对作为普通“赃物犯罪”的掩饰、隐瞒犯罪所得、犯罪所得收益罪（《刑法》第312条），一般即认为，“本犯自己掩饰、隐瞒犯罪所得、犯罪所得收益的行为属于不可罚的事后行为，不构成本罪”[②]。2020年公布的《刑法修正案（十一）》出台之前，我国对洗钱罪的立法也沿袭了这一基本思路，在该罪的犯罪主体中排除了上游犯罪的本犯。然而，《刑法修正案（十一）》第14条却打破了此种立法模式，将上游犯罪本犯的自洗钱行为也纳入了洗钱罪的规制范围。由此，对这一立法举措的正当性根据，必须要从理论上进行深入的分析和说明。

（一）自洗钱行为具有可罚性和独立性

所谓“自洗钱”，是指实施洗钱罪上游犯罪的行为人，为了掩饰、隐瞒犯罪的违法所得及其收益的来源和性质而实施的洗钱行为。关于自洗钱行为是否具有独立的可罚性，理论上一直存在疑问。但是，受传统“赃物犯罪”理论的影响，学界的主流意见认为，自洗钱行为是一种“不可罚

---

① 参见［日］大谷实：《刑法讲义总论》（新版第2版），黎宏译，中国人民大学出版社2008年版，第437～438页。

② 高铭暄、马克昌主编：《刑法学》（第8版），北京大学出版社、高等教育出版社2017年版，第562页。

的事后行为”。对此，有论者说明：“正是考虑到洗钱罪与上游犯罪存在的紧密依附关系，在传统赃物罪的思路下，我国刑事立法者认为‘本犯’实施洗钱是上游犯罪的延伸和后续行为，属于‘不可罚的事后行为’，故在《刑法》第191条中不对自洗钱独立入罪。”[①]然而，将自洗钱行为作为“不可罚的事后行为”来看待，在理论上可能是存在问题的。

所谓“不可罚的事后行为”，又称“事后不可罚行为”，是指行为人在犯罪行为完成后，为确保或利用前行为所得之不法利益，在原法益的范围内又对主行为所造成的不法状态加以保持或者利用，未侵害新法益的行为。[②] 在学界，尽管对“不可罚的事后行为”有不同的概括，但其核心都是认为，此处的事后行为是针对同一法益的侵犯行为，因而才具有“不可罚性”。[③] 例如，在购买枪支、弹药后又持有的场合，持有行为就是一种“不可罚的事后行为”。因为持有是购买行为的自然延伸，且未侵犯新的法益（所危害的仍是公共安全），在非法制造、买卖、运输、邮寄、储存枪支、弹药、爆炸物罪中已经进行了涵括性评价，故不必另行处罚。

但是，从洗钱罪的犯罪构成来看，自洗钱行为却并不能归属于“不可罚的事后行为”的范畴。原因在于，自洗钱行为所侵犯的法益，与上游犯罪的保护法益是不同的。而且，从洗钱罪的7种上游犯罪来看，其本身的保护法益也并不完全一致。例如，一般认为，毒品犯罪的保护法益（犯罪客体）是国家对毒品的管理秩序，走私犯罪的保护法益是国家的进出口管理秩序，而洗钱罪的保护法益则是国家正常的金融管理秩序和司法

---

① 王新：《〈刑法修正案（十一）〉对洗钱罪的立法发展和辐射影响》，载《中国刑事法杂志》2021年第2期。

② 参见方岩：《洗钱犯罪主体范围评析——洗钱犯罪主体应否包括上游犯罪本犯》，载《黑龙江省政法管理干部学院学报》2008年第4期。

③ 参见贾学胜：《事后不可罚行为研究》，载《现代法学》2011年第5期。

机关的正常活动。[①] 因此，洗钱罪的保护法益具有独立性，其并不依附于上游犯罪的保护法益。而自洗钱行为相较于为他人洗钱行为，只有主体上的不同，在侵犯的法益类型上是一致的。所以，将自洗钱行为归入"不可罚的事后行为"，显然并不合适。

此外，反对自洗钱行为入罪的另一重要理由是"自洗钱行为会因为与上游犯罪存在牵连关系而被涵括在上游犯罪中进行罪责评价"[②]。但是，这一理由也是站不住脚的。一般认为，所谓牵连犯，是指犯罪的手段行为和目的行为或者原因行为和结果行为存在牵连关系，并触犯不同罪名的情况。[③] 之所以在刑法无明确规定时，对牵连犯采取"从一重处断"原则，原因就在于此类牵连关系的存在。然而，在自洗钱行为与其上游犯罪之间，却并不存在此类牵连关系。

一方面，上游犯罪与自洗钱行为之间通常不存在手段与目的的牵连关系。一般来讲，行为人实施上游犯罪的目的并不是洗钱，而是获取非法收益。洗钱则是将从上游犯罪获得的非法收益"漂白"，从而更有效地逃避司法机关的追查或追缴。也就是说，在上游犯罪行为实施完毕时，其本来的目的已经达成，现在所要着手实施的洗钱行为是为了实现一个新目的，即赋予上游犯罪的非法收益以"合法"的外衣。所以，上游犯罪与自洗钱行为之间并不存在"同一性"的目的支配关系，而是各自具有不同目的的两种(类)相对独立的行为。

另一方面，上游犯罪与自洗钱行为之间一般也不存在原因与结果的牵连关系。原因行为与结果行为之间的牵连关系，通常是指两个行为在自然意义上的引起与被引起关系，即"有因必有果"。例如，非法制造枪

---

① 参见高铭暄、马克昌主编：《刑法学》(第8版)，北京大学出版社、高等教育出版社2017年版，第369、415、594页。

② 姚兵：《我国自洗钱行为不独立成罪的原因分析》，载《河北法学》2012年第6期。

③ 参见张明楷：《刑法学(上)》(第5版)，法律出版社2016年版，第490页。

支的“原因行为”,一定会导致非法持有枪支的“结果行为”。而就自洗钱行为而言,其并不是实施上游犯罪后必然造成的结果,而是上游犯罪行为人基于自主选择,有意识地实施的新的违法行为。在实践中,也并非所有的上游犯罪行为人都会去实施自洗钱或让他人洗钱的行为。所以,认为上游犯罪与自洗钱行为之间具有原因与结果的牵连关系,亦是不符合实际情况的。

总之,自洗钱行为不仅侵犯了新的法益,而且与上游犯罪之间也并不存在法律上的牵连关系,所以其自身是具备可罚性和独立性的。《刑法修正案(十一)》第14条正是对这一点的肯定。据此而言,将自洗钱行为入罪,在立法上是具有正当性基础的。

(二)有效治理洗钱犯罪的现实需要

从犯罪治理层面来看,将自洗钱行为入罪,也是有效治理洗钱犯罪的现实需要。相关统计资料显示:2016年,全国人民法院一审审结涉及洗钱罪刑事案件28件,生效判决17人;2017年审结32件,生效判决20人;2018年审结47件,生效判决52人;2019年审结77件,生效判决83人。2016年,全国人民法院一审审结涉及掩饰、隐瞒犯罪所得、犯罪所得收益罪刑事案件5226件,生效判决9249人;2017年审结5358件,生效判决10,293人;2018年审结4742件,生效判决11,287人;2019年审结5623件,生效判决13,700人。① 由这些统计数据可见,虽然近年来审结的洗钱罪案件数量与判决人数已呈现明显的上升趋势,但与同期审结的掩饰、隐瞒犯罪所得、犯罪所得收益罪案件数量及判决人数相比,仍然差距巨大。

---

① 参见《中国反洗钱报告》(2016年至2019年),载中国人民银行反洗钱局网,http://www.pbc.gov.cn/fanxiqianju/135153/135282/index.html。

从理论层面分析，产生这一现象的原因大致有如下两个方面：一是自洗钱行为不入罪客观上使洗钱案件大幅减少。洗钱罪的上游犯罪大都带有一定的隐蔽性或私密性（典型的如毒品犯罪、走私犯罪、贪污贿赂犯罪等），而且其违法所得往往数额巨大，一旦被查获将会直接面临极其严厉的刑事制裁。在此情况下，为了尽可能避免犯罪信息外泄，如果能进行自我“漂白”，犯罪人一般并不愿意“假手他人”。而洗钱罪的上游犯罪又普遍带有有组织犯罪或集团犯罪的性质，这也使其“内部处理”具有了较大的可行性。这样，借助他人来实施洗钱行为的情形必然会相应减少。二是自洗钱行为不入罪也增加了洗钱案件的侦破难度。按照《刑法》原第191条的规定，只要行为人明知是他人实施上游犯罪的违法所得及其收益而进行洗钱，就可构成洗钱罪。亦即，洗钱罪的查处重点是他人的洗钱行为，而非上游犯罪。同时，由于自洗钱行为未入罪，相关机关在查办上游犯罪时，自然也会有意无意地忽视上游犯罪人之后实施的洗钱行为。但是，在实践中，洗钱活动多为上游犯罪人积极推动的结果，而且很多情况下上游犯罪人也会在洗钱过程中发挥指导或主导作用。这样，对上游犯罪人在洗钱活动中所起作用的“双重忽视”，势必会不适当地增加洗钱案件的查办难度，进而导致该类案件难以认定。由此，自洗钱行为不入罪，已经难以满足有效治理洗钱犯罪的现实需要。

此外，随着信息网络技术对社会生活的全面覆盖，金融安全在国家总体安全格局中的地位已显著上升。在此背景下，洗钱行为也早已超越了早期附属于上游犯罪的单一属性，而威胁到了政治、经济、社会等多个领域，因此被国际社会公认为“冷战”之后典型的“非传统安全问题”之一。[①] 由洗钱行为所蔓延和裂变出的危害性，在一定程度上甚至超越了对上游犯罪的法律否定评价，其所侵害法益的新型特征并不能为上游犯

① 参见欧阳卫民：《反腐败、反洗钱与金融情报机构建设》，法律出版社2006年版，第18页。

罪所覆盖和全面评价。① 所以,如果自洗钱行为不入罪,不仅难以满足有效治理洗钱犯罪的现实需要,在合理贯彻罪责刑相适应原则方面也是说不过去的。也正是基于这一考虑,国务院办公厅在《关于完善反洗钱、反恐怖融资、反逃税监管体制机制的意见》(国办函〔2017〕84 号)中明确提出,要"按照我国参加的国际公约和明确承诺执行的国际标准要求,研究扩大洗钱罪的上游犯罪范围,将上游犯罪本犯纳入洗钱罪的主体范围"。2020 年公布的《刑法修正案(十一)》将自洗钱行为纳入洗钱罪的规制范围,在一定程度上可以说是对以上意见的立法实现。

(三)对洗钱犯罪国际立法潮流的回应

从国际层面来看,1988 年通过的《联合国禁止非法贩运麻醉药品和精神药物公约》是较早对洗钱犯罪作出规定的法律文件。根据该公约第 3 条第 1 款第 a 项和第 b 项的规定,明知财产得自生产、销售、运输、进口或出口麻醉药品或精神药物等犯罪行为,为了隐瞒或掩饰该财产的非法来源,或为了协助任何涉及毒品犯罪的人逃避其行为的法律后果而转换或转让该财产,隐瞒或掩饰该财产的真实性质、来源、所在地、处置、转移相关的权利或所有权的行为,应确定为刑事犯罪。这种犯罪显然是指洗钱犯罪。而且,从条文表述来看,其也没有对构成洗钱犯罪的主体范围作出明确的限定,也就是说,"为了隐瞒或掩饰该财产的非法来源"的规定,亦可指向上游犯罪本犯。

在此之后通过的《联合国打击跨国有组织犯罪公约》《联合国反腐败公约》等也都明确规定了洗钱犯罪,但其同时附带性地规定:在缔约国本国法律基本原则要求的情况下,可以规定公约所列的洗钱犯罪不适用于

---

① 参见王新:《〈刑法修正案(十一)〉对洗钱罪的立法发展和辐射影响》,载《中国刑事法杂志》2021 年第 2 期。

实施上游犯罪的人。也正是基于这种附带性规定,有论者认为,我国未将自洗钱行为入罪没有违反公约的强制性义务规定。[①] 但是,这种见解是存在疑问的。因为我国刑事法律中并不存在反对自洗钱行为入罪的明确规定,而且,从罪责刑相适应原则的基本要求出发,考虑到自洗钱行为对金融秩序等法益的重大侵害,也不宜将只实施上游犯罪的情形与既实施上游犯罪又实施自洗钱行为的情形予以同等对待。事实上,国际组织金融行动特别工作组(Financial Action Task Force,FATF)在对我国反洗钱工作进行评估时已经明确提出,我国误解了"禁止双重惩罚"的原则,忽略了洗钱犯罪的特殊性,并尖锐地指出本犯不能构成洗钱犯罪的规定已经严重地影响了反洗钱的实际效果。[②]

确实,从世界范围来看,自洗钱行为入罪已经在很多国家和地区得到了认可和贯彻。例如,美国刑法中规定的"以非法所得进行金融交易罪",犯罪主体包含了上游犯罪者本人;英国2002年《犯罪收益追缴法》规定的"安排犯罪财产罪",也涵盖了犯罪者自己处置犯罪财产的行为。[③] 在欧洲,作为大陆法系代表国家的德国,其刑法典第261条规定的"洗钱、隐瞒非法获得的财产价值罪",在规制范围上同样包含了"自洗钱"行为。[④] 作为我国的近邻俄罗斯,其刑法典第174-1条还专门对"自洗钱"行为作出了规定,即"使本人通过犯罪取得的资金或其他财产合法化",而且,对该行为的处罚还部分重于对"为他人洗钱"行为的处罚。[⑤]

---

① 参见张宝:《全球化背景下洗钱罪争议问题探析》,载《河北法学》2017年第4期。

② 参见王肃羽、祁琳、刘坤:《洗钱罪法律适用问题探析》,载《金融理论与实践》2019年第11期。

③ 参见胡隽:《洗钱罪的立法比较与完善探析》,载《山东社会科学》2009年第5期。

④ 参见《德国刑法典》,徐久生译,北京大学出版社2019年版,第182~184页。

⑤ 参见《俄罗斯联邦刑法典》,黄道秀译,北京大学出版社2008年版,第87页。

由此可见,自洗钱行为入罪已经成为国际立法潮流。在此背景下,无论是基于践行国际公约的要求,还是为了维护我国作为一个负责任大国的国际形象,将自洗钱行为入罪都是一个必要的选择。

二、自洗钱行为入罪后的洗钱罪构成体系

尽管将自洗钱行为入罪具有立法上的正当根据,但此举势必会在很大程度上对我国原来的洗钱罪构成体系造成冲击。由此,在自洗钱行为入罪之后,必须要从洗钱罪的保护法益出发,对该罪的犯罪构成体系进行重新解读和阐释,以保证司法实践中的准确适用。

(一)洗钱罪保护法益的明确

"刑法的任务是保护法益,是19世纪提出来的一条重要理论。所以,没有或者不允许有不针对特定法益的刑法规定。"①基于此,"在刑法理论的建构脉络里,法益侵害通常被视为行为具有刑罚性的正当性依据之一,法益本身同时也是作为解释各罪之不法构成要件的主要基准"②。又因"法益是作为个人、社会和国家的具体利益而成为保护对象的"③,故而存在个人法益、社会法益和国家法益的分野。其中,后两者可概称为集体法益或超个人法益。当然,刑法保护集体法益的最终目的也是维护个人的自由和发展。而从洗钱罪在我国《刑法》分则中所处的体系位置来看,因其被规定在分则第三章第四节"破坏金融管理秩序罪"之中,

---

① [德]冈特·施特拉腾韦特、洛塔尔·库伦:《刑法总论Ⅰ——犯罪论》,杨萌译,法律出版社2006年版,第29页。

② 古承宗:《刑法的象征化与规制理性》(修订2版),台北,元照出版有限公司2019年版,第252页。

③ 张明楷:《法益保护与比例原则》,载《中国社会科学》2017年第7期。

所以其保护法益显然是一种集体法益。

但是,对这种集体法益的具体内容到底是什么,学界却存在不同的见解,大体可分为"单一法益说""复杂法益说""不确定法益说"三种观点。其中,"单一法益说"的主要见解为,洗钱罪的保护法益是单一的,即国家正常的金融管理秩序。[①]"复杂法益说"的传统见解为,洗钱罪的保护法益是双重的,即国家正常的金融管理秩序和司法机关的正常活动。[②]同时,也存在一些其他的观点。例如,有论者认为,洗钱罪的保护法益是"国家对金融的管理制度和社会治安管理秩序"。[③]也有论者认为,洗钱罪的保护法益是金融管理秩序、公共安全秩序和司法机关的正常活动。[④]而"不确定法益说"则认为,洗钱罪的保护法益是不确定的,因为洗钱行为既可能侵害国家正常的金融管理秩序,也可能侵害司法机关的正常活动,还可能侵害社会管理秩序。[⑤]

综观上述观点,首先可以肯定的是,"不确定法益说"因未明确洗钱罪保护法益的固定内容,所以并不具有妥当性。刑法设立某一具体犯罪,都是为了保护某种特定的法益,即实施该种犯罪必然会侵犯到此种法益。至于那些偶然可能侵犯的法益,可以作为量刑情节看待,但并不属于该种犯罪的保护法益范围。例如,刑法设立抢夺罪的目的就是保护他人的财产权,尽管有些抢夺行为可能会附带性地造成人身伤害,但并非所有抢夺行为都会造成人身伤害,所以人身健康权益并不属于抢夺罪

---

① 参见张明楷:《刑法学(下)》(第5版),法律出版社2016年版,第793页。

② 参见高铭暄、马克昌主编:《刑法学》(第8版),北京大学出版社、高等教育出版社2017年版,第415页。

③ 参见周道鸾、张军主编:《刑法罪名精释(上)》(第4版),人民法院出版社2013年版,第309页。

④ 参见周振想主编:《金融犯罪的理论与实务》,中国人民公安大学出版社1998年版,第217页。

⑤ 参见刘宪权:《金融犯罪刑法理论与实践》,北京大学出版社2008年版,第417页。

的保护法益范围,这种法益的侵害只能作为量刑情节看待。如果将某种犯罪可能侵犯的法益都纳入该罪的保护法益范围,则必然会导致其内涵“无边无际”,进而丧失对犯罪认定的指导作用。而在“复杂法益说”内部,有的法益类型过于抽象,如“社会治安管理秩序”。所谓“治安”,一般指的就是社会秩序的安宁,故治安秩序可能涉及方方面面,其内涵并不固定。有的法益类型则与洗钱罪并不存在相关性,如“公共安全秩序”。“公共安全”所指代的一般是不特定多数人的生命、健康与财产安全,但“公共安全”又是与人身权益密不可分的,在某些危害公共安全的场合,尽管行为是在侵害财产,但公共安全也是在与人身相关联的意义上才被刑法保护的。① 而洗钱罪则通常并不涉及对人身权益的保护,所以人身权益也不宜纳入该罪的保护法益范围。

经由上述分析可以发现,关于洗钱罪保护法益的争议,实际上主要表现为“单一法益说”与传统的“复杂法益说”的分野,即究竟是单一的国家的金融管理秩序,还是国家正常的金融管理秩序和司法机关的正常活动。在这方面,对将“国家正常的金融管理秩序”纳入洗钱罪的保护法益范围,各种观点基本没有不同意见。笔者对此也表示认同。② 原因不仅在于该罪被规定在“破坏金融管理秩序罪”这一类罪之中,更重要的是,该罪规定的构成要件行为所体现的金融性质也已经为其保护法益认定提供了线索。

在这里,关键问题是,“司法机关的正常活动”是否属于洗钱罪的保护法益范围?对此,从法益侵害必然性的角度来讲,理应将其作为该罪的保护法益之一。因为洗钱罪源于传统的“赃物犯罪”,其核心表现就是

① 参见周光权:《刑法各论》(第3版),中国人民大学出版社2016年版,第153页。

② 当然,在具体的法益内容上,“国家正常的金融管理秩序”应当被解读为:国家通过建构和维持相应的金融管理秩序所保护的社会公众的经济或金融利益。为论述方便,本章也将其概称为“国家正常的金融管理秩序”。

对上游犯罪所得及其收益的来源和性质予以掩饰和隐瞒，进而将其“合法化”。而根据我国《刑法》第 64 条规定，犯罪人违法所得的一切财物，都应当予以追缴或者责令退赔。亦即，对犯罪所得及其收益进行追缴或者责令退赔，是司法机关法定的职务活动。在此情况下，通过洗钱行为来掩饰、隐瞒犯罪所得及其收益的来源和性质，必然会阻碍这一职务活动的正常行使，甚至还会在一定程度上造成上游犯罪无法被有效查处。所以，将“司法机关的正常活动”作为洗钱罪的保护法益之一并无不当。而上述持“单一法益说”的论者其实也并不否认洗钱行为都会妨害司法是一个客观事实，只是认为，如果将“司法机关的正常活动”也作为洗钱罪的保护法益，在该罪与掩饰、隐瞒犯罪所得、犯罪所得收益罪发生竞合时，可能无法按想象竞合犯论处，从而不利于发挥想象竞合的明示机能。① 但这种担忧是不必要的。因为即便如此，洗钱罪侵犯的也是双重法益，而掩饰、隐瞒犯罪所得、犯罪所得收益罪侵犯的只是单一法益（司法机关的正常活动），二者发生竞合时仍然属于想象竞合犯，并不会因此而转变为法条竞合犯。

综上，从事实层面而言，洗钱罪的保护法益应该就是“国家正常的金融管理秩序和司法机关的正常活动”。虽然《刑法修正案（十一）》将自洗钱行为做了入罪处理，但自洗钱与为他人洗钱只有犯罪主体上的不同，具体的洗钱行为对保护法益的侵害是一致的，所以也并不会影响洗钱罪保护法益的确定。不过，从与普通“赃物犯罪”相区分的意义出发，在对该罪的司法认定上应特别重视金融秩序法益的指导意义。也就是说，如果某种掩饰、隐瞒犯罪所得及其收益的行为并未妨害国家正常的金融管理秩序，则不能将其认定为洗钱罪。

---

① 参见张明楷：《刑法学（下）》（第 5 版），法律出版社 2016 年版，第 793 页。

(二)洗钱罪不法要件的重新阐释

在区分不法与责任的阶层式犯罪构成体系的语境下,所谓不法要件,主要指的是能够合理诠释行为违法性的构成要件,如行为、结果、因果关系,乃至时间、地点等。基于洗钱罪作为行为犯的性质,以及自洗钱行为入罪对该罪行为构造的冲击,这里重点对其构成要件行为在新形势下作出解读与阐释。

1. 提供资金账户的洗钱行为

《刑法修正案(十一)》第14条对《刑法》原第191条第1款第1项规定的"提供资金账户"行为未做修改。自1997年《刑法》规定洗钱罪开始,"提供资金账户"的行为就是一种典型的洗钱行为。该行为之所以被规定为洗钱行为,主要原因在于提供资金账户可以掩饰上游犯罪所得及其收益的来源和性质,进而使其"合法"地流入金融体系,这不仅严重破坏金融秩序的正常运转,也会给国家追缴犯罪所得及其收益带来阻碍。在实践中,为了满足洗钱的需要,行为人所提供的资金账户往往数量较大。例如,在潘某民等人的洗钱案中,被告人利用所收集的多人身份证,办理了67张工商银行灵通卡,进而为上游犯罪所得提供了大量的资金账户。①

对"提供资金账户"中的"账户",应当作广义理解,包括真名账户、匿名账户、假名账户等。在《刑法修正案(十一)》公布之前,"提供资金账户"一般是指行为人将自己所拥有的合法账户提供给上游犯罪人,或者为其在金融机构开立账户,进而让其将犯罪所得及其收益存入金融机构。②

---

① 参见上海市虹口区人民法院(2007)虹刑初字第719号刑事判决书。

② 参见赵秉志主编:《〈刑法修正案(十一)〉理解与适用》,中国人民大学出版社2021年版,第157页。

但在《刑法修正案（十一）》公布之后，应当结合自洗钱行为入罪的立法背景，对其内涵进行扩张解释。具体而言，这里的“提供”应当既包括“为他人提供”也包括“为自己提供”，即自己设立账户。也就是说，上游犯罪人为掩饰、隐瞒上游犯罪所得及其收益的来源和性质，而设立账户（多为假名账户或骗取他人身份信息开设的账户）予以存储或转运资金的，也属于这里的“提供资金账户”。

2. 转换财产的洗钱行为

对转换财产的洗钱行为，《刑法》原第 191 条第 1 款第 2 项规定为“协助将财产转换为现金、金融票据、有价证券”。《刑法修正案（十一）》第 14 条将其中的“协助”一词删除。此种修正表明，无论是上游犯罪人自行将上游犯罪所得的财产转换为现金、金融票据或有价证券，还是他人协助上游犯罪人实现这种转换，都属于该种行为类型的内涵范围。这也是立法上将自洗钱行为入罪的一个明显标志。

在实践中，转换财产的洗钱行为有多种表现，既包括将犯罪所得的实物财产转换为现金、金融票据或有价证券，也包括将现金转换为金融票据或有价证券，还包括将此种现金、金融票据、有价证券转换为彼种现金、金融票据、有价证券等。例如，在李某明洗钱案中，被告人李某明将其儿子实施黑社会性质组织犯罪所得的巨额资金转换为有价证券，并通过购买多只股票炒股，直至案发被冻结账户时，该股票账户内的资金仍有 200 余万元。[①] 此外，该种洗钱行为在具体实施过程中往往会经历多种转换，其中既有上游犯罪人自己实施的情形，也有与他人共同实施或他人单独实施的情形，还可能会牵涉到一些善意取得人，由此不仅严重破坏国家正常的金融管理秩序，也往往会为司法机关的犯罪认定或违法所得追缴工作带来很大的难题。

---

① 参见四川省泸州市龙马潭区人民法院(2020)川 0504 刑初 462 号刑事判决书。

3. 转移资金的洗钱行为

对转移资金的洗钱行为,《刑法》原第 191 条第 1 款第 3 项规定为“通过转帐或者其他结算方式协助资金转移”。该种行为类型一般表现为,通过利用支票、本票、汇票等金融票据或者采取汇兑、委托收款等结算方式,使上游犯罪所得及其收益流入金融系统,将其从形式上转化为“合法”收入,从而协助上游犯罪人掩饰、隐瞒犯罪所得及其收益的来源和性质。也就是说,只有帮助上游犯罪人转移资金的其他人,才会构成洗钱罪,上游犯罪人本人并不构成洗钱罪。例如,在谷某鸿洗钱案中,被告人谷某鸿以牟利为目的,使用 POS 机协助上游犯罪人洗转赃款 185,980.47 元,获利 4500 余元,从而构成了洗钱罪。[①]

《刑法修正案(十一)》第 14 条将上述规定修改为:“通过转帐或者其他支付结算方式转移资金”。其修改内容有二:一是删除了原规定中的“协助”一词,从而将上游犯罪行为人通过转账或其他途径转移自己犯罪所得资金的行为也纳入了洗钱罪的规制范围。同时,如果上游犯罪人和他人共同实施转移资金的洗钱行为,则会构成共同犯罪。二是在转移资金的手段上增加了“支付”一词。这一修改的立法目的主要是打击日益猖獗的“地下钱庄”洗钱行为。“地下钱庄”是社会上对非法金融组织的俗称,其主要活动就是借助现代支付体系从事非法的支付结算业务。在日益严格的金融监管体系下,“地下钱庄”逐渐成了主要的洗钱渠道,且涉案金额往往较为庞大。例如,2019 年 7 月,德州夏津县公安局破获的“7·12”特大地下钱庄案,涉案交易数额高达 107 亿元。[②]“地下钱庄”游离于正规金融体系之外,非法从事资金清算、买卖外汇等金融活

① 参见甘肃省兰州市红古区人民法院(2021)甘 0111 刑初 37 号刑事判决书。

② 参见《山东举行公安机关打击和防范经济犯罪工作情况新闻发布会》,载中华人民共和国国务院新闻办公室网,http://www.scio.gov.cn/xwfb/dfxwfb/gssfbh/sd_13840/202207/t20220715_223918.html。

动，为犯罪人提供洗钱渠道，致使大量性质不明的资金脱离国家金融监管，严重侵害了国家金融管理秩序和金融安全。[①] 因此，通过“地下钱庄”转移资金的行为同样构成洗钱罪。

4. 跨境转移资产的洗钱行为

对跨境转移资产的洗钱行为，《刑法》原第191条第1款第4项规定为“协助将资金汇往境外”。《刑法修正案（十一）》第14条将其修改为：“跨境转移资产”。这一修正除通过删除“协助”一词扩大了主体范围外，还把“将资金汇往境外”改为“跨境转移资产”。由于修正前的洗钱罪只涉及将境内资金汇往境外的情形，从而导致无法有效打击行为人将境外资金转移至境内的情形。同时，将跨境转移上游犯罪所得及其收益的范围仅限于资金，也过于狭窄。所以，《刑法修正案（十一）》才对该种情形的洗钱行为做了此种修正。

这里的“跨境转移资产”，包括跨越国境转移资产和跨越边境转移资产。在实践中，“跨境转移资产”又包括直接和间接两种方式，前者是指通过运输、邮寄、携带等方式跨越国（边）境直接实现资产转移；后者通常是指犯罪集团控制境内、境外分别设立的两个资金池，在境内完成收款后，通知境外资金池向外放款，以此实现资产的跨境转移。[②] 一般来讲，上游犯罪人自己实施的跨境转移资产多采取直接方式，间接方式技术性较强，往往由专门的洗钱犯罪集团来实施。另外，现实案例中还出现了利用虚拟货币跨境兑换来转移资产的洗钱行为。例如，在陈某枝洗钱案中，被告人陈某枝明知自己掌握的300万元款项是陈某波涉嫌集资诈骗罪所得，仍将其转至陈某波的个人银行账户，供陈某波在境外使用；同

① 参见冯怡：《基于支付视角的地下钱庄洗钱综合治理研究》，载《金融发展研究》2020年第11期。

② 参见王爱立主编：《中华人民共和国刑法释义》，法律出版社2021年版，第388页。

时,被告人陈某枝还将陈某波用赃款购买的车辆低价出售,用卖车款换取比特币,供陈某波在境外使用。[①] 正是由于实践中出现了越来越多的新型支付手段,跨境转移资产的洗钱方式,不仅对我国乃至国际金融秩序造成了严重危害,也为司法追缴工作带来了更多难题。

5. 其他的洗钱行为

所谓"其他的洗钱行为",指的是《刑法》原第 191 条第 1 款第 5 项的"兜底"性规定,即"以其他方法掩饰、隐瞒犯罪所得及其收益的来源和性质"。《刑法修正案(十一)》第 14 条并未对该规定作出修改。但是,在该条已经通过删除原来第 2 ~ 4 项规定中的"协助"一词,进而将自洗钱行为纳入洗钱罪的背景下,对这一"兜底"性规定也需要进行重新解释,即这种行为方式的主体亦同时包含上游犯罪的本犯和其他行为人。至于这里的"其他方法",则具有多样性,如典当、租赁、买卖、虚构交易、虚假担保、买卖彩票、赌博等。不过,需要注意的是,在认定其他洗钱行为时,应当在洗钱罪保护法益的范围内展开。虽然某些洗钱行为阻碍了司法机关对犯罪所得的追缴工作,但如果未侵犯国家正常的金融管理秩序,就不能认定为洗钱罪。同时,在判断某种洗钱行为是否侵犯了国家正常的金融管理秩序时,也不能只着眼于洗钱行为的外在形式,而是要从洗钱行为本身产生的实质影响出发。例如,上游犯罪人通过私下借钱的方式洗钱与通过民间借贷市场洗钱,前者就不宜认定为洗钱罪,后者则构成洗钱罪。原因在于:单纯通过私下借钱的方式将非法所得"合法化"并没有危害到金融体系的安全;而通过民间借贷市场洗钱,则极易因民间借贷本身产生的违约风险、信用风险和系统性风险,而威胁到金融体系的广泛安全。[②] 当然,在前者的场合,如果借款人明知是上游犯罪所

---

① 参见上海市浦东新区人民法院(2019)沪 0115 刑初 4419 号刑事判决书。

② 参见沈伟:《地下借贷市场去影子化:法与金融的视角》,载《政法论丛》2020 年第 4 期。

得而仍然通过借钱的方式予以窝藏或转移,可能会构成《刑法》第 312 条规定的掩饰、隐瞒犯罪所得、犯罪所得收益罪。

(三)洗钱罪责任要件的合理确定

在刑法理论中,“所谓责任,是指能够就犯罪行为对其行为人进行非难。为了成立犯罪,除了构成要件存在符合性、违法性之外,还需要行为人存在责任”①。责任的核心就是非难可能性。通常认为,为非难可能性奠定基础的责任要件或要素,主要包括责任主体的责任能力、故意或过失、违法性意识及适法行为的期待可能性。② 考虑到期待可能性主要是一种责任排除事由,在此暂不对其展开讨论。本部分重点讨论洗钱罪的其他责任要件,并将其合并为责任主体与主观罪过两项内容。

1. 责任主体的确定

责任主体的基础是责任能力。就自然人犯罪而言,行为人是否具有责任能力,主要取决于其是否达到刑事责任年龄以及精神状态是否正常。无责任能力的行为人实施洗钱,即使行为符合不法要件,也不能构成洗钱罪。根据《刑法》原第 191 条规定,洗钱罪的责任主体包括自然人和单位。在《刑法修正案(十一)》将自洗钱行为入罪后,该罪责任主体的类型并没有发生变化,但是范围却出现了扩张,即同时包含了实施上游犯罪的自然人和单位以及其他的自然人和单位。从这一层面来讲,可以说是在洗钱罪责任主体的范围上,实现了从“特定主体”到“一般主体”的转变。

但是,在此需要注意的是,就自然人犯罪而言,上游犯罪的主体范围

---

① [日]大塚仁:《刑法概说(总论)》(第 3 版),冯军译,中国人民大学出版社 2003 年版,第 429 页。

② 参见[日]松原芳博:《刑法总论重要问题》,王昭武译,中国政法大学出版社 2014 年版,第 167 页。

和洗钱罪的主体范围是并不一致的。关于洗钱罪 7 类上游犯罪的范围，学界已经达成相对统一的认识，即对此应当从广义上理解：这 7 类上游犯罪指的都是“类罪名”，而并非某种独立的犯罪；同时，对黑社会性质的组织犯罪和恐怖活动犯罪来讲，其还包括由这些组织实施的杀人、抢劫、绑架、爆炸等暴力性犯罪，以及破坏经济秩序的经济性犯罪。[①] 这样，上游犯罪的主体就可能是已满 14 周岁不满 16 周岁的自然人，甚至是已满 12 周岁不满 14 周岁的自然人。例如，根据《刑法》第 17 条第 2 款规定，犯故意杀人、故意伤害致人重伤或者死亡、强奸、抢劫、贩卖毒品、放火、爆炸、投放危险物质罪的，其责任主体都可以是已满 14 周岁不满 16 周岁的自然人；而根据该条第 3 款规定，已满 12 周岁不满 14 周岁的自然人，犯故意杀人、故意伤害罪，致人死亡或者以特别残忍手段致人重伤造成严重残疾，情节恶劣，经最高人民检察院核准追诉后，也应当负刑事责任。在实践中，已满 14 周岁不满 16 周岁的未成年人实施贩卖毒品犯罪的情形并不少见。同时，也完全可能出现这样的情形：黑社会性质组织或恐怖组织在接受他人“雇用”后，指使上述未成年人去实施故意杀人、故意伤害、放火、爆炸等犯罪，进而收取“雇用金”。这种“雇用金”同样属于犯罪所得的范畴，进而可以成为洗钱的对象。在此情况下就会出现两个问题：第一，已满 14 周岁不满 16 周岁的未成年人在实施贩卖毒品犯罪后又洗钱的行为，是否构成洗钱罪？第二，已满 12 周岁不满 16 周岁的未成年人在受指使实施故意杀人、故意伤害、放火、爆炸等犯罪后，又受指使去洗钱（针对上游犯罪所得）的行为如何处理？

对上述问题，首先可以肯定的是，已满 12 周岁不满 16 周岁的未成年人无论是“主动”去洗钱，还是受他人指使去洗钱，都不可能构成洗钱罪。因为在《刑法》总则和《刑法》分则中都未明确规定，已满 12 周岁不

① 参见周光权：《刑法各论》（第 3 版），中国人民大学出版社 2016 年版，第 278 页。

满 16 周岁的未成年人需要对洗钱罪负刑事责任。这也就意味着,只有已满 16 周岁的自然人(及单位)才能成为洗钱罪的责任主体。而对上述第二个问题,不以洗钱罪追究相应未成年人的刑事责任,并不意味着指使未成年人去洗钱的黑社会性质组织或恐怖组织(有关成员)也不构成洗钱罪。按照共同犯罪成立的"限制从属性说",只要正犯具备构成要件符合性和违法性,教唆犯或帮助犯就可成立。① 而正犯未达到刑事责任年龄,只可排除责任,并不能排除构成要件符合性和违法性。也就是说,未达到刑事责任年龄的未成年人在受指使(教唆)去实施洗钱行为的场合,其是完全具备洗钱罪的构成要件符合性和违法性的。在此情况下,教唆者已经和其成立了洗钱罪的共同犯罪。只不过,在进行责任评价时,因其未达到法定年龄、不具备刑事责任能力而不予追究其刑事责任,但作为教唆者的黑社会性质组织或恐怖组织的有关成员却是具备刑事责任能力的,故对后者可按洗钱罪追究其刑事责任。简言之,在对洗钱罪责任主体的确定上,不能只着眼于正犯的责任年龄或责任能力,而是要同时运用共同犯罪理论加以判断,以甄别出真正的责任主体。

2. 主观罪过的确定

在《刑法修正案(十一)》对洗钱罪作出修正之前,通说认为该罪的主观罪过形式是故意,且为直接故意。② 这一点可以从《刑法》原第 191 条第 1 款规定中的"明知是毒品犯罪……所得及其产生的收益,为掩饰、隐瞒其来源和性质"等内容中得到说明。《刑法修正案(十一)》第 14 条对洗钱罪的修正虽然删除了"明知"一词,但这只是为了与自洗钱行为入罪相协调,而并非从根本上改变了洗钱罪的主观罪过形式。因为,该条

---

① 参见[日]松原芳博:《刑法总论重要问题》,王昭武译,中国政法大学出版社 2014 年版,第 278 页。

② 参见高铭暄、马克昌主编:《刑法学》(第 8 版),北京大学出版社、高等教育出版社 2017 年版,第 416 页。

对洗钱罪仍然规定了“为掩饰、隐瞒毒品犯罪……所得及其产生的收益的来源和性质”这一要件,而符合这一要件的前提,则必须要“明知”行为对象是毒品犯罪等7类上游犯罪的所得及其产生的收益。只不过,对自洗钱行为来讲,这一点是“不言自明”的。所以,修正后的洗钱罪的主观罪过形式仍然是故意(直接故意)。

在考虑故意的内容时,责任主义要求“对达到非难可能程度的事实具有认识”,所以实务中应当将对犯罪事实(一般人能从中获得该罪的违法性意识)的认识,作为奠定不法基础的主观上的情况。[①] 尽管在阶层式犯罪构成体系中,违法性意识(认识)常常被作为一种相对独立的责任要素看待,但其实际上是与故意存在紧密联系的,甚至本身就是故意的要素。例如,“严格故意说”就认为违法性意识是故意的要素;“限制故意说”也认为故意的成立至少要具有违法性意识的可能性。[②] 而根据我国《刑法》第14条第1款规定,所谓犯罪故意,是指行为人明知自己的行为会发生危害社会的结果,并且希望或者放任这种结果发生的心理态度。由于任何国家的法律都不会认可危害社会的行为是合法的,所以在行为人“明知自己的行为会发生危害社会的结果”的场合,其一般也不可能同时认为自己的行为是被法律所允许的。在此意义上可以说,我国《刑法》对犯罪故意的规定更倾向于“严格故意说”。

不过,需要注意的是,目的犯中的“目的”并不是犯罪故意的内容。所谓目的犯,一般是指将具有一定的“目的”作为成立条件的犯罪。[③] 例如,我国《刑法》第152条第1款规定的走私淫秽物品罪就是一种典型的

① 参见[日]前田雅英:《刑法总论讲义》(第6版),曾文科译,北京大学出版社2017年版,第138页。

② 参见张明楷:《外国刑法纲要》(第3版),法律出版社2020年版,第214页。

③ 参见[日]山口厚:《刑法总论》(第3版),付立庆译,中国人民大学出版社2018年版,第97页。

目的犯，其“目的”就是“牟利”或者“传播”。但目的犯中的“目的”并非责任要素，而是一种“主观的构成要件要素”或“主观的违法要素”，其主要功能是确定违法类型并为可罚性奠定基础，因此这种“目的”只要存在即可，犯罪的成立或既遂并不要求有与之相对应的客观行为。就走私淫秽物品罪而言，只要有相关证据能够证实行为人在走私淫秽物品时具有“牟利”或“传播”的目的，该罪即可成立或既遂，而并不需要行为人客观上实施“牟利”或“传播”行为。而犯罪故意则是对构成要件（行为、结果等）的认识，反过来说，构成要件对故意的认识内容具有规制机能。由此，行为人在主观上对某种犯罪的构成要件行为存在故意（罪过），在这个意义上主客观是相统一的；只是就目的犯的“目的”而言，与之相对应的客观行为并非构成犯罪的必要条件，因而“目的”是一种“超过的主观要素”。①

就此来看，《刑法》第 191 条第 1 款中规定的“为掩饰、隐瞒毒品犯罪……所得及其产生的收益的来源和性质”，并非对目的犯中“目的”的揭示。因为洗钱罪中所有的洗钱行为都具有这一特征，其并不属于“超过”构成要件的要素。换言之，这一规定其实是对洗钱行为基本特征的诠释，所以其当然也是故意的认识内容。“亦即，行为人实施洗钱行为时，当然也认识到自己的行为是在掩饰、隐瞒上游犯罪的所得及其产生的收益的来源和性质。”②而这一认识实际上也正是行为人违法性意识的体现。

据此，在洗钱罪中，主观故意的内容就是：行为人明知自己所实施的洗钱行为可以掩饰、隐瞒上游犯罪所得及其产生的收益的来源和性质，进而会危害到国家正常的金融秩序和司法活动，而仍然希望发生这种结

---

① 参见陈兴良：《目的犯的法理探究》，载《法学研究》2004 年第 3 期。

② 参见张明楷：《刑法学（下）》（第 5 版），法律出版社 2016 年版，第 795 页。

果。在司法实践中,对自洗钱行为,这一内容比较容易确定。因为作为上游犯罪的本犯,其不可能不“明知”自己洗钱的对象是上游犯罪所得及其产生的收益。在此情况下,只要其仍然实施相关洗钱行为,一般即可合理推定其具备了以上主观故意的内容。而对为他人洗钱的行为,则往往还需要结合案件的有关情况进行一定的判断。其中,关键就是准确认定“行为人明知是上游犯罪所得及其产生的收益”。只有确定了这一内容,其他主观故意内容才可以得到自洽性的说明。也就是说,虽然《刑法修正案(十一)》第 14 条删除了《刑法》原第 191 条第 1 款中的“明知”一词,但在为他人洗钱的情形下,对这一内容的认定仍然是司法机关绕不开的问题。

为了便利这一问题的解决,最高人民法院曾在 2009 年发布的《关于审理洗钱等刑事案件具体应用法律若干问题的解释》(现已失效)第 1 条中提供了相应的指导意见。《刑法修正案(十一)》出台之后,最高人民法院、最高人民检察院在 2024 年发布的《关于办理洗钱刑事案件适用法律若干问题的解释》(以下简称 2024 年《洗钱案解释》)第 2 条和第 3 条中,则将行为人的“明知”解释为“知道或者应当知道”。但是,这种解释方式可能存在疑问。“从本质属性上看,‘应当知道’是过失心理状态的表现,只属于过失的范畴。至于‘明知’,则属于故意犯的范畴。”①尽管基于刑事制裁严密性的需要,对“明知”的认定不宜过于严格,但如果将“明知”扩大到“应当知道”,则会违反罪刑法定原则②。因此,对这里的“明知”,应当限于行为人“明确地知道”。当然,在证明过程中,只要能够排除合理怀疑即可。对此,2024 年《洗钱案解释》第 3 条第 1 款事实

---

① 王新:《我国刑法中“明知”的含义和认定——基于刑事立法和司法解释的分析》,载《法制与社会发展》2013 年第 1 期。

② 参见张明楷:《如何理解和认定窝赃、销赃罪中的“明知”》,载《法学评论》1997 年第 2 期。

上也肯定了,“有证据证明行为人确实不知道的除外”。故而,对该司法解释中所规定的“应当知道”,在证明上也需要达到排除合理怀疑的程度。

三、自洗钱行为入罪后的衍生问题及其解决方案

伴随着自洗钱行为入罪后洗钱罪构成体系的革新,其在司法实践中也衍生出了一些相关问题。这些问题主要表现为:新的洗钱罪与其他“赃物犯罪”的关系处理问题,上游犯罪本犯与其他人共同实施洗钱行为时的主、从犯认定问题,以及在刑罚裁量中是否要区别对待自洗钱行为与为他人洗钱行为的问题。对这些问题的解决,也需要进行合理的关注。

(一)洗钱罪与其他“赃物犯罪”的关系处理问题

在我国《刑法》中,除洗钱罪外,还存在其他的“赃物犯罪”,其中主要就是作为一般性“赃物犯罪”的掩饰、隐瞒犯罪所得、犯罪所得收益罪(《刑法》第 312 条)和作为特殊性“赃物犯罪”的窝藏、转移、隐瞒毒品、毒赃罪(《刑法》第 349 条)。在自洗钱行为入罪之前,由于“洗钱罪”与前两种“赃物犯罪”大体上都属于为他人的犯罪所得及其收益进行掩饰和隐瞒,因而这 3 种犯罪很容易发生竞合。而在发生竞合时,2009 年最高人民法院发布的《关于审理洗钱等刑事案件具体应用法律若干问题的解释》(现已失效)第 3 条为其确立的处断规则是“从一重处”,即按照想象竞合犯的处断原则处理。那么,在《刑法修正案(十一)》第 14 条将自洗钱行为纳入洗钱罪之后,自洗钱行为是否还能与前两种“赃物犯罪”发生竞合?或者说,自洗钱行为入罪的立法精神是否会“顺理成章”地波及前两种犯罪,从而使其犯罪主体也发生变化?

对这一问题,有论者认为,洗钱罪 7 类上游犯罪之外的本犯所实施的客观行为,如果只是犯罪后自然地占有、窝藏、获取等,不宜认定为洗钱;而如果又进行动态的“漂白”,致使犯罪所得和犯罪收益呈现出“化学反应”,切断了其来源和性质,则就符合了洗钱活动所具有的存放、分层、整合之流程,对此理应根据自洗钱入罪的精神,按照掩饰、隐瞒犯罪所得、犯罪所得收益罪处理。[①] 也就是说,自洗钱行为入罪的精神,可以“当然地”波及掩饰、隐瞒犯罪所得、犯罪所得收益罪这种一般的“赃物犯罪”。

但是,这种理解可能是存在问题的。因为掩饰、隐瞒犯罪所得、犯罪所得收益罪的客观行为本身就可以包含洗钱行为,如针对洗钱罪 7 类上游犯罪之外的犯罪所得及其收益所实施的洗钱行为。而《刑法修正案(十一)》第 14 条之所以删除《刑法》原第 191 条第 1 款中的“明知”一词,主要是为了与自洗钱行为入罪相协调,因为上游犯罪本犯在实施自洗钱行为时不可能不“明知”洗钱对象的来源和性质,故这一用语是“多余”的。但是,《刑法修正案(十一)》却并未同时删除《刑法》第 312 条第 1 款中的“明知”,其显然意在继续维持该用语所具有的规范意义,即通过规定“明知”,将上游犯罪本犯排除在本罪的主体范围之外。这一点也可以通过该款所规定的“窝藏”“收购”“代为销售”等行为方式加以印证。[②] 所以,从罪刑法定原则的立场出发,对《刑法》第 312 条的解释就不能超越法条本身所应具有的含义范围。对此正如德国学者克劳斯·罗克辛所言,“解释与原文界限的关系绝对不是任意的,而是产生于法治原则的国家法和刑法的基础上,因为立法者只能在文字中表达自己的规

① 参见王新:《〈刑法修正案(十一)〉对洗钱罪的立法发展和辐射影响》,载《中国刑事法杂志》2021 年第 2 期。

② 犯罪人持有自己的违法所得,语言习惯上一般不称为“窝藏”;而“收购”和“代为销售”所针对的对象也只能是他人的财物。

定。立法者的文字中没有给出的,就是没有规定的和不能'适用'的"①。

不过,《刑法》第349条所规定的窝藏、转移、隐瞒毒品、毒赃罪却具有一定的特殊性。尽管该条通过规定"为犯罪分子窝藏、转移、隐瞒毒品或者犯罪所得的财物",也揭示了该罪的主体只能是上游犯罪本犯之外的其他人,但由于毒品犯罪本来就是洗钱罪的上游犯罪之一,所以本犯通过洗钱行为来转移、隐瞒毒品或者犯罪所得,也可能构成犯罪。但是,在此情况下,本犯只能构成洗钱罪,而不能认为构成了洗钱罪与窝藏、转移、隐瞒毒品、毒赃罪的竞合。

当然,洗钱罪7类上游犯罪的本犯实施洗钱行为之外的其他掩饰、隐瞒犯罪所得及其收益的行为,也会危害司法机关的正常活动;洗钱罪7类上游犯罪本犯之外的其他犯罪人实施自洗钱行为,也会危害国家正常的金融管理秩序与司法机关的正常活动。但是,并不是所有具有法益侵害性的行为都会成为刑法的调整对象。立法上在决定是否要将某种危害行为进行犯罪化处理时,除考虑法益侵害性之外,还要同时考虑刑事政策上的必要性或妥当性,以及有效应对该种"犯罪"的现实可能性。如果将所有自我掩饰、隐瞒犯罪所得及其收益的行为都规定为犯罪,有限的司法资源能否做出有效的应对,首先就是一个问题。所以,受司法资源有限性的制约,在犯罪化的政策设计上只能是"抓大放小"。这也是《刑法修正案(十一)》只将7类严重上游犯罪本犯的自洗钱行为进行犯罪化处理的重要原因。对其他自我掩饰、隐瞒犯罪所得及其收益的行为,也并非完全不予考虑,在刑罚裁量过程中一般会将其作为量刑情节对待。正是基于刑法的这种"不完整性",在对法条进行解释时,"即使牺牲实质合理性也要坚守形式合理性,对法无明文规定的行为,无论具

① [德]克劳斯·罗克辛:《德国刑法学总论》(第1卷),王世洲译,法律出版社2005年版,第86页。

有何种社会危害性都将其排除在犯罪的法定范围之外”①。否则，由片面强调实质合理性而形成的罪刑擅断，必将从根本上解构罪刑法定原则的人权保障功能。

综上，在自洗钱行为入罪后，对洗钱罪与其他“赃物犯罪”的关系处理必须要形成清晰的思路：第一，洗钱罪中7类上游犯罪的本犯所实施的自洗钱行为只可能构成洗钱罪，而不可能构成其他的“赃物犯罪”；第二，在其他的“赃物犯罪”中，上游犯罪本犯所实施的掩饰、隐瞒犯罪所得及其收益的行为，不可能构成该条规定的“赃物犯罪”，但可能构成洗钱罪；第三，为他人的犯罪所得及其收益进行掩饰、隐瞒的行为，可能同时构成洗钱罪与其他的“赃物犯罪”，对此应按“从一重处”原则处理。

（二）共同犯罪中的主、从犯认定问题

由洗钱行为的复杂性与协作性所决定，具体的洗钱活动往往需要由上游犯罪本犯与其他犯罪人“配合”完成，由此二者也就会形成共同犯罪。那么，在二者共同实施洗钱犯罪的情况下，如何合理认定主、从犯便会成为一个实践问题。由于对主犯与从犯的处罚轻重不同，所以准确区分主、从犯，既是罪责刑相适应原则的应然要求，也是保持刑罚正当性的必要举措。

我国《刑法》对共同犯罪中主犯与从犯的区分，主要依据是行为人在共同犯罪中所起的作用大小。其中，起主要作用的是主犯，包括组织、领导犯罪集团进行犯罪活动的首要分子和在共同犯罪中起主要作用的犯罪人；起次要或者辅助作用的是从犯，包括次要的实行犯和帮助犯，以及作用较小的教唆犯。据此，首先可以确认，帮助犯均属于从犯，因而准确认定帮助犯对合理区分主、从犯具有重要意义。而准确认定帮助犯，又

---

① 陈兴良：《形式解释论的再宣示》，载《中国法学》2010年第4期。

有赖于对实行行为和帮助行为进行正确区分。在《刑法修正案(十一)》之前,可以将"洗钱罪"理解为"帮助"上游犯罪人洗钱,但由于其犯罪主体只能是"帮助"者,故其"帮助"行为就是实行行为。而在《刑法修正案(十一)》将自洗钱行为入罪之后,其他人的"帮助"行为是否就可以还原为共同犯罪中的帮助行为呢?

笔者认为,对此应持否定回答。所谓实行行为,一般是指具有引起构成要件结果的现实危险性的行为,即构成要件行为。① 在共同犯罪中,实施实行行为的实行犯一般又被称为正犯。而帮助行为则是通过对正犯予以援助、对其构成要件该当行为予以促进,进而促进引起构成要件该当事实的行为。② 在共同犯罪中,实施帮助行为或教唆行为的犯罪人(帮助犯或教唆犯),一般又被合并称为共犯(狭义的共犯)。由此可见,实行行为与帮助行为的区分标准就在于,行为本身是否属于该当构成要件的行为。简言之,正犯所实施的实行行为是犯罪的构成要件明确规定的行为,而共犯的帮助行为则是促进正犯构成要件行为实施的行为。正是在此意义上,可以说,帮助犯是典型的从犯。而就洗钱罪来讲,其构成要件行为就是《刑法》第 191 条第 1 款明确规定的 5 种洗钱行为。因此,无论是上游犯罪的本犯,还是其他犯罪人,只要其实施了这 5 种洗钱行为,就属于实施了实行行为,从而构成实行犯或正犯。换句话说,只有实施这 5 种洗钱行为之外的、能够促进相关洗钱行为顺利完成的行为,才可能属于帮助行为。在实践中,帮助行为的主要表现就是为实行行为的完成提供工具或创造条件。例如,为上游犯罪本犯提供 POS 机,使其更加便利地完成资金转移的行为,就属于帮助行为。而认定了帮助行为,

① 参见[日]山口厚:《刑法总论》(第 3 版),付立庆译,中国人民大学出版社 2018 年版,第 50 页。

② 参见[日]山口厚:《刑法总论》(第 3 版),付立庆译,中国人民大学出版社 2018 年版,第 333 页。

自然就可以将该犯罪人归属于从犯之列。

尽管帮助犯均属于从犯,但这并不意味着实行犯都是主犯。在共同实行犯中,以其对犯罪完成所起的作用大小为标准,可以分为主要的实行犯与次要的实行犯,后者也属于从犯。实践中,对共同实行犯主、次作用的判断虽然存在多方面的考察因素,但核心标准只有一个,即行为人的行为是否对犯罪完成发挥了支配性作用。例如,在直接跨境转移资产的洗钱犯罪中,上游犯罪人只负责开车转移资产出境,而车辆的行驶路线、停放地点、出境关口及境外的接收场所等均由某洗钱集团来指挥和安排。在此情形下,尽管上游犯罪人开车越境的行为直接造成了犯罪资产在物理空间上的转移,但实现这种转移的前提是洗钱集团的精心安排,上游犯罪人只是一种"人力工具"而已。也就是说,对这一洗钱犯罪的完成,起支配性作用的是洗钱集团的行为,而非上游犯罪人的行为。因此,在该案中,上游犯罪人即可被认定为从犯,主犯是洗钱集团的相关成员。

另外,在共同犯罪中,"判断犯罪分子是否起主要作用,一方面要分析犯罪分子实施了哪些具体犯罪行为,对结果的发生起什么作用;另一方面要分析犯罪分子对其他共犯人的支配作用"①。这里的"支配作用",既包括对共犯意图形成的支配作用,也包括在犯罪过程中对其他共犯人的支配作用。只要行为人起到了这类"支配作用",一般应被认定为主犯。例如,上游犯罪人教唆他人为自己实施洗钱行为的,一般应被认定为主犯。又如,在洗钱犯罪集团中,首要分子和骨干成员对其他参与人具有支配作用,故应被认定为主犯。而在受他人胁迫实施洗钱行为的场合,尽管被胁迫人完成了洗钱行为,但其实际上是在他人的支配下实施犯罪的,因此对共同犯罪的完成起主要作用的是实施胁迫行为的他

① 张明楷:《刑法学(上)》(第5版),法律出版社2016年版,第450~451页。

人,被胁迫人只属于胁从犯。胁从犯也属于广义的从犯,其“参加犯罪是被迫的、不完全自愿的,他们在整个犯罪活动中所起作用比较小,是共同犯罪人中危险性最小的一种”①,因此在处罚上比一般的从犯更轻。

(三)刑罚裁量中的区别对待问题

在实践中,不仅存在上游犯罪本犯与其他人共同实施洗钱罪的情形,也存在二者单独实施洗钱罪的情形。由此必然会出现另一个司法问题,即在刑罚裁量过程中,对这两种犯罪主体是否要予以区别对待呢?例如,在上游犯罪人与其他人(初犯)分别实施的两个洗钱案件中,如果具体的洗钱行为和犯罪数额等基本相同,对二者是否也要判处大致相同的刑罚?对此,笔者认为,在刑罚裁量过程中,应当坚持对二者予以区别对待的原则,在洗钱行为、洗钱数额及其他犯罪事实基本相同的情况下,应对上游犯罪人判处略重的刑罚。

首先,这一做法是罪责刑相适应原则的基本要求。对罪责刑相适应原则,我国《刑法》第5条明确规定:“刑罚的轻重,应当与犯罪分子所犯罪行和承担的刑事责任相适应。”这意味着,“刑罚的确定,不仅要和犯罪行为的危害程度相适应,而且还要与行为人的刑事责任相适应,即结合行为人主观恶性和人身危险性的大小,适用轻重相应的刑罚”②。也就是说,这里的“刑事责任”侧重评价的是行为人的人身危险性,即该因素对刑事责任产生的影响。只有采取这种理解,才能与我国兼顾报应和预防的刑罚观相协调。例如,我国《刑法》总则中对累犯、自首、坦白等量刑情节的规定,都是在刑罚裁量中考虑犯罪人人身危险性因素的体现。而

---

① 高铭暄:《中华人民共和国刑法的孕育诞生和发展完善》,北京大学出版社2012年版,第33页。

② 黎宏:《刑法学》,法律出版社2012年版,第27页。

在上述案件中,上游犯罪人实施相关犯罪后再次实施洗钱犯罪,说明其在实施洗钱犯罪时还存在连续犯罪的意志,因而相较于其他人初次实施洗钱犯罪,其显然具有更大的人身危险性,据此就应当对其判处相对较重的刑罚。

其次,这一做法也符合通行的量刑逻辑。从世界范围来看,随着兼顾报应和预防的"并合主义"成为刑罚正当根据理论的主流意见,刑罚的裁量(量刑)也已经形成了清晰的逻辑,即在责任刑的框架内考虑预防的需求。这里的"责任刑"也可称为报应刑,是指与不法事实的非难可能性程度对应或相当的刑罚。"由于责任是对不法的责任,所以,在行为人不具有责任减轻的场合,与责任相当的刑罚,也可谓与有责的不法相当的刑罚。"[①]据此,裁量责任刑所需考虑的主要因素就是增加或减少不法程度的相关事实,以及可以影响责任本身的可非难程度的相关事实,如行为人的责任能力情况、主观罪过的样态、非构成要件的目的或动机等。而基于预防目的(需求)所形成的刑罚,一般可称为预防刑。预防刑的裁量,主要考虑的是与犯罪人的人身危险性有关的因素,如罪前表现如何、是否属于累犯或再犯、罪后是否自首或坦白、是否积极退赃退赔等。在量刑逻辑上,预防刑的裁量,其实是在责任刑的限度之内,根据犯罪人的人身危险性大小来调节刑罚的轻重,并最终形成宣告刑。而在上述案件中,如果不存在其他影响责任刑的差异情节,则洗钱行为和犯罪数额等基本相同,也就意味着责任刑基本相同,因此最终的刑罚轻重就主要取决于预防刑的轻重。此时,因上游犯罪人属于再次犯罪,故对其经预防刑调节后的最终刑罚(宣告刑)应略重于其他犯罪人。

当然,也许有人会提出,上游犯罪人再次实施洗钱犯罪,在期待可能性方面会有所降低,故可对其适当从宽处理。但是,这种观点的合理性

① 张明楷:《责任刑与预防刑》,北京大学出版社 2015 年版,第 239 页。

存在疑问。“所谓期待可能性,是指根据行为时的具体情况,有能够期待行为人不实施违法行为而实施其他合法行为的可能性。”①期待可能性是一种影响责任的因素,但其只是在特殊情况下需要考虑的因素,而并非普遍的责任影响因素。既然立法上已经将自洗钱行为入罪,就说明法律上已不再宽宥此种行为。而且,从客观事实来看,也并非所有的上游犯罪人都会去实施洗钱行为。如果将期待可能性作为普遍的责任影响因素,那么只要行为人实施盗窃是为了满足自己的利益需求,就应当得到一定的宽宥。但这显然是荒唐的,因为任何盗窃行为都是为了满足行为人的某种需求。故而,只有在特殊情形下才会适当考虑盗窃行为的期待可能性问题,如行为人饥寒交迫,已陷入生存困境,“不得已”入户盗窃了他人存放在家中的2000元现金。对上游犯罪人实施洗钱行为也同样如此,期待可能性方面的影响只限于特殊情形。例如,行为人受贿犯罪的信息已被洗钱集团掌握,行为人因害怕被揭露,只好应洗钱集团的要求参与洗钱,进而支付给洗钱集团高额的“费用”。此时可适当考虑行为人期待可能性降低的因素,进而予以一定的从宽处罚。如果不存在此类特殊情形,则并不需要也不应该考虑期待可能性的问题。

最后,按照我国现有的量刑方法,也应当得出这样的结论。根据2021年最高人民法院、最高人民检察院公布的《关于常见犯罪的量刑指导意见(试行)》规定,量刑可分为3个步骤展开:第一,根据基本犯罪构成事实在相应的法定刑幅度内确定量刑起点;第二,根据其他影响犯罪构成的犯罪事实,在量刑起点的基础上增加刑罚量确定基准刑;第三,根据量刑情节调节基准刑,并综合考虑全案情况,依法确定宣告刑。其中,第一个和第二个步骤主要考虑的是犯罪事实,而第三个步骤则主要考虑量

---

① 陈家林:《外国刑法理论的思潮与流变》,中国人民公安大学出版社2017年版,第403页。

刑情节。这里的"量刑情节",当然包括可以体现犯罪人之人身危险性大小的法定情节和酌定情节。因此,上游犯罪人在完成相关犯罪后再次实施洗钱犯罪的情形,自然可以作为洗钱罪量刑中的酌定从重情节考虑。

第十章　逃税罪免责机制的程序性回归

一、问题的提出

对逃税罪，我国《刑法》第201条第4款专门为其规定了免除刑事责任的条件，即“有第一款行为，经税务机关依法下达追缴通知后，补缴应纳税款，缴纳滞纳金，已受行政处罚的，不予追究刑事责任；但是，五年内因逃避缴纳税款受过刑事处罚或者被税务机关给予二次以上行政处罚的除外”。该款规定可简称为逃税罪的免责条款，[①]其是在2009年《刑法修正案（七）》第3条对“偷税罪”进行修正时所增设。在我国《刑法》分则对各罪的规定中，这种将“事后事由”作为实体性免责（出罪）条件的特别规范，

① 在学界，很多论者将该款规定简称为逃税罪的“初犯免责条款”，但这一称谓并不准确。因为，根据该款规定，即便行为人曾因逃避缴纳税款受过刑事处罚，但只要不是在“五年内”，也可以“不予追究刑事责任”。因此，不宜认为其是专门针对“初犯”的免责条款。

可谓“独此一份”。[①] 在《刑法修正案（七）》通过之后，一些论者对该款规定进行了高度评价，认为其在维护国家税收利益的同时又对逃税行为的犯罪化进行了合理限制，[②]甚至将其看作我国“刑事立法的巨大‘突破’”。[③]

然而，近年来不断发生的巨额逃税案却一再冲击着社会公众的心理底线，如范某冰逃税案等。面对这些涉案金额动辄数亿元的严重逃税案件，人们不禁会问：只要行为人补缴应纳税款，缴纳滞纳金，已受行政处罚，就可以免除“牢狱之灾”，这是否真的公正？其中是否存在“以罚代刑”的问题？即便考虑宽严相济的刑事政策，对这类严重的逃税行为直接从实体法上做无罪处理，是否真的合理？在此形势下，学界也对逃税罪免责条款的合理性展开了反思。其中，相对主流的意见主张，应当对该条款的适用范围进行必要的限缩，即将其限定在“逃避缴纳税款数额较大并且占应纳税额10%以上”（基本犯或轻罪）的范围之内。[④] 这一意见作为一种“权宜之计”并非不可行，但其仍然未能解决一些根本性的问题。例如，这种通过事后事由来回溯性地消解既有行为之违法性和有责性的做法，是否能够经得起刑法教义学上的拷问？以及这样的处理方式真的可以实现一般预防和特殊预防的效果吗？

---

① 在我国2011年《刑法》第241条对收买被拐卖的妇女、儿童罪的规定中，也曾存在类似的条款，但2015年公布的《刑法修正案（九）》已将其修正为从宽处罚条款。

② 参见赵秉志：《〈刑法修正案（七）〉的宏观问题研讨》，载《华东政法大学学报》2009年第3期；杨高峰：《〈刑法修正案（七）〉立法的突破与不足》，载《法学杂志》2009年第6期；姜涛：《追寻工具理性与价值理性的整合——对〈刑法修正案（七）〉的刑事政策分析》，载《北方法学》2011年第1期。

③ 沈玉忠：《理性与宽容：逃税罪罪状的新设计》，载《四川警察学院学报》2010年第4期。

④ 参见万国海：《逃税罪“不予追究刑事责任”条款的理解与适用》，载《政治与法律》2019年第12期；王志祥、王奕琛：《宽严相济刑事政策在逃税罪初犯免责条款中的贯彻——以范某某巨额逃税案为切入点》，载《铁道警察学院学报》2019年第2期；熊亚文：《逃税罪初犯免责：价值、困境与出路》，载《税务与经济》2019年第2期。

事实上，对各种犯罪的免责问题，我国《刑事诉讼法》已经为其提供了程序性的实现路径，即通过裁量不起诉来免除刑事责任的追究，如酌定不起诉和附条件不起诉等。[①] 此种免责机制的核心价值就在于，其可以有效平衡惩罚与激励、公正与效率等不同的利益需求。然而，因逃税罪中存在实体性免责条款，该类犯罪基本上不可能再通过裁量不起诉的方式予以免责。因为那些不具备免责条件被认定犯逃税罪的行为人，要么是由于没有补缴税款和缴纳滞纳金，要么是由于曾在五年内受到过刑事处罚或二次以上行政处罚，而具有这些情形一般很难再适用不起诉。换句话说，逃税罪免责条款的设置，其实是在很大程度上架空了该类犯罪的程序性免责机制，使其直接转换为只看事后表现亦无须司法裁量的实体性免责机制。但是，在重大逃税案件不断发生的背景之下，我们必须要去思考，这种“特立独行”的做法是否比通常性的程序性免责机制更具制度优越性？如果结论为否，那么，在立法完善的基础上，实现从实体性免责到程序性免责的制度回归，可能才是更加理性的选择。

二、逃税罪实体性免责的刑法教义学困境

刑法教义学（刑法信条学）是研究刑法领域中各种法律规定和各种学术观点的解释、体系化和进一步发展的学科。[②] 刑法教义学不同于单纯阐释法条含义的刑法注释学，其是以经验分析和描述归纳为基础，进

---

① 裁量不起诉是指检察机关基于起诉便宜主义的理念，经过自由裁量，最终选择对犯罪嫌疑人不予起诉。法定不起诉和存疑不起诉（证据不足不起诉）不属于裁量不起诉，因为这两种不起诉形式并不存在自由裁量的空间，符合法定条件就应予适用。

② 参见［德］克劳斯·罗克辛：《德国刑法学总论》（第1卷），王世洲译，法律出版社2005年版，第117页。

而抽象出普遍稳定的理论和体系。[①] 因此,刑法教义学也更具科学性,“这种科学性使人们在采取某种(自我)立场时,就不再流于某种冲动、偶发和随意的表达了,与此同时,批判也是允许的:互相矛盾的论断就是不科学的了,它要么是不安全、不适当的,要么是完全不符合逻辑的”[②]。基于此,逃税罪的免责条款要获得正当性,必须能够经得起刑法教义学上的拷问。然而,遗憾的是,无论该条款是本身的体系定位,还是对其“正当性”的相关学理阐释,都无法在刑法教义学的一般理论层面获得自洽性的解读。

(一)刑法教义学与共识性刑事责任理论的冲突

关于刑事责任的引起与实现,刑法教义学已经在体系性思考的基础上形成了一套共识性的理论。而逃税罪免责条款的设置,则可谓“一石激起千层浪”,不仅与刑事责任的基础理论产生了冲突,也呈现出了与其他相关法律规定的不协调性,进而影响了刑法适用的统一性。

1. 刑法教义学与刑事责任的引起或免除根据的冲突

我国传统刑法理论认为,“刑事责任是犯罪人因其所实施的犯罪行为而向国家承担的责任”[③]。也就是说,刑事责任的引起根据是犯罪,即只要行为人所实施的行为构成了犯罪,原则上就会引起刑事责任。[④] 而根据我国《刑法》第 201 条第 1 款的规定,既然纳税人负有纳税义务,则其在应纳税期限内,采取欺骗、隐瞒手段进行虚假纳税申报或者不申报,

---

① 参见张勇:《刑法教义学的源流、体系与功能》,载《四川大学学报(哲学社会科学版)》2021 年第 5 期。

② [德]沃斯·金德豪伊泽尔:《适应与自主之间的德国刑法教义学——用教义学来控制刑事政策的边界?》,蔡桂生译,载《国家检察官学院学报》2010 年第 5 期。

③ 刑法学编写组:《刑法学》(上册·总论),高等教育出版社 2019 年版,第 276 页。

④ 如果存在程序法层面的不予追究刑事责任事由则另当别论,如犯罪已过追诉时效,经特赦令免除刑罚,犯罪嫌疑人、被告人死亡等。

逃避缴纳税款达到了一定数额和比例，就应当构成犯罪。对此，无论是采取我国传统的四要件犯罪构成体系，还是德日的三阶层（或两阶层）犯罪构成体系，在评价结论上都是一致的。而且，如果不肯定这一结论，也无法合理解读与适用该条第4款（免责条款）中的“除外”规定。因为具有“除外”事由的情形，依然会构成犯罪。

由此，我国《刑法》第201条第4款中规定的免责事由，在理论定性上只属于罪后情节的范畴。而罪后情节原则上并不能成为实体法上的免除刑事责任（或出罪）事由，[①]因为其不可能成为犯罪论体系中的排除违法或阻却责任的要件。换句话说，犯罪论体系所要解决的是行为是否最终成立犯罪的问题，应当遵循“行为与责任同在”的原理，故罪后情节不可能在犯罪论体系中找到位置。[②] 另外，即使认为犯罪的本质是规范的违反，行为人犯罪后的良好表现也不能直接阻却刑事责任或刑事制裁。原因在于，“破坏规范者主张在现实的事件中规范的无效性，但是，制裁则确证这种主张不足为准”[③]，由此才可能在实体法层面塑造公众对规范的忠诚意识。

除此之外，逃税罪的免责条款也不符合相关行政性法律严格禁止“以罚代刑”的规范精神。我国《行政处罚法》第8条第2款规定：“违法行为构成犯罪，应当依法追究刑事责任的，不得以行政处罚代替刑事处罚。”该款规定的基本意旨有二：一是防止行政机关或执法者滥用职权破坏法律的公正实施；二是避免“以罚代刑”对犯罪人形成纵容现象，进而

---

① 刑法中也可能存在事后性的“客观处罚条件”或“处罚阻却事由”。鉴于这些条件或事由是基于刑事政策层面的特殊考虑，而不属于共识性的理论原则，故笔者在此暂不展开讨论，下文会进行专门分析。

② 参见石聚航：《司法解释中的出罪事由及其改进逻辑》，载《环球法律评论》2020年第3期。

③ ［德］格吕恩特·雅科布斯：《行为　责任　刑法——机能性描述》，冯军译，中国政法大学出版社1997年版，第109页。

减损刑罚的一般预防和特殊预防效果。近些年来,有关执法机关一直在推进防范“以罚代刑”的制度建设,并取得了较好的效果。[①] 而逃税罪免责条款的设置,尽管在形式上并未违反以上规定,但这种例外性的做法恐怕也不符合以上规定的基本意旨和精神。

2. 刑法教义学与刑事责任追究公正性的冲突

公正是所有法律的基本价值追求。“刑法涉及对公民的生杀予夺,因而公正更是它的生命,更值得我们重视。”[②]当然,公正的内涵和外延也非常广阔,这里只讨论个案刑事处理的公正性。可以说,在这一方面,刑法公正价值的最直接体现就是我国《刑法》第 5 条规定的罪责刑相适应原则,即“刑罚的轻重,应当与犯罪分子所犯罪行和承担的刑事责任相适应”。通常认为,该原则既要求刑罚的轻重与犯罪行为的社会危害性相适应,也要求刑罚的轻重与犯罪人的人身危险性相适应,这反映了报应与预防相统一的刑法观念。[③] 换言之,在对犯罪人追究刑事责任时,只有根据以上两个方面的具体情况对犯罪人进行区别对待,才能真正实现刑法的公正性。同时,作为刑法的基本原则,该原则不仅指导刑事司法,还指导刑事立法。亦即,在刑事立法为某种犯罪设置刑事责任的条件和内容时,也要注意体现以上区别对待的精神。而这里的“设置”,则不仅包括刑事责任的确立,也包括刑事责任的免除。例如,我国《刑法》分则为部分犯罪所设置的定量因素,事实上也都从“反面”规定了不予追究刑事责任的条件。

以此观之,2009 年公布的《刑法修正案(七)》第 3 条为逃税罪所设置的免责条款,显然没有注意到罪责刑相适应原则的内在要求。其一,

---

① 参见毛海荣、黄冬艳:《〈刑法修正案(七)〉对偷税犯罪影响之探析》,载《上海公安高等专科学校学报》2010 年第 3 期。

② 陈兴良:《刑法哲学》(第 6 版),中国人民大学出版社 2017 年版,第 5 页。

③ 参见陈兴良:《规范刑法学(上册)》(第 4 版),中国人民大学出版社 2017 年版,第 48 页。

在“不予追究刑事责任”的条件设计上，该条款并未区分不同的逃税数额及相应的法益侵害程度，因而报应性公正有所缺失。其二，在该条款的内容中，也并未体现出基于行为人不同人身危险性的区别对待，因而预防性公正同样有所缺失。例如，无论行为人是一次逃税还是多次逃税，是主动补缴税款还是被迫补缴税款，抑或是否真心悔过、认真整改，只要在结果上满足了该条件，就一概“不予追究刑事责任”，这很难说是公正的。其三，此种“唯结果论”的免责条件，还不可避免地会造成“有钱者不入刑，无钱者进监狱”的结局。这种做法恐怕也难言公正合理。

3. 刑法教义学与刑事责任追究平等性的冲突

“平等是一个十分复杂的概念，它有多义性的特点，但平等与公正具有某种天然的联系，这是一个不争的事实。”①笔者在此无意从理论上全面厘清平等与公正的关系，而只选取刑法平等价值的一个形式截面来展开讨论，即刑事责任追究上的体系平等性。我国《刑法》第 4 条规定了适用刑法人人平等原则，虽然其重心是反对特权，但作为刑法的基本原则，其也同时包含了如下含义：对大致相同的情况，在刑事责任的追究（或不追究）上要进行相对平等的对待，否则，不仅会影响刑法适用的统一性，也难以得到社会公众的普遍认同。而要做到这一点，就需要认真关注刑法体系的协调性。“刑法的协调性既表现为对相同性质的行为在刑法上做相同的评价，也包括在法定刑设计上保持协调，还包括《刑法》总则与分则表述的一致。”②其中，“对相同性质的行为在刑法上做相同的评价”，又是实现刑事责任追求平等性的核心问题。然而，逃税罪免责条款的设置，却恰恰忽视了这一问题。

从整体上看，我国《刑法》分则对其他犯罪之类似罪后情节的特别规

① 陈兴良：《本体刑法学》（第 2 版），中国人民大学出版社 2017 年版，第 58 页。

② 李翔：《论刑法修正的协调性》，载《法学杂志》2022 年第 1 期。

定,在法律后果上都是从宽处罚,而不是“不予追究刑事责任”。例如,我国《刑法》第176条第3款对犯非法吸收公众存款罪后退赃退赔的规定,第272条第3款对犯挪用资金罪后退还所挪用资金的规定,第276条之一第3款对犯拒不支付劳动报酬罪后支付劳动者的劳动报酬并承担赔偿责任的规定,第383条第3款对犯贪污罪后真诚悔罪、积极退赃的规定,等等。[①] 这类情节的内在根据与逃税罪的免责事由是基本一致的,即同时考虑了犯罪人对法益损害的弥补及预防必要性的降低,但其法律后果均是一定幅度的从宽处罚,而不是“不予追究刑事责任”。在这一体系之下,单独对逃税罪的罪后情节作出例外规定,很难说是符合刑事责任追究之平等性要求的。

对此,也不能认为逃税罪具有某种特殊性,因为任何犯罪都有其自身的特殊性。退一步讲,即便认为涉税犯罪具有某种特殊之处,但在抗税罪、逃避追缴欠税罪,骗取出口退税罪,走私普通货物、物品罪等其他涉税犯罪中,我国《刑法》分则并未设置免责条款,这更加难言平等。例如,2012年9月,离职空姐李某就因从韩国代购货物偷逃关税100余万元,被一审法院以走私普通货物、物品罪判处有期徒刑11年。[②] 而之后发生的范某冰逃税案等,虽然涉案金额高达数亿元,但因具备免责事由,均未被追究刑事责任。此举难免会引发社会公众对刑法适用平等性的质疑。

(二)刑法教义学对有关“正当化”解释的回应

正是由于逃税罪的免责条款与共识性的刑事责任理论存在冲突,支

---

① 其中,现行《刑法》第176条第3款和第272条第3款,均为2020年公布的《刑法修正案(十一)》所增设。

② 参见《淘宝店主代购逃税百万获刑11年　被质疑罚太重》,载大众网,http://sd.dzwww.com/shrx/201209/t20120906_7408287.htm。

持这一立法举措的论者往往会从不同角度对其进行“正当化”解释，意图使其在刑法教义学内部形成某种自洽性。然而，这些理论学说要么超越了刑法规范，要么存在逻辑矛盾或理论误读，因而都未能圆满实现预期的解释目标。

1.“定量因素否定说”的规范超越

“定量因素否定说”的主要见解是：逃税罪免责条款（除罪条款）的正当性在于，如果行为人在实施逃税行为后“补缴应纳税款，缴纳滞纳金，已受行政处罚”，就可以在整体上降低其逃税行为的社会危害程度，从而不再满足成立逃税罪原本所需的定量因素要求。[①] 该说力图在我国“定性+定量”的犯罪成立体系内对逃税罪的免责条款做出自洽性的解释，但其最大的问题就是超越了对定量因素的规范限制，从而可能突破罪刑法定原则。

“犯罪概念是犯罪构成的基础，犯罪构成是犯罪概念的具体化。”[②] 对犯罪构成要件（或犯罪成立条件）的解释，不能超越犯罪概念所设定的基本立场，否则即有违反罪刑法定原则之嫌。我国《刑法》分则各罪中的定量因素设置，在根本上源于总则第 13 条（犯罪概念）中的“但书”规定，所以在解释和适用中必须要接受“但书”内容的指导。而从我国《刑法》第 13 条的规定逻辑来看，“但书”中的“情节显著轻微危害不大”，显然是对前文中“危害社会的行为”的修饰，即该行为本身的情节表现显著轻微，危害不大。因此，其在内容上不可能包含行为人在实施该行为前后的相关表现。这样，对分则各罪之定量因素的解释，也必须要坚持这一立场。以此观之，逃税罪中逃避缴纳税款的数额和比例要求可以视为

① 参见姚兵：《论刑法中的除罪条款》，载《湖北社会科学》2012 年第 10 期。

② 高铭暄、马克昌主编：《刑法学》（第 10 版），北京大学出版社、高等教育出版社 2022 年版，第 47 页。

该罪的定量因素,而事后补缴应纳税款和滞纳金等行为,则已经超越了该罪定量因素的涵摄范围。诚然,在行为人事后补缴应纳税款和滞纳金的情况下,国家的税收损失或许得到了弥补。“但是,对行为的不法程度,只能以犯罪行为结束时或者犯罪结果发生时为基准进行评价,而不能以裁判时为基准进行评价。”[①]否则,某种罪行的严重程度,就可能主要取决于行为人犯罪后的表现如何,这显然是难以接受的。

2.“法益侵害缺失说”的逻辑矛盾

“法益侵害缺失说”的主要见解是:逃税罪免责条款的实质性法理依据在于,行为人补缴应纳税款并缴纳滞纳金后,国家应得的纳税收入并没有受到影响,刑法的保护法益最终未受到侵害,因而相关逃税行为只属于行政不法,不是刑事不法。[②] 然而,该种解读却面临着一个明显的逻辑矛盾,即逃税罪免责条款中的“除外”情形,为何依然构成犯罪?也就是说,对“五年内因逃避缴纳税款受过刑事处罚或者被税务机关给予二次以上行政处罚”的逃税者而言,即使其补缴了应纳税款和滞纳金,也依然会构成犯罪。而按照该说,只要行为人补缴了应纳税款和滞纳金,就不会形成法益侵害。那么,既然法益侵害不存在,为何又会构成犯罪呢?这显然是存在逻辑矛盾的。

事实上,就逃税罪而言,只要行为人在应纳税期限内逃避缴纳税款达到了法定的数额和比例,犯罪就已经既遂。此时,国家的税收制度已经受到了损害,事后补缴应纳税款和滞纳金只是对该种法益侵害的适当弥补,而不可能回溯性地消解业已形成的法益侵害。在这方面,即使是单纯侵犯个人法益的财产类犯罪,行为人事后的退赃退赔也不会有此功

---

① 张明楷:《论犯罪后的态度对量刑的影响》,载《法学杂志》2015 年第 2 期。

② 参见万国海:《逃税罪“不予追究刑事责任”条款的理解与适用》,载《政治与法律》2019 年第 12 期。

能，更何况逃税罪此类侵犯集体法益（或超个人法益）的犯罪了。就后者而言，行为人未按期缴纳税款不仅会造成国家同期税收的减少，还会同时影响该时期的经济统计、财政分配等基本的税收制度功能。所以，即使行为人事后补缴了应纳税款和滞纳金，也不可能使先前逃税行为所造成的法益侵害完全恢复。正因如此，即便是倡导“法益恢复理论”的论者也认为，代表国家权威的公权力等超个人法益如果受到侵害，是不可能被“恢复”或被“赎罪”的，否则势必会给公民造成公权力可以买卖、可以亵渎的不良印象，进而影响整个国家的政权稳定。①

3.“责任要件排除说”的理论误读

“责任要件排除说”的主要见解是：《刑法》第201条第4款之所以规定已受行政处罚的情形不予追究刑事责任，是因为行政机关的处罚减少了逃税罪的有责性，进而使其不再满足成立逃税罪所需具备的责任要件。② 然而，该说显然是对阶层式犯罪构成体系中的“有责性”形成了误读。在阶层式犯罪构成体系中，“有责性”也被称为“责任”，其是和构成要件符合性、违法性（二者合并后称为“不法”）相并列的一种基础性犯罪成立要件。“有责性”是指行为人对自己实施的不法行为负有责任，其实质是说明“对作出违法行为的意思决定有非难可能性的评价”。③ 在阶层式犯罪构成体系内，当该构成要件的不法行为是否成立犯罪，通常只取决于行为人是否对其负有责任，而并不要求达到某种责任程度。④同时，由于责任在犯罪成立时已经奠定，所以行为人事后积极退赃、赔偿

---

① 参见庄绪龙：《“法益恢复”刑法评价的模式比较》，载《环球法律评论》2021年第5期。

② 参见王永茜：《论〈刑法〉第288条的法律适用之困境及完善》，载《北京航空航天大学学报（社会科学版）》2016年第3期。

③ 参见［日］井田良：《刑法总论的理论构造》，秦一禾译，中国政法大学出版社2021年版，第192页。

④ 一般来讲，只要行为人具备了责任能力、故意、过失、违法性认识等主观责任要素，就会形成责任。至于其所体现出的责任程度如何，则只会对量刑产生影响。

损失与积极挽回损失的行为,对责任的内容或者要素不产生任何影响。[①]

基于此,就逃税罪而言,行为人事后"补缴应纳税款,缴纳滞纳金,已受行政处罚",与其实施逃税行为时的责任状况没有任何关系,所以也不可能成为减少有责性的事由。当然,从理论上讲,由于上述事实可以在一定程度上体现出行为人之人身危险性的降低,因而能够成为减轻刑事责任的根据,有关的行政处罚也可以折抵部分刑罚。[②] 但是,刑事责任与"有责性"(或"责任")是两个不同层面的概念,前者属于刑事法律后果,后者属于犯罪构成要件,对二者决不能形成误读或予以混淆。

三、逃税罪实体性免责的刑事政策误区

由上可见,逃税罪的免责条款很难在刑法教义学或犯罪构成体系内部得到自洽性的解释。因此,我们不得不承认,这一条款其实是基于刑事政策方面的特殊考虑,而在刑法中作出的专门或特别规定。此类从犯罪构成之外限制处罚范围的规定,在德国刑法理论中一般被称为"客观处罚条件"[③]。不过,由于逃税罪的免责条款主要是说明具备什么条件就不予追究刑事责任,所以我国学者也将其称为"消极的客观处罚条件"或"处罚阻却事由"。[④] 既然这一条款的设置是基于刑事政策上的特殊考虑,那么其必须要具备刑事政策上的更大合理性,否则并无必要为此而牺牲刑法适用的统一性、公正性等基本的价值追求。然而,同样遗憾

① 参见张明楷:《论犯罪后的态度对量刑的影响》,载《法学杂志》2015 年第 2 期。

② 根据我国《行政处罚法》第 35 条的规定,违法行为构成犯罪时,行为人被判决前已经受到的行政拘留和罚款处罚,可以折抵相应的自由刑刑期和罚金刑数额。

③ [德]乌尔斯·金德霍伊泽尔:《刑法总论教科书》(第 6 版),蔡桂生译,北京大学出版社 2015 年版,第 52 页。

④ 参见张明楷:《逃税罪的处罚阻却事由》,载《法律适用》2011 年第 8 期。

的是,其中的政策考虑恐怕是存在一定误区的。

(一)逃税罪免责条款的政策意图及其内在逻辑

中华人民共和国成立后,对税收犯罪进行明确的刑法规制始于1979年《刑法》,但无论是该法第121条对偷税和抗税犯罪的规定,还是全国人大常委会于1992年公布的《关于惩治偷税、抗税犯罪的补充规定》(现已失效),都没有为"偷税罪"规定免责条款。1997年系统修订《刑法》时,立法机关对"偷税罪"的罪刑规范进行了必要的补充和修改,但依然未规定免责条款。最高人民法院在2002年公布的《关于审理偷税、抗税刑事案件具体应用法律若干问题的解释》(现已失效)中,也只是明确了"在公安机关立案侦查以前已经足额补缴应纳税款和滞纳金,犯罪情节轻微,不需要判处刑罚的,可以免予刑事处罚",而不是"不予追究刑事责任"。

直至21世纪初,随着宽严相济的刑事政策确立,2009年公布的《刑法修正案(七)》才在"偷税罪"的修正内容中增设了免责条款。同时,原"偷税罪"也相应变更为现在的"逃税罪"。根据立法部门相关负责人的说明,之所以打破传统的立法惯例,为逃税罪增设免责条款,主要是因为"考虑到打击偷税犯罪的主要目的是维护税收征管秩序,保证国家税收收入,对属于初犯,经税务机关指出后积极补缴税款和缴纳滞纳金,履行了纳税义务,接受行政处罚的,可不再作为犯罪追究刑事责任,这样处理可以较好地体现宽严相济的刑事政策"①。与此同时,立法部门有关人员还对逃税罪免责条款的增设做了两点补充说明:(1)如果一个企业偷

---

① 李适时:《关于〈中华人民共和国刑法修正案(七)(草案)〉的说明——2008年8月25日在第十一届全国人民代表大会常务委员会第四次会议上》,载《中华人民共和国全国人民代表大会常务委员会公报》2009年第2期。

税达到一定的数额、比例,无论是否补缴税款和滞纳金、是否接受罚款,都可对企业负责人定罪处罚,这样可能会造成企业慢慢垮掉、国家税源和税收减少、工人下岗需要重新安置等多种负面后果;(2)中外税收实践已经证明,单凭定罪处罚的威慑力并不能有效解决逃税问题,加强税收监管并建立可供社会公众查阅的单位和个人的诚信记录档案,对促使公民自觉履行纳税义务能起到更为有效的作用。[①] 概而言之,对逃税犯罪强调刑事处罚会滋生多种负面后果,实施行政治理才是治本之策。

从上述说明内容来看,立法机关为逃税罪增设免责条款显然有着明确的政策意图。在这一政策意图内部,大致存在如下3个层次的逻辑关联:第一,对逃税罪初犯,如果其积极补缴税款和缴纳滞纳金,只适用行政处罚即可起到犯罪预防效果,而无须再追究刑事责任;第二,这一做法可以更好地维护税收征管秩序,保证国家的税收不受损失,且能够保持国家税源和税收的稳定;第三,这一做法既可以体现对逃税罪初犯"宽"的一面,也有利于维护国家的税收利益,因而较好地贯彻了宽严相济的刑事政策。

不可否认,立法机关为逃税罪增设免责条款,具有良好的政策初衷。但是,立法效果的实现必须要考虑社会现实条件,而不能进行过于理想化的逻辑推断。客观而言,近年来,我国税收领域存在的基本问题是:纳税人(特别是高收入群体)整体的纳税规范意识并不高,且税收征管机制也还不够完善。在此情况下,为逃税罪设置实体性的免责条款,不仅难以实现预期的政策目标,甚至还可能走向政策目标的"反面"。

(二)犯罪预防追求:理想与现实的反差

一般认为,逃税罪的免责条款之所以能产生更好的预防效果,其

---

① 参见黄太云:《〈刑法修正案(七)〉解读》,载《人民检察》2009年第6期。

原理就在于：该条款具有激励性，可以引导行为人主动接受行政法规制，从而在未来不仅能够避免刑事再犯，也能够避免行政意义上的再次违法，这样也就真正维护了税收征管秩序。① 然而，对其中的预防效果形成机制，该见解未免过于理想化了。近现代以来的刑法学研究已经证实，某种处罚（刑罚）能否形成良好的预防效果，主要取决于两个方面因素，即处罚的严厉性与确定性。② 而且，这两种因素还应当处于一种相互协调或平衡的状态，即处罚的确定性越高，其严厉性就越低；处罚的确定性越低，其严厉性就应该越高。③ 如果处罚既不够严厉，也不能保持一定程度的确定性，则相关的法律规范可能就会虚置。按照这一逻辑，在当前的纳税意识和税收征管环境之下，逃税罪的免责条款不仅难以实现立法者所期望的预防效果，反而可能形成一定的纵容效应。

一方面，对逃税者所适用的行政处罚严厉性较低，难以形成良好的特殊预防效果。根据我国《税收征收管理法》第 63 条规定，对逃税者所适用的行政处罚只限于罚款，幅度为不缴或者少缴税款的 50% 以上 5 倍以下。与刑罚措施相比，其本身并不具有强烈的谴责性，也不会产生前科效应（或刑罚附随后果）。并且，该种处罚所针对的对象也主要是公司或企业，而不是特定的个人。由此，虽不能否认该种处罚会产生一定作用，但其很难对逃税者形成普遍的威慑效应，很多涉案人员都对其"有恃无恐"。例如，网络主播黄某在被查处后依然隐匿大量收入继续逃税，意

① 参见王帅：《逃税罪中的行刑反转条款：原理与解释》，载《当代法学》2021 年第 1 期。

② 当然，处罚的及时性也与预防效果存在关联。但在正当程序原则的支配下，对刑事案件（特别是疑难、复杂案件）一味强调"从快"处理，却并非完全妥当。所以，笔者在此暂不考虑这一因素。

③ 参见［英］吉米·边沁：《立法理论》，李贵方等译，中国人民公安大学出版社 2004 年版，第 376 页。

图蒙混过关。[①] 邓某逃税被发现后,经提醒监督仍不整改,最后由于情节严重、影响恶劣才被公开曝光。同时税务机关发现,许多涉案艺人所补缴的税款并不是应纳税款的全部。[②] 甚至有些人在连续受到行政处罚后,依然继续逃税。例如,在张某雄逃税案中,被告人便是在 2011 年和 2012 年连续受到 2 次行政处罚后,仍然选择继续逃税。[③] 这些现象无疑反映了一个基本事实:"在巨大经济利益的诱使之下,很多行为人并不畏惧单纯的行政处罚"[④]。

另一方面,税务机关对逃税行为的发现和查处率也较低,因而难以形成良好的一般预防效果。吉米·边沁有言:"为预防一个犯罪,抑制动机的力量必须超过诱惑动机。"[⑤]其中,作为"抑制动机的力量",除处罚的严厉性外,另一重要因素就是处罚的确定性。"因为,即便是最小的恶果,一旦成了确定的,就总令人心悸。"[⑥]就逃税罪而言,因免责条款的存在,已经在很大程度上降低了处罚的严厉性,所以只有保持较高的发现和查处率,才能保证处罚的确定性,进而形成基本的一般预防效果。然而,我国当下却并不能确保这一目标的合理实现。

在我国,对逃税犯罪一般都是由税务机关及时发现和先行查处。可以说,我国当前对工薪阶层已经建立了较为完善的代扣代缴制度,而对高收入群体则尚未形成严密的征管机制。在纳税程序上,税收一

---

① 参见叶晓丹:《薇娅偷逃税被罚 13.41 亿元"直播带货一姐"背后的谦寻集团将影响几何?》,载《每日经济新闻》2021 年 12 月 21 日,第 9 版。

② 参见孙冰:《邓伦偷逃税是如何被发现的? 税法律师:大数据查税还会"本领"升级》,载《中国经济周刊》2022 年第 6 期。

③ 参见周治华:《逃税罪处罚阻却事由的理解适用》,载《人民司法》2019 年第 17 期。

④ 何恒攀:《税收犯罪刑事立法政策审视》,载《人民论坛》2015 年第 8 期。

⑤ [英]吉米·边沁:《立法理论》,李贵方等译,中国人民公安大学出版社 2004 年版,第 376 页。

⑥ [意]贝卡里亚:《论犯罪与刑罚》,黄风译,中国法制出版社 2002 年版,第 72 页。

般都是由纳税人主动申报，而税务机关的税收核定只是在特定情况下适用，如纳税人申报纳税时出现错误或者（明显的）故意不申报等。[①]由此，对逃税行为的发现和查处就主要依赖于税收稽查制度。但是，受人力、物力等客观因素的限制，税务机关只能在大规模的纳税人群体中进行选择性稽查，这样势必就会“查一漏万”，大量的纳税人都可能“蒙混过关”。在实践中，正是因为对逃税行为的发现和查处率较低，广大的自主纳税群体才普遍滋生了可能逃避处罚的侥幸心理，进而造成偷逃税现象“蔚然成风”。在此情况下，逃税罪的免责条款反而会产生事与愿违的效果：“纳税人逃税被查的概率偏低，即使被查，只要补缴税款、滞纳金和罚款，就不会负刑事责任，这实际上会激励纳税人的逃税行为，刑法所具有的一般预防功能也被该条款的存在而消解。”[②]

此外，从司法统计来看，尽管逃税罪免责条款的设置在很大程度上减少了进入司法系统的逃税罪数量，但近年来受到审判的逃税罪案件依然呈现出大幅上涨的趋势。例如，据有关学者统计分析，2011 年至 2019 年，虽然只有 469 件逃税罪案件受到一审裁判，但历年的案件数量和涉案金额均在整体上呈现出持续增加的趋势，年均分别同比提高约 275% 和 171%。[③] 而在这一数据背后，那些未进入司法系统的逃税罪数量显然也不可能呈下降趋势。这无疑从一个角度说明，逃税罪免责条款的设置，其实并未起到预期的犯罪预防效果。

---

① 参见雷驰：《从“厉而不严”到“严而不厉”：逃税初犯免罪的合理性刍议》，载刘剑文主编：《财税法论丛》第 10 卷，法律出版社 2009 年版。

② 郭昌盛：《逃税罪的解构与重构——基于税收制度的整体考量和技术性规范》，载《政治与法律》2018 年第 8 期。

③ 参见张悦：《犯罪经济学视角下我国逃税犯罪研究》，中国人民公安大学 2020 年硕士学位论文。

(三)税收利益维护:局部与整体的错置

逃税罪免责条款的设置,一个重要的政策理由就是,其可以更好地维护国家的税收利益,保证税收不受损失。从局部或短期来看,其效果或许如此。因为,该种做法不仅可以激励涉案人员积极补缴税款和缴纳滞纳金并接受罚款处罚,而且也可以避免涉案企业被“查倒”“查死”,进而在短期内稳固税源。但是,如果从整体或长期来看,该种做法却未必有利于维护国家的税收利益和税收秩序。

其一,尽管该种做法可以有效挽回个案的税收损失,但却放纵了未被发现的更多的逃税行为,造成了更为庞大的税收损失。如上所述,虽然逃税罪的免责条款具有个案激励效应,但却难以形成广泛的一般预防效果。在经济利益和侥幸心理的双重诱惑之下,大量的纳税人都可能选择“铤而走险”。而税务机关受人力、物力所限,“一年也查不了几家企业”,所以其结果只能是“丢了西瓜捡芝麻”,对纳税收入的维护是得不偿失的。并且,根据逃税罪免责条款的规定,无论行为人逃税的数额有多大,只要其补缴税款和缴纳滞纳金并接受行政处罚,就都可以免除刑事责任。这样无疑会刺激行为人更加肆无忌惮地逃税,相应地,未被发现的税收损失也就可能越来越大。

其二,该种做法还可能形成扩散效应,带来众多与税收相关的延伸利益的损失。一方面,国家可用的税收是有限的,税务机关为了查处规模庞大的逃税行为,必然需要额外增加众多的人力、物力、技术等税收征管成本,这样势必就会造成教育、医疗、卫生、交通等公共领域的资源投入减少,从而使社会的整体福利受损。另一方面,国家在征税过程中需要查明经济情况,进行经济统计,并据此调控经济和调节收入分配,从而实现保障合法收入、调节过高收入的目的,这也是塑造健康的收入分配格局、实现社会公平的重要途径。[①] 如果大量的纳税人都不按期缴纳税款,必然会造成国家对该时期的经济统计失真,进而影响国家宏观调控政策的准确实施,以及对公民收入分配的合理调节。

其三,该种做法最终也无益于维护国家的税收秩序和经济秩序。税收秩序关乎经济效率和经济公平。为了有效挽回个案的税收损失而放纵大量的逃税行为,既无助于建构良性的税收秩序,也不可能实现经济效率和经济公平。至于为了稳固税源或者避免负面后果等方面的理由,则更加难以成立。因为按照这种理论,我国《刑法》中的经济犯罪都应当增加类似的免责条款,否则都可能带来企业被"查倒""查死"的问题。但是,这显然是一种"饮鸩止渴"的做法。市场经济是法治经济,对经济犯罪的治理,最终目的是引导市场主体形成合法经营的理念,从而促进市场经济的健康与良性发展。为了挽回个案经济损失而"以罚代刑",不仅无助于市场主体形成守法理念,反而可能产生犯罪学上的"破窗效应",[②]导致更多的行为人"以身试法",从而使经济秩序更加无序和混乱。

(四)宽严相济理解:形式与实质的脱节

从上文的立法解读来看,为逃税罪设置免责条款最终的落脚点在于,其可以更好地体现宽严相济的刑事政策要求。之所以如此解读,其内在逻辑可能是:对"补缴应纳税款,缴纳滞纳金,已受行政处罚的,不予追究刑事责任",可以体现"从宽"的一面;而"五年内因逃避缴纳税款受过刑事处罚或者被税务机关给予二次以上行政处罚的除外",又可以体

---

① 参见马龙:《从黄某逃税事件看公民的依法纳税义务》,载《青少年法治教育》2022 年第 3 期。

② 参见[美]乔治·凯林、凯瑟琳·科尔斯:《破窗效应:失序世界的关键影响力》,陈智文译,生活·读书·新知三联书店 2014 年版,第 23 页。

现“从严”的一面。因此,总体上也就实现了“宽严相济”。但是,这种解读显然只是对宽严相济的刑事政策进行了形式化理解,而并未深刻领会其实质要求。

对宽严相济刑事政策的基本要求,当下已经基本取得了共识,即“针对犯罪的不同情况,区别对待,该宽则宽,该严则严,有宽有严,宽严适度”①。同时,最高人民法院在2010年公布的《关于贯彻宽严相济刑事政策的若干意见》中还进一步指出,贯彻宽严相济的刑事政策,既要防止受重刑主义思想影响而片面从严,也要避免受轻刑化思想影响而一味从宽;“从严”的对象主要是那些罪行严重、社会危害性较大的犯罪,或者主观恶性深、人身危险性大的犯罪人;“从宽”的对象主要是那些情节较轻、社会危害性较小的犯罪,或者主观恶性相对较小、人身危险性不大的犯罪人。由此可见,宽严相济,首要在于区别对待,即根据犯罪的轻重层次和犯罪人的不同情况,进行适当的宽严处理,以最终做到“罚当其罪”。②在此意义上可以说,宽严相济的刑事政策其实是罪责刑相适应原则的适用指南或理念指导,而并不意味着可以超越罪责刑相适应原则来追求刑事案件处理的“宽”与“严”。

以此来看,逃税罪免责条款的设置,可能并未全面体现宽严相济刑事政策所要求的区别对待原则。第一,该免责条款中的“从严”与“从宽”只是考虑到了犯罪人本身的人身危险性大小,而并未注意区分罪行本身的轻重层次,所以并不是对区别对待原则的全面贯彻。第二,该免责条款中的“不予追究刑事责任”规定,所重点关注的也是犯罪人的人身危险性情况,而并未注意区分罪行本身的轻重层次,因而也未能全面体现区别对待。第三,在“不予追究刑事责任”的规定中,对犯罪人人身危

① 高铭暄:《宽严相济刑事政策与酌定量刑情节的适用》,载《法学杂志》2007年第1期。
② 参见卢建平:《刑事政策与刑法变革》,中国人民公安大学出版社2011年版,第218页。

险性的考察及相应的司法处理,实际上也并未体现出区别对待的原则。因为即使犯罪人最终都补缴了税款、缴纳了滞纳金,并接受了行政处罚,但其在查处过程中所表现出的人身危险性大小毕竟有所差异,这样也就不宜一概免除刑事责任。正是由于逃税罪的免责条款并未全面贯彻区别对待原则,所以其也不可能真正实现"罚当其罪"。特别是,无视罪行本身的严重程度而片面强调特殊预防的免责(出罪)功能,也不符合刑法的内在要求。刑法(刑罚)的正当性根据在于报应和预防的统一,"倘若过度扩大预防的作用,则刑法的正当性根据会受到挑战,这既可能会导致犯罪人无法体会到刑罚之恶,也可能会导致重刑主义盛行"①。这一点是需要引起高度注意的。

此外,无论是刑事立法还是刑事司法,贯彻宽严相济的刑事政策的最终目的是实现良好的法律效果和社会效果。就逃税罪的制度设计而言,能否实现良好的法律效果,关键是看其对逃税犯罪的惩治和预防效果如何;而能否实现良好的社会效果,则重点是看其能否有效维护国家的税收利益,以及是否能够促进纳税主体规范纳税意识的养成。然而,从上文的论述可知,逃税罪免责条款的设置,可能既难以实现良好的犯罪预防效果,也无助于维护国家整体的税收利益。而且,在制度宽容(甚至宽纵)和查处率较低的双重诱惑下,纳税主体也很难形成"纳税光荣、逃税可耻"的法律或道德规范意识。这种状况的出现,显然也是不符合宽严相济的刑事政策之应然要求的。

在学界,也有论者认为,逃税罪免责条款的出台,主要是由于实践中逃税行为较为普遍,税收稽查力量难以完全覆盖,刑法功能有限且无助于稳固税源,所以才要退而求其次,寻求行政治理。② 笔者也认可行政治

---

① 石聚航:《司法解释中的出罪事由及其改进逻辑》,载《环球法律评论》2020 年第 3 期。

② 参见姚兵:《论刑法中的除罪条款》,载《湖北社会科学》2012 年第 10 期。

理措施对逃税行为的遏制作用,如为纳税人建立诚信记录档案等。但是,行政治理并不能替代刑事治理,特别是在逃税行为还比较普遍的社会现实之下。对此如黑格尔所言:“如果社会自身还是动荡不安,那就必须通过刑罚树立榜样,因为刑罚本身是反对犯罪的榜样。但是在本身已经是稳定的社会,犯罪的勾当是很微弱的,因此犯罪的处罚也必须按照这种微弱程度来衡定。”①当下,逃税行为已影响了我国的税收秩序,而税务机关的查处率有限,所以适度强化刑罚的积极预防功能才是理性的选择,否则形势会更加严峻。当然,这也并不意味着对逃税犯罪要“有罪必罚”,而是需要从刑事司法程序方面来寻求可以兼顾一般预防与特殊预防的破解之道。

四、从实体性免责到程序性免责的制度回归

分析至此可以发现,通过为逃税罪设置免责条款建立实体性免责机制,其实在刑法教义学和刑事政策两个方面都存在相应的制度悖论。而程序性免责则并不存在此类障碍,并且更加具有制度优势。所以,在逃税罪的免责机制方面,必须要实现从实体性免责到程序性免责的制度回归。不过,考虑到当下逃税犯罪的多发性,为了保证司法效率,也需要进行一定的立法完善,以进一步拓宽程序性免责的适用空间。

(一)程序性免责的制度优势

如上所述,程序性免责的实现方式就是裁量不起诉,由于其并非从实体层面直接出罪,所以也并不存在刑法教义学上的障碍。同时,程序性免责同样可以起到“非犯罪化”和节约司法资源的效果,因而为世界各

① [德]黑格尔:《法哲学原理》,范扬、张企泰译,商务印书馆1961年版,第229页。

国所普遍采用。特别是在西方国家,虽然其刑法中的犯罪圈非常广阔,但实际受到刑事处罚的人数却并不多,原因就是大量的犯罪人都被做了各种形式的不起诉处理。[①] 而之所以采取此种制度安排,主要是由于裁量不起诉制度能够有效兼顾公正、效率、预防等不同的利益需求。

其一,通过不起诉程序予以免责,可以平衡公正与效率的不同需求。无论是国内还是国外,裁量不起诉(酌定不起诉或附条件不起诉)的适用范围一般都只限于轻罪,而并非可以广泛适用。原因在于,一个国家可以使用的司法资源是有限的,所以刑事司法除保障刑法的公正适用外,还需满足一定的效率要求,这就需要区分犯罪的轻重做出不同的制度安排。对重罪,一般要通过起诉和定罪处刑来满足报应性公正。因为"行为危害的程度和可能性越大,处罚应该越高;预期的伤害越大,不顾更高的使用处罚的社会成本去提高威慑就越有社会意义"[②]。而轻罪的危害程度较低,且其数量总是会大大超过重罪,如果"平均使力",难免会导致有限的司法资源过多地集中于轻罪,这不但并无必要,反而可能影响对重罪的有效惩治。[③] 由此,对轻罪,如果不存在使用刑罚进行特殊预防的必要性,一般就可基于起诉便宜主义的理念选择不予起诉。这种诉讼模式体现的是一种"抓大放小"的策略,是对刑事制裁整体效益的追求。[④]

其二,通过不起诉程序予以免责,可以维持刑法的犯罪预防功能。一方面,是否不予起诉,需要检察机关进行个案裁量,其结果具有不确定性,因而可以基本维持刑法规范的一般预防功能。特别是对逃税罪,一

---

① 参见张明楷:《犯罪的成立范围与处罚范围的分离》,载《东方法学》2022 年第 4 期。

② [美]斯蒂文·沙维尔:《法律经济分析的基础理论》,赵海怡等译,中国人民大学出版社 2013 年版,第 484 页。

③ 参见敦宁:《刑事制裁体系变革论》,法律出版社 2018 年版,第 195 页。

④ 参见敦宁:《醉驾治理的司法困境及其破解之策》,载《法商研究》2021 年第 4 期。

旦起诉,企业和相关个人可能都要负刑事责任,所以其一般预防效果也要优于只适用于企业的行政处罚。另一方面,在决定起诉或不起诉时,检察机关会严格审查犯罪嫌疑人的人身危险性情况;如果是附条件不起诉,检察机关还会进一步审查犯罪嫌疑人对所附条件的履行情况,以辨明改善效果,这样也就为特殊预防的实现提供了基础和保障。在实践中,不起诉制度的再犯预防效果也是非常明显的。例如,有调查表明,被酌定不起诉人员的重新犯罪率要明显低于缓刑犯和刑满释放犯的再犯率。① 另据介绍,在我国,2018 年至 2022 年 9 月,全国检察机关对涉嫌犯罪的未成年人附条件不起诉 6.3 万人,其中有超过 97% 的被不起诉人走上正途。②

其三,通过不起诉程序予以免责,可以防止公权力的不当运用。在决定起诉或不起诉时,检察机关的权力也并非“任意”的,除受不起诉适用条件的限制外,检察机关一般还需要听取侦查机关、辩护人、被害人及其代理人的意见,并接受一定的制约或监督。例如,根据我国《刑事诉讼法》第 179 条至第 181 条规定,公安机关认为不起诉决定有错误时,可以要求检察机关复议或复核;被害人或被不起诉人不服的,也可以向检察机关申诉。而由行政机关来决定对犯罪嫌疑人是否免责,则因缺乏有效的监督制约机制,很容易导致公权力的不当运用。例如,就逃税罪免责条款的适用而言,犯罪人补缴多少税款或滞纳金,如何进行行政处罚,以及是否移送侦查机关,便主要由税务机关决定,其他部门或人员很难介入。如此操作很容易给行政权力的滥用制造机会,进而造成渎职腐败案件的增加。③

① 参见赵鹏:《酌定不起诉之现状考察及完善思考》,载《法学》2011 年第 9 期。

② 参见徐日丹:《逾 97% 被附条件不起诉未成年人走上正途》,载《检察日报》2022 年 10 月 29 日,第 3 版。

③ 参见毛海荣、黄冬艳:《〈刑法修正案(七)〉对偷税犯罪影响之探析》,载《上海公安高等专科学校学报》2010 年第 3 期。

事实上，我国立法机关之所以选择为逃税罪设置免责条款，进而实现实体性出罪，主要是由于当时的不起诉率明显偏低，还不能充分发挥程序性免责机制的应有功能。而自党的十八大以来，随着犯罪情况的不断变化（重罪减少、轻罪增多），司法机关也适时调整了司法理念，近年来的不起诉率已经呈现大幅上升的态势。例如，2014 年到 2018 年，全国检察机关的不起诉率就从 5.3% 上升至 7.7%；其中，酌定不起诉人数的占比在 70% 左右。[①] 2022 年，全国检察机关的不起诉率又大幅上升至 26.3%；2023 年，全国检察机关的酌定不起诉率也同比上升了 12.6%。[②] 在此形势下，取消逃税罪的免责条款，实现从实体性免责到程序性免责的制度回归，无疑是更为理性的选择。

（二）必要的立法完善

尽管不起诉率的上升为逃税罪的程序性免责提供了一定的前提，但进一步观察可以发现，我国当下的刑事法律制度在这方面仍然存在一些制约之处。因此，只有在进行相应的立法完善的基础上，才能为逃税罪的程序性免责提供更为广阔的适用空间。

1. 将逃税罪的免责条款修正为从宽处罚条款

“法和平的保障既不能单靠实体法也不能单靠程序法，而是刑法和刑事诉讼法共同的目标设定。”[③]程序性免责通过裁量不起诉来实现，而裁量不起诉的适用并不是任意的，一般都是以对行为人可能判处较低的刑罚或者不需要判处刑罚为条件。例如，在我国《刑事诉讼法》中，酌定

---

① 参见童建明：《论不起诉权的合理适用》，载《中国刑事法杂志》2019 年第 4 期。

② 参见应勇：《最高人民检察院工作报告——二〇二四年三月八日在第十四届全国人民代表大会第二次会议上》，载《人民日报》2024 年 3 月 16 日，第 4 版。

③ 王珏：《客观处罚条件和诉讼条件的区分——兼论实体法和程序法的区别》，载《政治与法律》2016 年第 7 期。

不起诉的适用以对行为人“不需要判处刑罚或者免除刑罚”为条件;附条件不起诉的适用,也以对行为人“可能判处一年有期徒刑以下刑罚”为条件。即便今后需要适当扩大附条件不起诉的适用范围,也不可能大幅调高其刑罚标准。由此,刑法对逃税罪的规定,必须要为不起诉制度的适用提供更大的可能性。

在这方面,较为合理的做法就是参考我国《刑法》分则对类似情节的通常性规定,将逃税罪的免责条款修正为从宽处罚条款。具体而言,可以将其规定为:“有第一款行为,经税务机关依法下达追缴通知后,积极补缴应纳税款,缴纳滞纳金的,可以从轻或者减轻处罚。其中,犯罪较轻的,可以免除处罚。”同时,对原免责条款中的例外情形,也并不一概排斥从宽处罚,但一般不适用减轻或免除处罚。这样,那些积极补缴应纳税款和缴纳滞纳金的犯罪人,也就更加容易满足裁量不起诉制度的适用条件。而且,采取这一做法还有其他方面的积极意义。首先,这一做法既可以维持刑法规范的一般预防效果,也能够发挥对犯罪人的激励功能。其次,这一做法也能够满足刑法教义学上的正当性要求。最后,这一做法还可以使《刑法》分则在对待事后情节方面保持一致,进而实现刑法立法的统一性和协调性。

此外,在将逃税罪的免责条款修正为从宽处罚条款后,对涉嫌犯罪的逃税案件,税务机关应一律移交给公安机关侦查,公安机关侦查终结后再按照相应的诉讼程序处理。但是需要注意,根据我国《刑事诉讼法》第 177 条第 3 款规定,检察机关基于起诉便宜主义决定不起诉的,应当提出检察意见,并将案件移送至税务机关进行行政处罚。也就是说,程序性免责只是免除犯罪嫌疑人的刑事责任,而不是一并免除其行政责任。

2. 拓展附条件不起诉的适用范围

我国现行《刑事诉讼法》共规定了 3 种裁量不起诉制度,即酌定不起诉、附条件不起诉和特殊不起诉。其中,酌定不起诉适用于犯罪情节轻微,依照《刑法》规定不需要判处刑罚或者免除处罚的案件;附条件不起诉适用于未成年人涉嫌相关犯罪,且可能判处1年有期徒刑以下刑罚的案件;特殊不起诉适用于犯罪嫌疑人自愿如实供述自己的犯罪事实,有重大立功表现或者涉及国家重大利益的案件,且需最高人民检察院核准。尽管我国裁量不起诉制度的种类不少,但相较于国外,裁量不起诉制度适用的案件范围仍然较为狭窄,还不足以充分发挥程序性免责的应有功能,因此必须要从立法层面进一步拓宽不起诉制度的适用范围。

在上述3种不起诉制度中,酌定不起诉实质上是一种"微罪不诉"制度,主要适用于轻微或较轻刑事案件,目前尚不宜在立法上大幅扩张其适用范围。而特殊不起诉本身就具有特别性和辅助性,当下也不宜在立法上扩张其适用范围。但附条件不起诉则不然,其并非只能适用于未成年犯罪嫌疑人。所谓附条件不起诉,顾名思义,即检察机关为拟不起诉人附加某些条件,并设置一定的考察期,只有其在考察期内达成条件才不予起诉,否则将会提起公诉。"附条件不起诉的实质是通过对诉权之保留,以敦促不起诉对象悉力达成条件,从而在对犯罪嫌疑人作出不起诉决定的同时修复犯罪行为所损害的社会关系,以实现正义价值与效率价值的共存。"①相较于酌定不起诉,附条件不起诉不仅具有适用上的审慎性和保障性,而且在考察期内还可以进一步促进犯罪嫌疑人规范意识的养成。同时,犯罪嫌疑人通过在考察期内的修复性努力和规则遵从性展示,不起诉的结果也更容易被受害人及一般社会公众所接受。鉴于此,附条件不起诉的适用范围应当更为广阔。如果仅将其限定在未成年人犯罪之内,而将大量的成年人犯罪和单位犯罪排除在外,则其制度功能势必不能充分发挥。

---

① 李辞:《论附条件不起诉与酌定不起诉的关系》,载《法学论坛》2014年第4期。

当然,我国在2012年修正《刑事诉讼法》时增设附条件不起诉制度,并将其适用范围限定为未成年人犯罪。基于此,从立法层面适度拓展附条件不起诉制度的适用范围已经势在必行。

具体来讲,可以从如下3个方面来拓展附条件不起诉制度的适用范围:(1)在适用对象方面,将其拓展至成年人犯罪和单位犯罪;(2)在犯罪性质方面,可不再设置限制条件;(3)在刑罚条件方面,经过必要的实践探索后,未来可将未成年人犯罪案件提高至"可能判处3年有期徒刑以下刑罚",将成年人犯罪案件规定为"可能判处1年有期徒刑以下刑罚",包括从轻或减轻处罚后可能适用的刑罚。另外,对单位犯罪的附条件不起诉,还可以围绕单位犯罪的特殊性,作出有针对性的制度安排。这样,我国的附条件不起诉制度也就形成了较为严密的制度构造。

(三)体系化的司法适用

通过完善附条件不起诉制度,对逃税罪的程序性免责,实践中便可形成以酌定不起诉和附条件不起诉为主导、以特殊不起诉为辅助的多元化制度体系。在此基础上,检察机关应当充分发挥这一制度体系的应有功能,从而全面实现逃税罪治理的法律效果和社会效果。

首先,对犯罪情节轻微的逃税案件,犯罪嫌疑人认罪认罚的,一般应适用酌定不起诉。这里的"犯罪情节轻微",是对罪行本身的要求,即罪行本身较轻,且不存在从严情节。就逃税罪而言,只要应予判处的责任刑大致在1年有期徒刑以下,且没有从严情节,即可认为是"犯罪情节轻微"。而"认罪认罚"则是对特殊预防必要性的考察,且考察的内容具有全面性和实质性。一般来讲,犯罪嫌疑人只有自愿如实供述自己的全部或主要罪行,才属于"认罪";只有通过积极退赃退赔、主动赔偿损失等行为表现出自己的悔罪态度,并愿意接受处罚,才属于"认罚"。[①] 也就是说,在逃税案件中,如果犯罪嫌疑人故意隐瞒部分逃税事实,或者通过伪造证据、转移财产等方式来逃避查处,即便在查证属实后补缴了应纳税款、缴纳了滞纳金,也不属于"认罪认罚"。由于"认罪认罚"既体现了犯罪嫌疑人再犯可能性的降低,也适当满足了公共利益的需求,因而对犯罪情节轻微的案件,一般都可适用酌定不起诉。

其次,对罪行相对较重的逃税案件,犯罪嫌疑人认罪认罚的,应积极考虑适用附条件不起诉。较为严重的逃税犯罪通常由企业或单位实施,且大多属于民营企业。对这些涉案企业动辄适用刑事处罚,也不利于维护企业的良性发展。因此,如能通过对涉案企业或其责任人附加一定的考察条件来实现特殊预防,也应积极考虑适用附条件不起诉。不过,这种附条件不起诉的适用仍需满足一定的要求。一方面,涉案企业的责任人可能被判处的刑罚应在 1 年有期徒刑以下。对那些涉案金额巨大、社会影响恶劣的严重逃税案件,不能适用附条件不起诉。另一方面,犯罪嫌疑人仍需满足"认罪认罚"的实质要求。因为对单位或企业适用附条件不起诉,同样是基于特殊预防必要性的考虑,那些不符合"认罪认罚"实质要求的逃税犯罪嫌疑人,因未体现出特殊预防必要性的降低,也不宜适用附条件不起诉。另外,对逃税案件适用附条件不起诉,所附加的考察条件必须能够体现出对犯罪嫌疑人未来依法纳税的促进性,而不能泛化设置。

最后,对不符合酌定不起诉和附条件不起诉适用条件的逃税案件,也不排除适用特殊不起诉。特殊不起诉制度为我国 2018 年公布的《刑事诉讼法》第 183 条所增设,该条事实上确立了对特殊类型案件贯彻认

---

① 参见 2019 年《指导意见》第 6 条和第 7 条。

罪认罚从宽原则的程序机制。① 从立法意旨上看,该制度主要适用于达不到酌定不起诉和附条件不起诉要求的严重罪行,所以其适用条件才非常严格。就其条件设置来看,逃税案件也并非不可能适用特殊不起诉。但是,“放弃追诉严重罪行毕竟只是极其个别的例外,必须严格限制”②。一般来讲,只有犯罪嫌疑人“认罪认罚”,且对国家有重大的立功表现或者案件涉及国家的政治、外交、国防、科技、经济等重大利益,才可上报最高人民检察院核准后适用特殊不起诉。同时,为了实现利益平衡,对重大的逃税犯罪,也并不一定对涉案企业和相关责任人均不予起诉,而是可以考虑“分案处理”,即对涉案企业不予起诉,只起诉其责任人。这样既有利于维护公共利益,也可以实现特殊预防效果。当然,对涉案企业不予起诉,也只是不予追究其刑事责任,而并非同时免除其行政责任。

① 参见刘静坤编著:《刑事诉讼法注释书》,中国民主法制出版社 2022 年版,第 703 页。
② 董坤:《认罪认罚从宽中的特殊不起诉》,载《法学研究》2019 年第 6 期。